同舟共济

同济大学统战工作揽要

同济大学党委统战部 编

同济大学出版社
TONGJI UNIVERSITY PRESS
·上海·

序

习近平总书记在党的二十大报告中强调，要巩固和发展最广泛的爱国统一战线。2022年是我们党明确提出统一战线政策100周年，百年统战的历史实践证明，统一战线是中国共产党凝聚人心、汇聚力量的政治优势和战略方针，是夺取革命、建设、改革事业胜利的重要法宝，是增强党的阶级基础、扩大党的群众基础、巩固党的执政地位的重要法宝，是全面建设社会主义现代化国家、实现中华民族伟大复兴的重要法宝。

在中国革命历程中，统一战线凝聚起强大力量，上海逐渐成为中国共产党统一战线工作的重要阵地。新民主主义革命时期，同济大学师生校友中党外人士就活跃在中共领导的统一战线活动中，为挽救民族危亡、实现民族独立和人民解放作出了重要贡献。新中国成立后，在民主党派上海市级组织的发展过程中，各民主党派同济大学基层组织逐步成立，1953年1月成立民盟同济大学直属小组，1956年6月成立九三学社上海分社同济大学支社，1987年成立农工党同济大学学习小组，1994年2月成立民建同济大学支部，1996年11月成立民进同济大学支部，1999年11月成立民革同济支部，2006年12月成立致公党同济大学支部。为更广泛地凝聚统一战线力量，中国共产党在全国范围成立了一批统一战线人民团体，同济大学也纷纷成立基层组织，如1979年成立同济大学归侨联络组，1998年12月成立欧美同学会同济大学分会，2001年6月成立同济大学少数民族联合会，2004年8月成立同济大学中青年知识分子联谊会。随着民主党派和统战团体基层组织的健全，学校统战作用得到有效的发挥。一批又一批统战人士，依托基层组织，积极为国家经济社会发展建言献策，为上海城乡发展贡献智慧和力量，为推进学校人才培养、科学研究、服务社会、文化传承创新、国际交流合作奉献热血和才华。民主党派和统战团体基层组织的发展历程，是与同济大学发展同舟共济的历程，是与上海建设和改革实践同频共振的历程，是为党和国家事业发展作出历史性贡献的历程。

回望历史，在同济大学 115 年的办学历程中，从抗战时期历经六次迁校坚持办学、弦歌不辍，到院系大调整支援中西部建设，再到向综合型、研究型大学转变，学校的发展离不开全体同济人团结奋进、自强不息的拼搏奋斗，离不开广大统一战线成员的突出贡献。今天，在同济大学“建设成为中国特色世界一流大学”的道路上，学校统一战线各界人士围绕国家重大战略和上海经济社会发展，认真履职尽责；围绕同济大学新的事业发展，积极献计献力，呈现出了积极向上的良好风貌和强大的凝聚力、向心力。我校统一战线各界人士已经成为新时代先进科学文化知识的拥有者、传播者、创新者，已经成为新时代同济大学高质量发展的智力贡献者和实践担当者。

中国特色社会主义进入新时代，我国社会主要矛盾发生了新变化，党的奋斗目标有了新要求，新时代爱国统一战线所处的历史方位也发生了新的重大变化。立足中华民族伟大复兴战略全局和世界百年未有之大变局，习近平总书记高屋建瓴、系统科学地提出关于做好新时代党的统一战线工作的重要思想，这一重要思想是党的统一战线百年发展史的智慧结晶，是新时代统战工作的根本指针，为新时代统战工作指明了奋进方向，提供了根本遵循。

思想之光照亮前行之路，在向第二个百年奋斗目标迈进的新征程上，同济大学党委将牢牢把握大团结大联合的主题，团结带领我校统一战线成员倡导“学术与育人”的价值追求，厚植“同济天下、崇尚科学、创新引领、追求卓越”的新时代同济文化，推动中国特色世界一流大学建设迈上新台阶，为实现中华民族伟大复兴的中国梦作出新贡献!

同济大学党委书记

方守恩

2022 年 12 月

目录

CONTENTS

序

同济大学统战工作图片集锦 *I*

第一章　同济大学统战工作概况 *1*

第二章　中国国民党革命委员会同济大学委员会概况 *45*

第三章　中国民主同盟同济大学委员会概况 *70*

第四章　中国民主建国会同济大学委员会概况 *125*

第五章　中国民主促进会同济大学委员会概况 *152*

第六章　中国农工民主党同济大学委员会概况 *183*

第七章　中国致公党同济大学支部委员会概况 *204*

第八章　九三学社同济大学委员会概况 *229*

第九章　同济大学归国华侨联合会概况 *277*

第十章　上海市欧美同学会同济大学分会概况 *308*

第十一章　同济大学少数民族联合会概况 *338*

第十二章　同济大学中青年知识分子联谊会概况 *352*

后记 *376*

同济大学统战工作图片集锦

一、同济大学统战工作

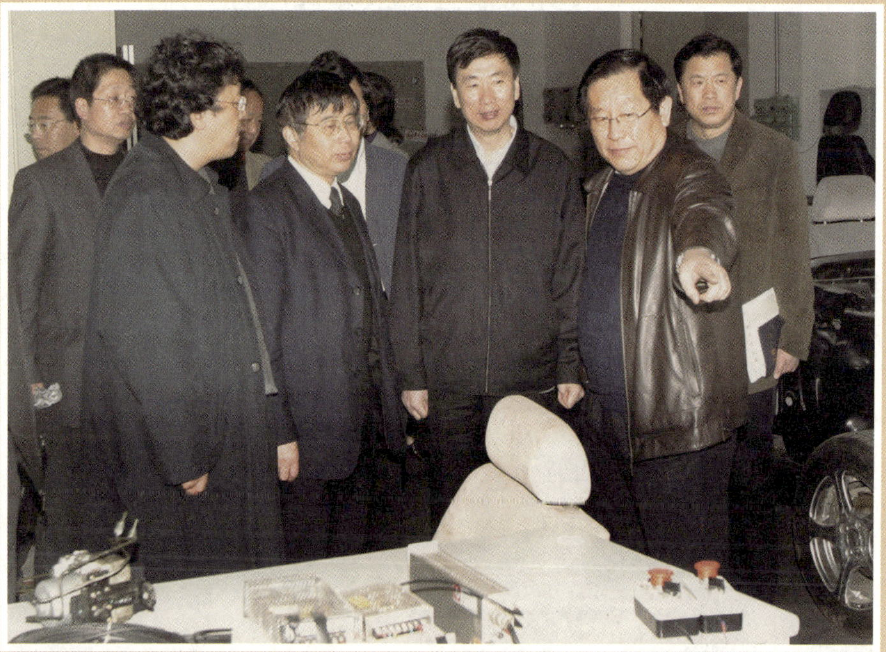

2006 年 4 月 1 日，中共中央统战部副部长黄跃金在校长万钢陪同下视察嘉定校区。

2012 年 7 月 30 日，上海市政协主席冯国勤来校调研，同济大学党委书记周祖翼，原党委书记、全国政协委员周家伦，常务副校长陈小龙陪同。

2011 年 6 月 24 日，同济大学党委书记周家伦出席纪念建党 90 周年党外人士座谈会。

2016年6月27日，同济大学党委书记杨贤金出席统战各界人士座谈会。

2022年1月13日，同济大学党委书记方守恩出席统战各界人士座谈会。

二、中国国民党革命委员会（简称“民革”）同济大学委员会

1999 年 11 月 23 日，民革同济大学支部成立大会合影。

2012 年 3 月 21 日，民革同济大学总支部委员会成立大会。

三、中国民主同盟（简称“民盟”）同济大学委员会

1954 年民盟同济区分部人员在市支部合影。

1996 年，民盟同济大学主委罗小未在第八届全国政协第四次会议上代表民盟发言。

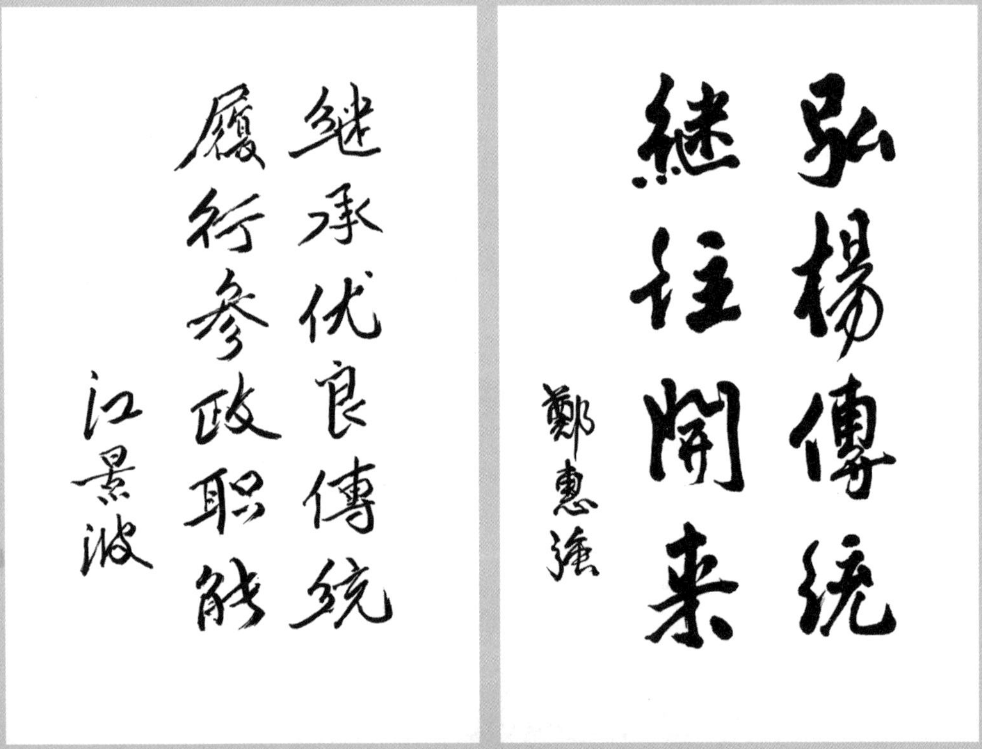

2011 年，民盟同济大学原主委江景波，原主委郑惠强为民盟成立七十周年题词。

四、中国民主建国会（简称“民建”）同济大学委员会

1998 年 6 月 5 日，民建中央主席成思危和民建同济大学支部部分同志座谈后合影。

2013 年 4 月 11 日，民建中央副主席、民建上海市委主委周汉民与同济大学党委书记周祖翼会谈。

五、中国民主促进会（简称“民进”）同济大学委员会

民聲

2004·12（创刊号）

中国民主促进会同济大学支部主办
内部交流·半年刊

发刊词

图片报道

许嘉璐主席视察同济大学

民进同济大学支部简介

2004 年 12 月，民进同济大学支部主办的内部交流刊物《民声》的创刊号。

2017 年 4 月，民进上海市第十二次代表大会期间，吴长福（右）、蔡永洁（左）与时任民进中央常务副主席蔡达峰（中）合影。

六、中国农工民主党（简称“农工党”）同济大学委员会

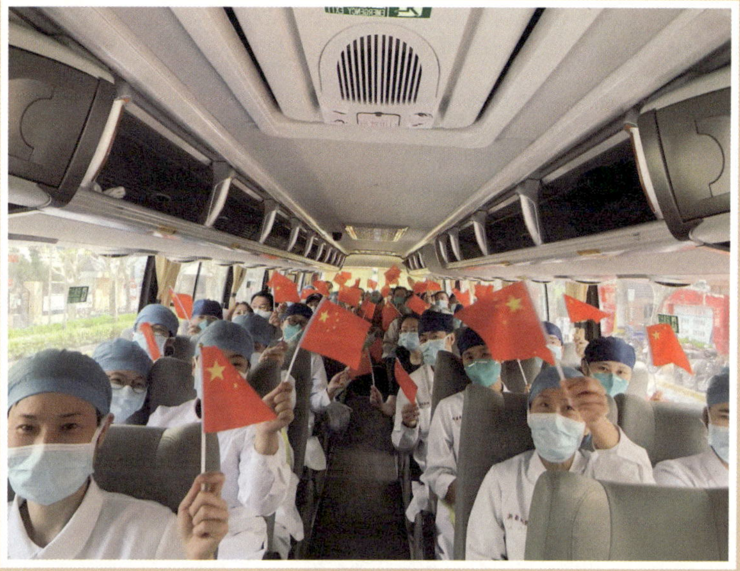

2022 年 4 月，农工党同济大学委员会部分党员参加上海市方舱医院志愿者服务工作以及核酸采样检测工作。

2018 年 12 月 11 日，农工党同济大学委员会召开学习中共十九大精神交流座谈会。

七、中国致公党（简称“致公党”）同济大学支部

2006 年 12 月 6 日，致公党同济大学支部成立大会。

2014 年 6 月 17 日，致公党中央主席万钢赴杨浦区调研，同济大学支部成员陪同。

八、九三学社同济大学委员会

1956 年 6 月 23 日，九三学社同济大学支社成立，谢光华为第一任主委（站立者）。

1990 年 5 月 4 日，九三学社同济大学第一届委员会及各支社成立大会。

九、同济大学归国华侨联合会（简称“同济大学侨联”）

2013 年 1 月 28 日，同济大学侨联第三次会员大会召开。

2019 年 9 月，同济大学侨联朗诵队在上海市侨联庆祝新中国成立 70 周年“侨与中国梦——我和我的祖国”诵读大赛决赛表演现场。

十、同济大学少数民族联合会（简称“同济大学民族联”）

2021 年 12 月，同济大学民族联第三次代表大会参会人员合影。

2021 年 12 月，同济大学民族联第三届理事会理事合影。

十一、上海市欧美同学会同济大学分会（简称“欧美同学会同济大学分会”）

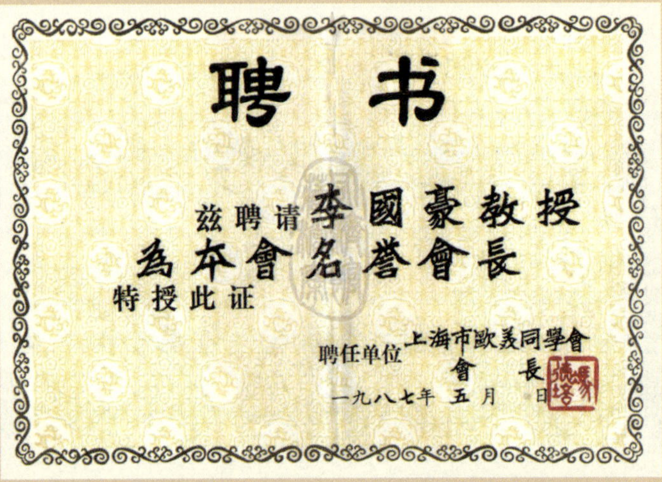

聘书

兹聘请李國豪教授
為本會名譽會長
特授此证

聘任单位 上海市欧美同學會
會　長
一九八七年 五 月 日

1987 年 5 月，李国豪教授受聘为上海市欧美同学会名誉会长。

2017 年 4 月，欧美同学会同济大学分会部分成员参观雪龙号。

2017 年 5 月 19 日，上海市欧美同学会第九届理事会第七次会议召开，选举同济大学原校长裴钢（左）为新一任会长，聘请原会长、同济大学原校长吴启迪（右）担任名誉会长。

十二、同济大学中青年知识分子联谊会（简称“同济大学知联会”）

2022年1月12日，同济大学知联会会长娄永琪与知联会会员一起参加迎新春活动。

2022年10月21日，同济大学知联会举行“喜迎二十大，同心跟党走”主题活动暨新会员入会仪式。

第一章

同济大学统战工作概况

一、历 史 沿 革

统一战线，是中国共产党领导的、以工农联盟为基础的，包括全体社会主义劳动者、社会主义事业的建设者、拥护社会主义的爱国者、拥护祖国统一和致力于中华民族伟大复兴的爱国者的联盟。中国共产党凝聚人心、汇聚力量的政治优势和战略方针，是夺取革命、建设、改革事业胜利，增强党的阶级基础、扩大党的群众基础、巩固党的执政地位的重要法宝，是全面建设社会主义现代化国家、实现中华民族伟大复兴的重要法宝。

同济大学统一战线工作对象主要是在校工作、学习的党外人士，包括各民主党派成员、无党派人士、出国和归国留学教师、香港同胞、澳门同胞、台湾同胞和华侨、归侨及侨眷、少数民族师生等。重点对象是担任各级人大代表和政协委员的党外人士，高层次人才中的党外人士，担任中层以上领导职务的党外人士，民主党派组织负责人以及其他有成就、有影响的党外人士。

同济大学党委历来高度重视统一战线工作。校党委统战部是学校党委主管统战工作的职能部门，是党委在统一战线工作方面的参谋机构、组织协调机构、具体执行机构、督促检查机构，承担了解情况、掌握政策、协调关系、安排人事、增进共识、加强团结等职责。

1950 年 10 月，同济大学党支部增设统战委员一人，从此统战工作在支部统一领导下进行。1952 年 2 月，同济大学党总支改组为党委，党委书记蒋梯云分管统战工作，朱士亮为党委统战委员。不久，蒋梯云兼任党委统战委员。1956 年 5 月，民盟上海市委员会同济大学支部成立；6 月，九三学社上海分社同济大学支社成立。在同济大学民主党派组织日渐发展的背景下，1956 年 7 月，校党委统战部正式成立，校党委副书记刘准兼任校党委统战部部长。9 月，党委又决定马毅民兼任校党委统战部副部长。从此，校党委统战部在校党委领导下，全面负责学校各项统战工作。

“文革”开始后，同济统战工作和民主党派活动被迫中止。1977 年 10 月，经中共上海市委批准，学校成立了新的党政领导班子；党委设党委办公室、组织部、宣传部、统战部、保卫部、武装部，统战工作逐步恢复。1978 年 12 月，党的十一届三中全会召开，全党工作重点实行战略大转移，学校统战工作也进入了新时期。

1996 年 7 月，上海城市建设学院和上海建筑材料工业学院并入同济大学后，以三校党委统战部及各民主党派组织合并为基础，各党派换届工作有序完成。上海城市建设学院党委统战部历任部长有：李松（1984—1989）、岑秉裕（1989—1994）、李祖望（1995—1996）。上海建筑材料工业学院统战部历任部长有：朱坚强（1993—1995）、何丰来（1995—1996）[①]。2000 年，上海铁道大学和同济大学合并成立新的同济大学。上海铁道大学统战部历任部长有：徐东升（1995—1997）、刘惠明（1998—1999）、温秉权（1999—2000）[②]。

校党委统战部历任负责人，见表 1–1。

表 1–1　同济大学党委统战部历任负责人

部长	任职时间	备注
刘　准	1956—1958	党委副书记兼
马毅民	1958—1959	

① 和党委工作办公室合署。上海建材学院院志编纂委员会编，《上海建筑材料工业学院志》，1996 年 7 月，第 56 页。

② 《上海铁道大学志（1995—2000）》编写组，《上海铁道大学志（1995—2000）》，同济大学出版社 2013 年 5 月，第 14 页。

续表

部长	任职时间	备注
田　林	1959—1966	党委办公室主任兼
刘维高	1978—1979	副部长，主持工作
郭玉生	1980—1984	
金大钧	1984—1987	副部长，主持工作
何义芳	1988—1996	
戚爱华	1996—2000	
温秉权	2000—2001	
何丰来	2001—2003	
李祖望	2003—2011	
肖　辉	2011—2015	
岳继光	2015—2020	
冯身洪	2020—	党委常务副书记兼
安　娜	2020—	常务副部长

表 1–2　同济大学各民主党派沿革及历任主要负责人

名称及沿革	主要负责人及任期
民革同济大学支部（1999—2012）→民革同济大学总支（2012—2016）→民革同济大学委员会（2016—　）	陈方正（1999—2003）、林云云（2003—2007）、于雪梅（2007—2021）、陈启军（2021—　）
民盟同济大学直属小组（1953—1956）→民盟同济大学支部（1956—1987）→民盟同济大学总支（1987—1990）→民盟同济大学委员会（1990—　）	纪增觉（1953—1956，直属小组组长）、王达时（1956—1957）、童大埙（1957—1966）、朱宝华和朱照宏（1979—1980，副主任委员，主任委员暂缺）、朱宝华（1980—1986）、罗小未（1986—1996）、徐吉浣（1996—2000）、郑惠强（2000—2006）、常青（2006—2016）、顾祥林（2016—2021）、黄宏伟（2021—　）

续表

名称及沿革	主要负责人及任期
民建同济大学支部（1994—2002）→ 民建同济大学委员会（2002—　　）	陈龙武（1994—2000）、钱君律（2000—2011）、廖宗廷（2011—2015）、汪世龙（2016—　　）
民进同济支部（1996—2005）→ 民进同济大学委员会（2005—　　）	丁文魁（1996—2001）、吴长福（2001—2020） 蔡永洁（2020—　　）
农工党同济学习小组（1987—1988）→ 农工党同济—城建支部（1988—1990）→ 农工党同济支部（1990—2001）→ 农工党同济总支（2001—2006）→ 农工党同济大学委员会（2006—　　）	郑瑞芬（1988—1996） 谷耕莘（1996—2001） 韩生廉（2001—2006） 童晓文（2006—2021） 许维胜（2021—　　）
致公党同济大学支部（2006—　　）	陈玲（2006—2016） 李麟学（2016—　　）
九三学社同济大学支社（1955—1990）→ 九三学社同济大学委员会（1990—　　）	哈雄文（1955—1956，筹委会主任委员）、谢光华（1956—1958）、侯希忠（1958—1966）、巢庆临（1980—1983）、蒋汉文（1983—1986）、王季卿（1986—1997）、徐迪民（1997—2006）、吴健生（2006—2016）、陈义汉（2016—2021）、杨守业（2021—　　）

表 1–3　同济大学统战团体概况

统战团体名称	成立时间	历任主要负责人及任职时间
同济大学归国华侨联合会	1979 年 12 月	周群英（1979—1998，归侨联络组组长） 朱士明（1998—2012） 李建华（2013—2019） 杜建忠（2019—　　）

续表

统战团体名称	成立时间	历任主要负责人及任职时间
上海市欧美同学会同济大学分会	1998 年 12 月	吴启迪（1998—2001） 吴汶麒（2001—2005）③ 周祖翼（2007—2012） 董琦（2012—2016） 吕培明（2016—　）
同济大学少数民族联合会	2001 年 6 月	白庆华（2001—2012） 翦知湣（2012—　）
同济大学中青年知识分子联谊会	2004 年 8 月	顾牡（2004—2017） 孙方霖（2017—2020） 娄永琪（2020—　）

二、统一战线工作主要内容

同济大学党委始终坚持大团结大联合的主题，以发挥统一战线法宝作用为目标，以强化党外知识分子思想政治引导为主线，以加强党外代表人士队伍建设为重点，努力做好学校民主党派、无党派人士工作，促进各民族师生不断铸牢中华民族共同体意识推动交往交流交融，抵御利用宗教对学校进行渗透和防范校园传教，引导学校港澳台侨师生增进国家认同和爱国精神，学校党委把加强和改进统战工作与提升大学治理能力和水平相结合，引导统一战线成员围绕中心，服务大局，为建设世界一流大学，为服务国家富强、民族复兴、人民幸福贡献力量。

学校党委坚持加强对统战工作的全面领导，推动统战工作不断呈现新气象、新发展，统战工作科学化、规范化、制度化水平因此不断提高。校党委统战部部门职责：一是调查研究统一战线的理论、政策和法律法规，向校党委全面反映学校统一战线情况，提出开展统一战线工作的意见和建议，组织协调统一战线政策和法律法规的贯彻

③ 1985 年 1 月至 2000 年 8 月任欧美同学会上海铁道大学分会会长。

落实，检查执行情况，协调统一战线各方面关系。二是负责联系学校民主党派，牵头协调学校无党派人士工作，研究贯彻做好民主党派和无党派人士工作的方针政策，支持民主党派和无党派人士履行职责、发挥作用，支持、帮助民主党派和无党派人士加强自身建设。三是调查研究党外知识分子的情况，反映意见，协调关系，提出政策建议，联系党外知识分子代表人士。四是调查研究民族、宗教工作的理论、方针、政策和法律法规，牵头协调检查落实情况，做好重要工作和重大问题的处理，协调开展马克思主义民族观、宗教观和相关理论、政策的宣传教育，联系少数民族代表人士，会同有关部门做好少数民族干部培养和举荐工作。五是负责党外代表人士在各级人大、政协安排的有关工作，做好党外代表人士和后备干部队伍建设工作。协助民主党派做好干部管理工作，反映和解决党外代表人士工作生活中的实际困难。六是代表学校党委牵头协调和监督检查学校各单位的统一战线工作。支持配合学研工部、团委、外事办、港澳台办等部门做好相关工作。七是负责开展学校统一战线宣传、相关培训工作。八是具体负责开展区校合作共建统一战线工作。

现阶段统一战线工作具体内容如下。

（一）加强党对统一战线工作的集中统一领导

同济大学党委深刻领会中国共产党的领导是统一战线最鲜明的特征。学校党委通过党委中心组学习、党委常委会、统战工作领导小组会议等方式，深入学习宣传和贯彻落实党的统一战线理论、方针、政策和法律法规。校党委书记承担统战工作的政治责任，始终把统战工作摆在党委工作的重要位置，带头研究部署重要工作，亲自抓统战工作落实及推动解决重要问题。特别是2015年中央统战工作会议召开之后，校党委进一步加强了新形势下统一战线工作，先后印发了《关于进一步加强同济大学统一战线工作的意见》（同委发〔2015〕7号，以下简称《意见》）和《中共同济大学委员会关于贯彻落实〈中共中央统战部、中共教育部党组关于加强新形势下高校统一战线工作的意见〉的暂行办法》（同委发〔2016〕12号）；通过创新思路举措、完善机制载体、改进方式方法、配强工作力量，努力将学校统战工作做实做深做强，进一步构建学校大统战工作格局。2020年，党中央颁布修订后的《中国共产党统一战线工作条例》。校党委进一步加强党对统一战线工作的集中统一领导，以进一步发挥新时代统一战线法宝重要作用为目标，进一步明确学校统一战线工作新形势新任务新要求。

学校党委切实履行统战工作主体责任，坚持落实统战工作“四个纳入”“三个带头”机制。在“四个纳入”方面，学校党委坚持将统战工作纳入党委重要议事日程，通过党委常委会定期对统战工作进行专题研讨，定期召开统战工作领导小组会、民族和宗教工作领导小组会，研究决策统一战线重要工作，以加强组织领导；将统战工作纳入二级党组织党建工作质量标准，对党员领导干部联系党外优秀人才提出明确要求；将统战工作纳入学校党校的干部教育培训规划，作为培训各级统战干部、党外干部以及党外代表人士的重要途径，进一步强化党外干部的政治意识，帮助他们提升工作能力；将统战工作纳入宣传工作计划，加强学校、部门网站对统战相关工作的宣传报道，加强统战工作信息的报送，以进一步扩大统一战线的影响。在“三个带头”方面，学校党委坚持带头学习宣传和贯彻落实党的统一战线理论和政策法规，在党委中心组、中层干部（扩大）会议、两会精神传达学习会上，党委领导班子成员争做表率、领学促学；校党政领导班子成员带头参加各民主党派换届选举、党外代表人士座谈、党派团体主题教育等重要活动，为广泛团结统一战线各界人士，赢得人心、凝聚人心；带头广交深交党外朋友，以结对子的方式定期开展谈心谈话、座谈交流、节日问候等活动。

在长期的工作实践中，健全落实四大工作机制，保证了统战工作的顺利开展。具体做法是：落实党政领导与党外代表人士联谊交友机制，每位校领导干部都与多名党外优秀人才结成对子，基层单位党员领导干部至少联系一名本单位党外优秀人才。落实党外代表人士意见征求机制，坚持校领导结合工作分工，通过双月座谈会、双节茶话会、统战各界人士座谈会、党外青年教师座谈会，以及班子成员每年走访慰问党外代表人士 3～4 次，就学校发展规划等重大事项向党外人士征求意见；分管党委统战工作的领导定期主持民主党派、统战团体主要负责人座谈会，就学校统战工作、党派和团体建设等重要工作商讨交流。落实传达重要文件和邀请参加重要会议机制，通过党外代表人士座谈会及时通报党中央关于统战工作的大政方针和同济大学有关工作情况，邀请党外人士列席中层干部会、教代会、党代会、“一评议两报告”等重要会议。落实支持党外人士发挥作用机制，注重为党外知识分子提供政策、硬件等各项保障条件。

构建和完善新时代大统战工作格局。学校树立统战工作“一盘棋”意识，进一步健全和完善党委统一领导、校党委统战部牵头协调、有关方面各负其责的大统战工作格局，持续发挥统战工作“三个会议制度”（统战工作领导小组会，民族和宗教工作领导小组会，组织部、统战部联席会）的优势，做到统战工作“面”“线”“点”全覆盖，形成了党委书记亲自抓、分管领导直接抓、组织部和统战部与基层党组织共同抓、相关部门配合抓的“四个抓”工作局面。学校党委细化成员职责，明确项目任务，及时分析研判，定期交流研讨，压实工作责任，强化协同配合，确保统一战线各项工作部署落实见效。统战部加强自身建设，充分发挥牵头协调、联系上下的纽带作用，扎实推进各项任务落实落地。加强对基层党委统战工作的指导，明确各基层党委设统战委员，配齐配强基层统战工作队伍，制定并下发《同济大学基层党委统战工作手册》《同济大学基层党组织统战委员职责》，定期召开基层统战工作会议、基层统战委员培训班，强化基层统战工作的意识。举办面向各学院、相关职能部门以及直附属单位的党委书记、统战委员、部门负责人、辅导员的统战理论政策培训班，进一步提升学校各基层党组织、相关职能部门统战干部政策把握水平和实际工作能力。

（二）党外知识分子思想政治工作

学校党委始终坚持“思想政治工作是党的一切工作的生命线”，把党外知识分子的政治引导和培养教育作为一项基础性工作，坚持凝聚共识和求同存异相结合，坚持引导教育和自我教育相结合，坚持解决思想问题和解决实际问题相结合的原则。学校党委和党委统战部着眼加强理论武装、巩固政治共识、推进自身建设、提高履职能力，通过开展多种形式的理论学习、实践锻炼、社会服务，帮助和引导党外知识分子自觉接受中国共产党的领导，培育和践行社会主义核心价值观，树立国家至上、民族至上、人民至上理念，不断增强习近平新时代中国特色社会主义道路自信、理论自信、制度自信、文化自信。校党委统战部充分发挥学校各民主党派和统战团体的作用，并协同相关部门，积极搭建线上线下互动交流平台和载体，运用沟通、协商、谈心等方式，加强同党外知识分子的思想交流，做好引导工作，促进他们对党的理论和路线方针政策的内心认同。各基层党委（总支）重视党外知识分子工作，坚持政治上充分信任、思想上主动引导、工作上创造条件、生活上关心照顾，及时了解和反映党外知识分子思想动态和意见建议，支持他们积极发挥自身优势，勇于担当、敢于创新、服务社会，为学校发展作出贡献。

学校党委始终团结广大党外知识分子，同时紧密围绕党和国家中心工作和学校教学科研任务组织党外知识分子学习党的方针政策，开展各类活动。党的十八大以来，学校开展了民主党派和无党派人士“坚持和发展中国特色社会主义”学习实践活动、“纪念中国共产党统一战线思想提出95周年”系列活动、“纪念五一口号发布70周年”系列活动、“纪念五四运动100周年”活动、“不忘合作初心，继续携手前进”主题教育、“四史”尤其是党史学习教育等主题教育活动，提升党外知识分子思想认识水平和政策理论素养。

党外知识分子思想引导是一项政治性强、涉及面广的系统工程，近年来，同济大学坚持系统观念，统筹谋划，建设了有体系、有旗帜、有保障的“三有”思想政治引领工作新模式。一是思想政治教育有体系。体系分为组织体系和课程体系两个方面。组织体系方面：学校层面坚持将党外干部培训纳入学校党校教学体系，在各类党校培训中注重覆盖党外干部，同时由校党委统战部负责设立党外教师培训专项模块，定期开展党外代表人士培训班、无党派人士全覆盖调训等培训；基层党组织层面，将学校党委和学院党委的党员干部联系党外代表人士工作写入党组织工作职责，做到随时掌握党外人士思想动态。课程体系方面：教学大纲凸显“主题+精品”，比如2021年度的学习主题是《条例》的学习宣传、党史党派史的学习教育等，同时还长期坚持开展精品课程培训，如“新时代的参政党建设”系列培训等，使课程体系既保证稳定全面，又有更新迭代；教学内容凸显“思政+文化”，比如将学习习近平总书记关于统一战线工作重要论述的思政教育与红色文化、传统文化、校史文化相融合；教学形式坚持“理论+实践”，除了坐下来学之外，还坚持定期开展国情、市情、校情考察和革命传统教育活动。二是思想政治引领有旗帜。着力培养和树立一批优秀旗帜性的人物，让思想教育更生动、更具体，用身边人身边事进行教育引领，提升榜样示范效果。全国道德模范、被誉为“深海勇士”的无党派人士汪品先院士80岁高龄开设“科学、文化与海洋”立德树人公共选修课，推动多学科交叉培养海洋人才。2021年，多名党外代表人士带领课程思政教学名师团队获批教育部课程思政示范项目，为广大教师树立育人榜样。三是思想政治工作有保障。一方面落实空间保障，参考中共党员建设“党员之家”的做法，校党委统战部支持并帮助各民主党派和统战团体建设开展理论学习和主题教育的固定场所。另一方面落实经费保障，在保证统战专项工作经费逐年递增的基础上，2021年学校党委增加了党外人士思政教育专项经费、主题教育活动专项经费、主题调训专项经费，全力支持统战部以及各民主党派开展思想政治工作。

在开展党外知识分子思想政治工作过程中，针对党外知识分子教研任务重、压力大、时间少的现实，校党委统战部运用新媒体等方式努力探索适于党外知识分子工作的方式方法，打造了记录党外知识分子成长足迹的“三微”思想政治工作法。一是微视频。校党委统战部主动走进教师实验室、课题组，以“微视频”的方式，记录青年人才的科研生活，跟踪成长发展，更直观地了解他们的科研环境和科研成果，以小举措体现大成效。二是微访谈。利用课间、午间等工作间隙，以喝杯咖啡、共进午餐的形式开展“微访谈”，以随地、随时的形式有效利用了碎片化时间，以小关怀助力大成长，将思想引领融入日常交友。三是微沙龙。协同相关职能部门，组织学科交叉“微沙龙”，为党外知识分子搭建平台，促进跨学科合作交流、资源对接、成果转化，同时，广开建言献策之路，以便发挥专业优势推进学校发展，实现以小平台构建大格局。

学校党委注重理论与实践相结合，建立了力度、广度、深度、温度相结合的党外知识分子实践考察“四度”工作模式，并通过国情、市情、校情考察和主题教育实践，筑牢共同思想政治基础。一是开展实践考察有力度。将加强党外代表人士实践考察相关要求明确写入文件，为党外知识分子实践考察工作提供了制度保障，并按照中央统战部、教育部党组的相关文件精神，设立专项经费，提供经费保障。二是开展实践考察有广度。实践考察内容和主题涵盖国情、社情、市情、校情考察，以及革命传统教育和爱国奋斗教育；邀请对象覆盖学校七个民主党派、四个统战团体、无党派人士代表、青年党外知识分子代表、出国与归国留学人员等；校党委组织部、统战部、教师工作部、工会、学生处、机关党委等部门协同合作，利用各方资源开展党外知识分子实践考察活动。三是开展实践考察有深度。校党委统战部将实践考察列入年度统战工作计划，认真酝酿、统筹设计、精心组织，每年都组织党外知识分子开展外地实践考察和市内实践考察活动。四是开展实践考察有温度。遵循真诚联谊交友原则、筑牢共同思想政治基础。在实践考察中，校党委统战部干部与党外知识分子同行同住同感受，在活动中坚持讲尊重、讲平等、讲诚恳，坚持多接触、多谈心、多帮助，不断增进与党外知识分子的思想认同、情感认同、价值认同。

（三）民主党派和无党派人士工作

民主党派工作是学校统战工作的重点，把学校支持民主党派建设和民主党派在为学校教学改革、发展中发挥作用两者紧密结合起来，是学校民主党派工作的特点。学校党委贯彻党对民主党派和无党派人士的各项方针政策，支持民主党派加强思想政治建设、组织建设、履职能力建设、作风建设和制度建设。校党委统战部协助民主党派做好基层组织负责人的发现、培养、举荐、考察等工作，协调解决机构、经费、办公场所、干部交流和挂职锻炼等方面的问题，支持民主党派开展活动和发挥作用；在无党派人士工作中发挥主体作用，确保无党派人士认定工作有力有序有效推进，为无党派人士履行职能、发挥作用提供必要的支持和保障。

具体做法有：

以组织建设为根本，推动党派自身发展。修订同济大学民主党派新成员发展流程，厘清九项流程环节，明确了民主党派基层组织与校党委统战部、基层党委、民主党派市委四个组织或单位在各流程环节中的互动内容，理顺了民主党派新成员发展工作，并实现端口前移，为党派成员发展提前把好质量关。召开民主党派和统战团体主要负责人座谈会，加强班子自身建设，指导提升班子在思想引领、组织协调、民主决策、制度优化等方面的能力。协助各民主党派制订组织发展年度计划，积极引导党派成员结合自身优势，立足自身特点，充分发挥自身“造血功能”，激发党派组织活力。

帮助民主党派建立后备干部队伍。校党委统战部始终把建立民主党派后备干部队伍作为党的干部工作的一个重要部分予以统筹计划和考虑，把工作的重点放在后备干部的培养提高上，通过有计划培训学习和挂职锻炼等多种形式、对党外后备干部进行比较系统的理论与实践教育和多党合作优良传统教育，全面提高他们的政治素质，从而保证民主党派优良传统的传承和弘扬。协助民主党派做好换届改选工作。校党委对历次民主党派换届改选工作都给予高度重视，确保各民主党派顺利实现新老交替和政治交接。党委书记、校长亲自了解民主党派班子有关情况；校党委统战部与党派市委、学校党委、基层委员会密切联系，及时沟通协调，支持并协助各民主党派做好新一届班子人选的酝酿、提名、协商、考察等工作。特别是在班子人选的酝酿中，充分尊重党派和党派市委意见，遇到困难时，统战部从学科结构、年龄梯队等方面综合考虑，及时从无党派人士队伍中选派合适人选给予支持。

为民主党派发展提供空间保障。集中精力解决民主党派和统战团体无固定活动和工作场所的困难，建设“2+1+X”模式“统战之家”，即建设 2 个“同心会客厅”，1 个“同心办公中心”和多个主题“同心活动室”。在学校机关办公楼内协调一间办公室和一间会议室，建设两个“同心会客厅”，实现深化联谊交友、举办主题沙龙、展示统战风采三大功能；协调相邻办公室，建设“同心办公中心”，实现建言献策直通车、统战理论研究坊、组织建设交流间三大功能；协调各学院资源，逐步建立一批“同心活动室”，解决党外知识分子缺少固定活动场所和集中展示空间的现实问题，功能覆盖理论学习、组织建设、学科交流、联谊交友、文化传承等多个主题。

为民主党派发展提供经费保障。除了不断增加党外人士思政教育专项经费、主题教育活动专项经费、主题调训专项经费外，学校还制定了民主党派、统战团体主要负责人工作情况及各级人大代表、政协委员履职情况的考核制度，鼓励支持履职尽责。

学校党委将无党派人士队伍建设作为事关统一战线长远发展的战略任务和基础工程。根据上海市委统战部的统一部署，学校党委抓住“三个环节”，建立完善无党派人士认定－培养－输送全链条式培养机制，既做好“引水”机能，又优化“养水”机能，科学化“输水”机能。一是抓好认定环节，积极做好无党派人士物色储备工作。颁布《同济大学无党派人士认定工作实施办法（试行）》，明确无党派人士认定的基本原则、认定条件、工作程序等事项。二是抓好培养环节，加强无党派人士思想政治引领工作。搭建专项培训平台，设立在每年“七一”前后开展无党派人士调训制度，纳入学校干部和教师培训体系。搭建知联会交流平台，通过“新青年、新作为”五四座谈会、“不忘合作初心，继续携手前进”学习考察活动等丰富的日常活动，团结凝聚无党派人士，关注关心他们成长发展。三是抓好输送环节，为无党派人士发挥作用创造条件。打通政治安排通道，推荐优秀无党派代表人士担任各级人大代表政协委员，有组织、有计划地安排无党派人士发展成民主党派成员并担任一定党派职务，探索吸纳无党派人士加入中共党组织的培养路径。打通实职安排通道，校党委统战部与组织部定期协商研究无党派人士队伍建设，安排合适的无党派人士在校内担任副处级以上实职领导干部，在各个重要岗位发挥作用。

（四）党外代表人士队伍建设

学校党委始终把团结、培养、使用、输送党外代表人士作为统战工作的重要方面，着力加强党外代表人士队伍建设，形成优秀党外代表人士不断涌现的生动局面。

完善党外干部的培养选拔制度。不断加强党外代表人士工作的顶层设计，从合理数量规模、优化队伍结构、提升整体素质、完善体制机制四个方面加强总体规划，确保党外代表人士队伍持续健康发展。建立“三维培养体系”，在培养中逐步建立和完善党外后备干部人才库，并与各基层党组织密切联系、深入沟通，做好党外后备干部的物色和培养工作。三维培养体系的横坐标即建立教育培训内容体系，为党外干部思想素质、业务能力、履职尽责等方面成长提供全方位支持；纵坐标即建立分层分类分级培训机制，针对不同级别党外干部安排校外、学校层面和学院层面不同培训活动；垂直坐标即跟踪成长持续培养机制，建立党外人才动态档案，有计划、有步骤地培养党外代表人士，并实行“一人一册”掌握个人成长情况，按照“一人一策”原则，有针对性地开展培养和给予发展平台，并结合日常考核、干部考察、综合研判等工作，反馈成长情况，及时优化培养路径。

完善党外干部的举荐任用制度。学校把长期坚持的为党外干部留有一定数量领导岗位的做法变成制度，遵从“党外干部也是党的干部”的原则，有意识、有布局地把一部分优秀人才留在党外发挥作用。尤其注重从教学、科研、教辅、行政管理等岗位物色适合在党外的优秀青年人才，建立统一的党外后备干部人才库，将党外代表人士队伍建设纳入学校干部队伍建设和人才工作总体规划。学校《关于进一步加强同济大学统一战线工作的意见》《中共同济大学委员会关于贯彻落实〈中共中央统战部、中共教育部党组关于加强新形势下高校统一战线工作的意见〉的暂行办法》明确提出，“党外代表人士在学校各级领导班子中要保持一定的比例，符合条件的党外干部可以担任行政正职”；坚持组织部、统战部联席会议制度，共同讨论党外干部的培养、锻炼和使用。畅通政治安排和实职安排“双通道”机制，有计划、有组织地把成熟的党外知识分子推荐到民主党派担任职务，将优秀党外代表人士安排在学校重要教学科研管理岗位，推荐担任各级人大代表、政协委员、政府参事、文史馆员，在各级人大、政府、政协、司法机关及有关人民团体中担任领导职务。在学校的长期努力下，建设了一支政治坚定、素质优良、数量充足、结构合理、作用突出的党外代表人士队伍。近年来，学校处级以上干部中党外人士的比例一直保持在 12%～15% 左右，学校现任 6 名副校长中 3 名为党外人士。

（五）履职尽责建言献策

校党委统战部团结、引导广大统战成员围绕中心、服务大局，聚焦“党政所谋、群众所盼”，支持民主党派和无党派人士发挥作用。系统设计党外知识分子思想政治教育体系，深入学习党的最新理论成果，引领党外知识分子深刻领悟“两个确立”的决定性意义，增强“四个意识”，坚定“四个自信”，做到“两个维护”，通过讲座报告、论坛交流、国情考察、主题活动等多样的方式引领党外知识分子学深悟透、知行合一，发挥自身专业优势和业务所长积极建言献策。加强党外知识分子履职能力培训，依托上海市社会主义学院、各级党校等培训单位，分层分类有针对性地开设开阔履职视野、提高履职能力的主题培训。在校内注重完善党外知识分子参政议政、建言献策、服务社会成果的激励政策；进一步加强与党外知识分子代表座谈交流；健全和完善情况通报会制度以及信息反馈机制，做实党外人士建言献策“直通车”工作，拓宽党外知识分子履职平台。统战成员通过政协提案、专题调研、反映社情民意信息等形式，形成了很多高质量的履职成果，为国家、上海市建设和学校事业发展作出了积极贡献。

截至 2021 年底，同济大学教师共有各级政协委员和人大代表 57 人，包括各级政协委员 41 人，各级人大代表 16 人。其中全国政协委员 3 人，上海市政协常委 1 人，市政协委员 12 人；全国人大代表 1 人，上海市人大代表 4 人。57 人中，民主党派成员

32 人，无党派人士 11 人。学校现有市政府参事 3 人，文史馆员 2 人。

（六）民族和宗教工作

在学校党委统一领导下，学校分管统战工作的常务副书记担任学校民族和宗教工作领导小组组长，校党委统战部作为秘书单位牵头协调，宣传部、教师工作部、学研工部、保卫部、外事办公室、人事处、本科生院、研究生院、文科办公室、嘉定校区管委会办公室、少数民族联合会积极配合，各司其职。此外，面向各学院、相关职能部门、直附属单位的党委书记、统战委员、部门负责人、辅导员，校党委统战部还举办民族和宗教工作专题培训班，强化理论政策宣传教育。

全面正确贯彻党的民族政策，建立民族团结教育常态化机制，引导各族学生不断强化“五个认同”和“三个离不开”思想。学校党委出台《中共同济大学委员会关于加强少数民族学生教育管理服务工作的意见》（同委〔2018〕2 号），学研工部制定《同济大学少数民族专职辅导员管理制度》等文件，为做深做实做透少数民族学生工作夯实了基础，提供了保障。加强少数民族学生育人队伍的建设，成立少数民族学生事务管理服务中心，以铸牢中华民族共同体意识为主线，开展“民族风采嘉年华”等形式多样的有利于民族团结进步教育活动，以促进各民族师生全面交流。成立“少数民族学生能力提升工作坊”，围绕“生活、学业、身心、就业”四个方面，每年开展针对性帮扶活动上百场次，细心服务少数民族学生全面成才。进一步强化“精准帮扶　精心培育”育人理念，确保少数民族学生学业、生活、就业和心理四个方面的保障，通过实施“少数民族困难学生专项补助”，预留专门勤工助学岗位、临时困难补助、慈善爱心屋领用券等方式帮助少数民族学生克服生活困难。持续开展“万里大家访”，保持学校和少数民族学生家庭的畅通、密切、有效联系，进一步健全家校协同育人途径，持续提升少数民族学生工作针对性和实效性，巩固“学校－学生－家庭”三维一体育人网络，推进全员全程全方位育人。

坚持教育与宗教相分离的原则，教育引导师生自觉遵守法律法规和校纪校规，严禁在校园传播宗教、发展信徒、设立宗教活动场所、举行宗教活动、建立宗教组织。与党委学研工部、留学生办公室、保卫处以及基层党组织加强协作，开展宗教信仰情况常态化摸底核实工作，及时掌握基本信息，抵御宗教渗透，防范校园传教。积极配合有关部门依法取缔校园及其周边非法宗教活动场所和聚会点，坚决阻断利用宗教向学校渗透和校园传教的渠道。

（七）港澳台侨工作

学校始终广泛团结、服务归侨、侨眷、港澳台同胞及其亲属、归国人士及海外校友、外籍华人，广交朋友、联络感情；以传承和弘扬中华优秀文化为主线，以交流互访、实践教育、文化研习、学术研讨为切入点，团结引导港澳台侨师生增进国家认同和爱国精神，为实现中华民族伟大复兴发挥积极作用。学校保持与港澳台高校的联系和交流，校党政领导也积极参与两岸四地五校学术交流活动，出任香港特别行政区、台湾地区的大学特约教授。关注港澳台籍教师的发展，通过开展对国家科研体系改革和同济大学科研管理政策的解读，提升他们对趋同化管理的共识，并通过他们影响港澳台学生，润物细无声地开展对港澳台师生的思想引导。发挥学校侨联优势，坚持以侨搭桥、以侨联侨，推动海外高层次人才引进。截至 2021 年年底，同济大学有归侨 80 人，侨眷 70 人。

大事记

1950 年 10 月

同济大学党支部改选，支委中设统战委员 1 人，从此统战工作在支部统一领导下进行。

1952 年 2 月 10 日

同济大学党委会上确定朱士亮为党委统战委员。随后，学校党委讨论成员分工，由党委书记蒋梯云分管统战工作。

1953 年 1 月

学校完成首批 5 位名人传记（叶玉良、吴之翰、杨钦、李国豪、夏坚白），通过党委审定。

1953 年

8 月 1 日，党委听取统战工作汇报，并讨论了几项重点工作：第一，民主党派发展问题；第二，统战工作领导问题；第三，筹备召开民主党派座谈会；第四，加强与民主党派负责人联系，了解民主党派自身发展情况；第五，决定蒋梯云兼任党委统战委员。11 月和 12 月，党委会又专门讨论和总结了统战工作问题，指出还存在负责人讲话方式方法注意不够、对党外人士尊重不够、商量少、包办代替、党员不善于接近群众、思想情绪急躁等问题。

1954 年

党委多次讨论统战工作，认为统战工作与搞好教学是不能分开的，建议加强对教师统战工作的统一领导。同时规定每月专门召开一次会议，研究对教师的统战工作（或作为党委会议的一部分）。之后党委又多次召开民主党派会议，讨论如何动员其成员和带动群众保证校教务扩大会议的具体贯彻问题。5月至11月，党委与民盟上海支部同济直属小组、九三学社上海分社同济小组联合举行扩大的学习座谈会（共9次），座谈交流民主党派在学习总路线的基础上如何贯彻教学改革方针。

1955年

《党委1955—1960年工作规划》提出必须加强党对工会、青年团、学生会、民主党派的领导，贯彻党对知识分子的政策。

1956年

5月19日，民盟同济大学支部成立，6月23日，九三学社上海分社同济大学支社成立。7月5日，校党委统战部成立，校党委副书记刘准兼任校党委统战部长。9月15日，党委会决定马毅民兼任校党委统战部副部长。从此，校党委统战部在校党委的领导下，全面负责学校各项统战工作的开展。

1957年

中共中央发布了《关于整风运动的指示》，并请民主党派帮助党整风。校党委邀请了各系、工会、民主党派、团委及学生会负责人和部分教师共同座谈整风，会上成立了同济大学整风委员会。

1958年3月

为贯彻中共中央发布的《关于整风运动的指示》，同济九三支社和民盟支部分别召开会议，就开展整风进行动员。

1959年12月

学校各单位各班级归国华侨学生、眷属纷纷举行座谈和集会，表示坚决拥护陈毅外长代表我国政府提出的关于全面解决印尼华侨问题的三点建议，对印尼反华势力的反华、排华活动表示无比愤怒和严重抗议。

1960 年

中央开始部分纠“左”，学校党委向中共同济大学第二次代表大会所作的工作报告提出对民主党派工作的方针，使民主党派能够在“调动服务”和“继续改造”中起一定的辅助作用。党组织定期召开民主党派座谈会，听取意见，同他们协商学校工作的重大问题，分配一定的任务，通过他们调动一切积极因素办好学校。工作报告中还提出，民主党派应当积极组织成员学习马列主义和毛泽东思想，全心全意地为社会主义教育事业服务。10 月，学校以“神仙会”形式，6 次召集民主党派成员及部分讲师以上党外老教师座谈当前国内外形势，提问题，谈看法，摊疑问，暴露思想，公开观点，在个别问题上进行思想交锋。

1961 年 1 月

在校务委员会扩大会议上，校党委书记、校长王涛传达中央文教会精神，希望党外同志和民主党派同志向党委提意见，帮助党整风。

1961 年 6 月

党委召开统战工作会议，进一步传达讨论市委统战工作会议精神和李维汉同志几次谈话精神，要求通过反复学习、讨论，深刻领会统战工作的重要性，以达到改进工作，调动知识分子积极性的目的。

1962 年

市委民族事务委员会负责同志几次参加校党委统战部召

开的少数民族师生座谈会。当时师生中有 40 多人是少数民族。为加强联系，经党委同意，成立了少数民族联谊小组。

1962 年 9 月

学校组织民主党派成员、党外干部和教师学习党的八届十中全会公报，听取对阶级斗争、中苏论战和反修防修的反映。

1977 年 10 月

经市委批准，学校新党政班子建立，校党委设党委办公室、组织部、宣传部、统战部、保卫部、武装部，学校统战工作逐步恢复。

1977 年暑假

学校改扩建和装修回民食堂，改善少数民族师生的生活条件。

1978 年夏

校党委统战部对学校 30 余名教授和民主党派成员进行了家访和个别交谈，了解到他们普遍希望尽快恢复民主党派组织活动。又在民盟和九三市委同志的配合下走访了学校原民盟和九三支部的每个支委，个别征求意见。

1978 年 12 月

党的十一届三中全会召开，全党工作重点实行了战略大转移，从此，统战工作也进入了历史发展的新时期。

1978 年

12 月 11 日，学校党委向市委统战部递交学校《关于恢复我校爱国民主党派组织活动的请示报告》。12 月 16 日和 22 日，党委领导又分两次在党委总支书记、部处室负责人会议上对上级指示精神作了传达和动员，要求统一思想，加强党组织对民主党派恢复组织生活的领导。

1978 年 12 月 23 日和 28 日

民盟同济大学支部和九三学社同济大学支社先后召开全体成员大会，宣布恢复组织活动。民盟盟员大会提出："要围绕为加速实现四个现代化服务这个中心，开展各项工作"。九三社员大会提出："当前，全体九三学社社员要认真学习党的十一届三中全会公报，为加速实现四个现代化服务，是全体社员的主要任务。"此时，学校有在职民盟盟员 48 人，在职九三社员 26 人。

1980 年 6 月和 9 月

九三学社同济大学支社和民盟同济大学支部委员会先后召开大会，改选新的领导班子。

1982 年

党委讨论贯彻市统战工作会议精神，对同济大学知识分子政策的落实情况逐一检查，检查后认为需要继续解决以下问题：一是进一步做好"文革"中冤假错案平反的思想工作，解决复查中遗留问题；二是加强组织建设和安排、使用好人才；三是加强和改革教学科研的后勤工作；四是逐步改革教师的生活条件及后勤供应、保障等工作；五是加强新时期知识分子政策的再教育和思想政治工作。

1986 年

基本完成了十一届三中全会以来对需落实政策同志的相关政策落实。同年，学校推选市人大代表 1 人，当选市政协委员 4 人。据统战部《关于去台人员在沪亲属落实政策的情况报告》，截至 1986 年 10 月，学校有去台人员亲属 146 户，去台人员亲友 322 人。

1987 年 12 月 5 日

“同济大学海外联谊会”成立，江景波校长任名誉会长，罗小未教授任会长，有会员 100 余人。

1987 年 12 月

“同济新村留学生家属联谊会”成立。

1989 年

校党委统战部要求根据形势发展做好接待台胞和“三引进”工作，同时提出海外联谊工作是新时期统战工作的特点之一。

1990 年

党委扩大会议传达全国统战工作会议精神和《中共中央关于坚持和完善中国共产党领导的多党合作和政治协商制度的意见》，并组织学习讨论研究落实措施。

1990 年 5 月 4 日

九三学社同济大学第一届基层委员会成立。

1991 年

党委提出要“继续贯彻、落实中央统战工作会议精神，认真执行各项统战政策。充分发挥民主党派、侨胞、台属、少数民族同胞在学校各项事业中的作用”。

1992 年

各民主党派成员学习邓小平同志南方讲话，以及党的十四大会议精神。

1993 年

校党委统战部提出：一要支持民主党派做好发展工作、建立后备干部队伍，推动民主党派做好调查研究，关心鼓励要求加入中国共产党的民主党派成员；二要做好党外后备干部队伍建设；三要做好侨务、民族、宗教和涉台工作。同时组织了民主党派成员学习《邓小平文选》。

1995 年

校党委要求进一步做好统战工作和老干部工作、认真传达全国部分高校统战工作座谈会精神，加强对党外后备干部的培训、考察和举荐，重视做好民主党派和无党派人士的工作。在党员、干部、群众中开展爱国统一战线理论、政策和宣传教育。

1996 年 7 月至 1997 年 4 月

1996 年 7 月 26 日，根据国家教委和上海市人民政府的决定，上海城市建设学院和上海建筑材料工业学院并入同济大学，3 所学校党委统战部及各民主党派组织和成员也一起合并，各党派换届工作相继进行。从 1996 年 11 月 5 日至 1997 年 4 月 15 日，农工党、民盟、民进、九三学社、民建等党派组织先后完成了组织合并和换届选举。

1996 年底

在中国民主同盟七届五次全会上，江景波当选为民盟中央副主席，徐吉浣当选为民盟中央委员。

1997 年 2 月

校统战部与各民主党派深切缅怀一代伟人邓小平，组织学习《悼词》。

1997 年上半年

上海 8 个民主党派组织相继召开代表大会，选举产生新一届民主党派市委领导班子，同济大学共有 9 名成员进入市级领导班子。

1997 年 6 月 学校统一战线各界隆重举行“迎香港回归”系列活动。

1997 年 10 月 学校党委与党外人士座谈，交流学习党的十五大精神的体会。

1997 年 11 月 校海外联谊会第三届理事会产生，校党委书记王建云兼任理事长。

1998 年起 学校注重侨务工作条块结合，联手社区共建精神文明。与所在的杨浦区和四平街道联手，共同做好归侨和留学生家属的工作，上门关心他们的生活，帮助解决具体困难，并通过家属做好新移民工作。

1998 年初 校党委向党外人士通报上海市第七届党代会精神。

1998 年 3 月 参加全国两会的江景波、徐吉浣、戴复东、朱士明传达全国两会精神。

1998 年 4 月 学校召开统战工作会议。

1998 年 9 月 同济大学民族工作领导小组成立，统一协调民族工作。

1998 年 11 月 24 日 校党委统战部召开纪念党的十一届三中全会召开二十周年大会，与会人士畅谈了十一届三中全会以来国家和学校取得的成就和学习邓小平理论的体会。

1998 年 12 月 市侨办和市教卫工作党委在同济大学联合召开“条块结合，优势互补，推进统战工作经验交流会”，同济大学介绍了区校联手共同做好侨务工作的经验。1998 年 12 月 31 日，同济大学归国华侨联合会和上海市欧美同学会同济大学分会同时成立。

1998 年 12 月

学校党委组织各民主党派基层组织负责人赴无锡疗养院进行健康检查暨工作研讨。

1999 年初

学校 7 名民主党派成员被聘为新一届同济大学特邀监察员。

1999 年 1 月

学校党委邀请学校即将出席全国和上海两会的党外人士举行座谈会。朱士明、江景波、戴复东、徐吉浣、邵嘉裕、郑惠强、徐尧洲、韩生廉、陈龙武出席，校党委副书记刘润海主持会议并讲话。

1999 年 3 月 30 日

校党委在校工会俱乐部邀请学校出席全国和上海市两会的代表、委员参加座谈。校党委书记王建云、校长吴启迪、党委副书记刘润海认真听取了代表委员们对两会情况的介绍，并和大家就如何根据当前形势贯彻落实两会精神，把学校工作搞上去交流了看法。

1999 年 4 月 8 日

同济大学侨联和留学生家属联谊会召开了部分留学生家属座谈会。校党委统战部、杨浦区侨办有关干部、交通银行和工商银行杨浦支行有关同志及同济新村居委干部出席会议。

1999 年 9 月

学校各民主党派分别举行活动，庆祝新中国成立 50 周年。

1999 年 12 月 13 日

校党委统战部和党校联合举办党外干部学习班，学校 10

名各民主党派和无党派中青年干部参加了学习。

1999年12月15日

校海联会、侨联、市欧美同学会同济分会举行“迎澳门回归展世纪未来”庆祝联谊活动。

2000年9月25日

校“三讲教育”办公室召开民主党派“三讲”工作座谈会，校党委副书记周箴主持会议，校“三讲办”詹萌，校党委统战部部长温秉权、副部长李祖望参加会议。各民主党派负责人出席座谈会，就学校存在的主要问题发表了意见。

2000年10月21日

铁建系举行“祝贺童大埙教授90华诞座谈会”，中共上海市委常委、纪委书记张惠新，民盟上海市委常务副主委沈立恭，同济大学党委副书记陆吴宝，铁建系主任吴定俊等致贺词。出席座谈会的还有上海市委原常委、市委统战部原部长毛经权，铁道部高速办张龙，上海财经大学党委书记潘洪萱，上海应用技术学院党委书记祁学银，中国工程院院士、同济大学桥梁系教授项海帆，同济大学副校长朱广杰，上海铁路局副局长管天保、李庆鸿，华东交通大学副校长雷晓燕以及铁建系教师、校友共90余人。

2001年1月16日

校党委召开“双月座谈会”，同济大学和原铁道大学各民主党派的负责人参会。常务副校长吴世明通报了并校后同济大学面临的挑战和机遇以及今后改革的思路，党委副书记杨东援通报了学校本学期“三讲”教育的基本情况。

2001 年 6 月 12 日

校党委召开“双月座谈会”，探讨如何实现高校和地区资源共享、优势互补，同济大学校长吴启迪，党委副书记虞丽娟，杨浦区委常委、宣传部部长袁岳滨出席座谈会，同济大学各民主党派、统战团体负责人、有关专家学者及杨浦区政协委员等参加座谈。

2001 年 6 月 27 日

同济大学少数民族联合会成立大会隆重举行。上海市民族宗教事务委员会副主任马定华、上海市少数民族联合会会长金相成、同济大学党委副书记杨东援、杨浦区宗教民族办公室谈祖敏、杨浦区民族联副主任哈欣，以及近十所兄弟高校民族联负责人和代表到会祝贺。成立大会由同济大学党委统战部副部长李祖望主持，党委统战部部长温秉权作大会报告。

2006 年 3 月 17 日

党委统战部召开学校各民主党派、统战团体负责人工作务虚会，研究和部署学校年度统战工作。

2006 年 4 月 1 日

中央统战部副部长黄跃金在市委统战部副部长周箴的陪同下视察同济大学嘉定校区。同济大学校长万钢，党委副书记、副校长周祖翼汇报了学校近年来的发展情况和嘉定新校区的建设情况。

2006 年 4 月 6 日

上海市各民主党派、市工商联学习联席会在同济大学嘉定校区举行，校长万钢应邀作“新能源汽车研发进展和发展战略”报告。

2006 年 9 月 1 日

校党委统战部开展第 20 次全国统战工作会议精神学习研

讨。校党委统战部部长李祖望作辅导报告。

2006年9月12日 为祝贺同济大学百年校庆，杨浦区政协举行书画义卖助学捐赠仪式。杨浦区政协主席李文连代表区政协向同济大学转赠了10万元爱心支票，校党委副书记、副校长周祖翼代表学校向杨浦区政协、书画家和义买者表示感谢，并向李文连颁发了捐赠证书。

2008年3月 校党委统战部、学生处联合召开少数民族学生座谈会。

2009年4月28日 在学校学习实践科学发展观活动进入学习调研阶段后，校党委统战部邀请学校各民主党派负责人举行以解放思想为主题的座谈会。组织部副部长蒋鲁坚参加座谈会。

2009年12月10日至18日 由中华全国归国华侨联合会主办、上海市归国华侨联合会承办、同济大学协办的“华侨华人与共和国”图片展上海东片巡展在同济大学举行。

2010年12月28日 杨浦区统战系统民族宗教界“爱心助学”捐赠仪式在同济大学举行，校党委副书记方守恩参加活动，并对杨浦区统战系统长期以来坚持与高校合作共建，关注贫困学生健康成长表示感谢。

2011年6月24日 校党委召开党外人士座谈会，热烈庆祝中国共产党成立90周年，校党委书记周家伦出席并讲话。在校全国人大代表、全国政协委员、上海市人大代表、上海市政协委员中的党外人士，学校各民主党派负责人，以及党外老同志代表参加座谈。

2011年9月26日

在上海市区县、高校统一战线合作共建经验交流会上，校党委副书记方守恩代表同济大学党委作题为“区校合作共建开创统一战线新天地”的交流发言。

2011年10月14日

校党委统战部组织七个民主党派负责人赴重庆参观学习。在渝期间参观了“中国民主党派历史陈列馆”特园，在重庆乐歌山麓参观了当年国民党特务关押和杀害革命先烈的“白公馆”“渣滓洞”。

2012年3月14日上午

上海市教卫工作党委副书记杜慧芳率统战处负责同志一行来学校调研，校党委副书记方守恩汇报开展海归和高层次人才工作、党外代表人士的培养、选拔和任用等工作情况。

2012年5月31日

学校党委召开党外代表人士座谈会，传达上海市第十次党代会精神，介绍学校贯彻落实会议精神开展的重点工作。校党委书记周祖翼就我校贯彻落实上海市第十次党代会精神即将开展的工作进行了重点介绍。

2012年6月6日

市政府侨办副主任蔡建国率侨办政研处有关同志和杨浦区侨办赴学校就合作开展人才工作进行调研，校党委副书记方守恩参加座谈。

2012年7月30日

市政协主席冯国勤、副主席吴志明、钱景林、吴幼英等一行来校调研，并与学校部分全国和上海市政协委员进行座谈。座谈会上，校党委书记周祖翼汇报了同济大学百年来的发展历程和现阶段的发展情况。

2012 年 8 月 8 日

市政府侨办副主任蔡建国率海外华文媒体一行来校访问，与学校海归学者代表座谈交流。

2012 年 10 月 11 日

虹口区政协主席管维镛、区政协秘书长赵国友一行来校访问，亲切慰问了担任虹口区政协委员的张蓉伟、匡志平、廖宗廷、陈启军等同志。

2012 年 12 月

在党的十八大胜利闭幕后，学校党委举办党外人士专题研讨班，深入学习贯彻党的十八大精神。

2013 年 3 月 20 日

闸北区区委常委、统战部长石宝珍一行来校访问，就党外代表人士队伍建设和区校合作共建等工作进行座谈。校党委副书记方守恩、统战部负责人参加。

2013 年 4 月 11 日

校党委书记周祖翼会见了来访的民建中央副主席、上海市政协副主席、民建市委主委周汉民一行。双方就民建同济大学的组织建设和发挥民建组织作用等相关问题进行了讨论。校党委副书记方守恩、统战部相关负责人参加了会见。

2013 年 5 月 13 日

国务院侨办副主任何亚非在同济大学 129 大礼堂为全市侨务干部就当前国际形势作报告。

2013 年 5 月 22 日

上海市人民政协理论研究会召开二届一次会员大会暨理

论研讨会，选举产生新一届研究会理事会。同济大学教授钱君律、丁晓强当选新一届研究会理事会理事。

2013 年 6 月 17 日

学校召开党外代表人士座谈会，集中听取对学校第十次党代会报告（征求意见稿）的意见建议。周祖翼、马锦明、方守恩等校领导参加了座谈会。

2014 年 1 月 8 日

校党委召开以“学习贯彻习近平总书记系列讲话和十八届三中全会精神”为主题的统一战线各界人士迎新座谈会。校党委书记周祖翼对党外人士长期以来关心、支持和参与学校的建设表示衷心感谢，希望大家对学校的各方面工作多建言献策，在新的一年里取得更大成绩。

2014 年 5 月 19 日

市政府侨办、市教卫工作党委统战处在同济大学逸夫楼联合召开上海市部分高校海外校友会工作现场交流会。市政府侨办主任徐力、副巡视员陶国丰，市政府参事、市海外交流协会副会长蔡建国，市教卫工作党委统战处处长金勤明等出席会议并讲话。

2014 年 5 月 28 日

开展党外人士专题培训班，邀请全国政协委员、无党派人士唐子来作题为“经济全球化和全球城市”专题学习辅导报告。

2014 年 6 月 11 日

校党委统战部组织 2014 年春季党校党外人士专题学习班学员赴中共“二大”会址及中共代表团驻沪办事处旧址（周公馆）等地开展实践教学活动。

2014年12月11日

校党委召开统一战线各界人士视频座谈会，在校的全国、市人大代表和政协委员，校各民主党派负责人、各统战团体负责人等近40人参加。会议邀请了校发展规划研究中心负责人介绍“同济大学综合改革总体方案”，听取了党委统战部关于2014年统战工作总结、党的群众路线教育实践活动整改以及2015年工作要点的展望等情况的介绍。

2015年1月14日

校民主党派负责人座谈会在同济大学逸夫楼召开，校党委书记杨贤金出席会议并讲话，校党委副书记方守恩和学校7个民主党派负责人参加。

2015年3月6日

全市统战部长会议在市委统战部会议中心召开。校党委副书记方守恩出席会议并作为高校统战工作代表作交流发言。

2015年3月16日

由杨浦区政府侨务办公室、区归国华侨联合会主办，校统战部和四平社区党工委、办事处承办的“贯彻落实侨法，维权凝聚侨心”——2015年杨浦区《侨法》宣传月主题活动在同济大学举行。市政府侨办副主任陈文佳，校党委副书记方守恩，杨浦区委常委、副区长丁欢欢，区委常委、区委统战部部长王立新出席。

2015年10月28日

校党委在同济大学逸夫楼召开2015年同济大学统一战线各界人士座谈会，在校的全国、市人大代表和政协委员，校民主党派、统战团体负责人、无党派人士代表等30人参加会议。会议邀请常务副校长陈以一向与会代表介绍

“同济大学综合改革总体方案”。

2015 年 12 月 11 日

校党委印发《关于进一步加强同济大学统一战线工作的意见》（同委发〔2015〕7 号），就如何认真贯彻 2015 年中央统战工作会议精神，全面落实《中国共产党统一战线工作条例（试行）》，进一步加强学校统一战线工作提出具体意见。

2015 年 12 月 17 日

校统战工作会议在同济大学逸夫楼召开。会上，校党委副书记方守恩代表校党委作题为“凝心聚力，继往开来，构建我校大统一战线工作格局”的工作报告。

2015 年 12 月 28 日

由统战部主办的统战人士青年骨干培训班举行。此次培训班旨在贯彻落实同济大学统战工作会议精神，提升学校统战人士队伍中的青年骨干建言献策和参政议政能力水平。

2016 年 2 月 25 日

上海市委常委、统战部部长沙海林来校调研，对同济大学党委统战工作给予高度肯定。

2016 年 3 月 22 日

党委中心组（扩大）学习报告会邀请全国政协常委、民盟中央副主席、民盟上海市主委、上海市人大常委会副主任、同济大学原副校长郑惠强传达全国两会精神。

2016 年 5 月 15 日

上海市委常委、统战部部长沙海林来校做统战工作专题辅导报告，来自学校各二级学院党委（总支）统战工作负责人以及管理学院 MPA 学员等 200 多人参加。

2016 年 6 月 21 日

校党委统战部在中法中心组织统战理论学习培训，上海市教卫工作党委统战处处长金勤明应邀解读《中国共产党统一战线工作条例（试行）》，学校党外青年骨干教师、各学院组织员等参加培训。

2016 年 6 月 27 日

学校统一战线各界人士座谈会在同济大学逸夫楼召开。校党委书记杨贤金、党委常务副书记方守恩出席会议。

2016 年 6 月 27 日

同济大学统战工作领导小组会议召开，校党委书记杨贤金、党委常务副书记方守恩、党委副书记徐建平参加会议。

2016 年 7 月 7 日

学校基层党委书记统战工作座谈会暨统战干部队伍建设研讨会在逸夫楼举行，校党委常务副书记方守恩、校党委统战部负责人及各基层党委书记参加。

2016 年 11 月 1 日

校党委统战部在嘉定校区举办统战理论培训活动，统战人士培训班学员、基层党委组织人事员、民革和民建部分党员以及校知联会部分会员参加培训。

2016 年 11 月 4 日

学校召开同济大学统战工作领导小组第二次会议，校党委书记杨贤金出席会议。会议根据中央相关文件要求，就增补统战工作领导小组成员事宜进行了初步讨论。

2016 年 11 月 23 日

为全面贯彻落实《中共中央统战部、中共教育部党组关于加强新形势下高校统一战线工作的意见》（厅字〔2016〕27 号）文件精神，校党委印发《中共同济大学委员会贯彻落实〈中共中央统战部、中共教育部党组关于加强新形势下高校统一战线工作的意见〉的暂行办法》（同委发［2016］12 号）。

2016 年 12 月 6 日

同济大学统一战线各界人士座谈会暨统战工作领导小组第三次会议在逸夫楼召开，校党委书记杨贤金主持会议，副校长江波、顾祥林出席，学校各级人大代表、政协委员，各民主党派负责人、无党派人士代表以及统战工作领导小组成员参加。

2017 年 1 月 5 日

杨浦区委书记李跃旗，区委常委、统战部长程绣明一行到学校调研并探望学校部分党外代表人士。

2017 年 1 月 18 日

校党委常务副书记方守恩代表高校在全国统战部长会上发言，题为“从源到汇，为党外知识分子建功立业创造条件”。

2017 年 4 月 27 日

校党委统战部和校知联会联合主办“探寻中国极地科考历史”国情考察活动，各民主党派、无党派人士、欧美同学会同济分会及党外青年教师代表共计 30 人参观中国极地科考船“雪龙号”。

2017 年 5 月 24 日至 27 日

校党委统战部组织“不忘初心，砥砺前行”重庆考察实践活动，学校各民主党派换届后新任委员会委员、最近五年新入各民主党派成员代表以及统战部成员共 18 人参加。

2017年6月8日

第二届卓越大学联盟统战部长联席会议在同济大学中法中心隆重开幕。北京理工大学、重庆大学、大连理工大学、东南大学、哈尔滨工业大学、华南理工大学、天津大学、同济大学、西北工业大学等卓越大学联盟单位的统战部长，复旦大学、上海交通大学、华东师范大学等上海13所高校的统战部长参加开幕式。同济大学党委常务副书记方守恩、上海教卫工作党委统战处处长金勤明应邀出席会议。

2017年7月11日

同济大学民主党派“坚持和发展中国特色社会主义学习实践活动”交流会暨统一战线各界人士座谈会在中法中心举行。

2017年9月5日

中共杨浦区委常委、统战部部长程绣明，副部长、杨浦区侨务办公室主任徐进一行来校访问，就杨浦区和同济大学统战领域合作问题进行交流研讨。

2017年11月2日至5日

统战部组织开展“凝聚共识，继往开来”党外代表人士西安实践考察活动，学校中青年知识分子联谊会、欧美同学会、侨联等统战团体成员，学校70后、80后党外代表人士以及统战部成员共14人参加。

2017年12月19日

校党委书记方守恩主持召开同济大学统一战线各界人士座谈会，校发展规划部副部长朱志良就学校发展与改革的形势及近来主要工作向与会者作了报告，各民主党派负责人和党外代表人士就报告的主要内容展开讨论。

2017 年 12 月 20 日

由校党委统战部和嘉定区委统战部联合主办、汽车学院承办的统战理论培训活动在汽车学院举办，各基层党委统战员、各民主党派组织员、统战团体秘书长等参加培训。

2018 年 1 月

为了纪念中国共产党提出统一战线思想 95 周年和庆祝同济大学成立 110 周年，统战部编纂了《不忘初心，继续前行——同济大学民主党派发展》和《同济大学基层党委书记统战工作访谈录》两部内部发行图书，全面回顾了学校民主党派的历史沿革和“坚持和发展中国特色社会主义学习实践活动”的成果，以及部分基层党委开展统战工作的优秀经验、做法。

2018 年 4 月 13 日

校党委统战部组织学校各民主党派、统战团体成员，以及无党派人士代表 30 余人前往中共二大会址纪念馆，参观“不忘合作初心、继续携手前进——纪念中共中央‘五一口号’发布 70 周年”图文展。

2018 年 4 月 26 日

校党委副书记冯身洪代表学校党委主持召开同济大学统一战线各界人士座谈会，统战代表人士以及同济大学发展规划部副部长朱志良介绍学校相关工作情况。

2018 年 5 月 17 日

校党委召开同济大学统战代表人士座谈会，就同济大学第十一次代表大会的工作报告征求意见。

2018 年 10 月 25 日至 28 日

校党委统战部开展同济大学党外知识分子遵义主题实践活动，校各民主党派、统战团体成员，基层党委统战员代表以及统战部成员共 15 人参加。

2018 年 11 月 27 日

校党委统战部召开各民主党派新发展成员座谈会，近三年来各民主党派新发展成员代表出席会议。

2018 年 12 月 18 日

学校召开统战工作领导小组会议，校党委书记、统战工作领导小组组长方守恩，党委副书记、统战工作领导小组副组长徐建平、冯身洪出席会议。

2019 年 3 月 14 日

上海市委统战部副部长蔡忠、市委统战部副巡视员李霞一行来校调研，校党委书记方守恩、副书记冯身洪及统战部部分同志参加调研。

2019 年 3 月 27 日

市教卫工作党委系统党外知识分子思想政治教育工作专题调研会在学校中法中心举行。市教卫工作党委副书记成旦红，市教卫工作党委、市委统战部相关职能部处领导，以及来自复旦大学、上海交通大学等十所高校的党委统战部负责人及相关领域特邀专家参加调研会。

2019 年 4 月 23 日

同济大学在中法中心召开统战工作领导小组（扩大）会议，统战工作领导小组成员及部分辅导员代表参加了会议，会议由校党委书记方守恩主持。

2019 年 4 月 30 日

校党委统战部在学校综合楼教师发展中心召开党外青年知识分子纪念五四运动 100 周年座谈会。

2019 年 6 月 14 日

民建中央副主席、上海市政协副主席、民建上海市委主委周汉民，民建上海市委专职副主委钱雨晴等一行到同济大学调研。

2019年7月4日

同济大学党委统战部、杨浦区委统战部、杨浦区社会主义学院联合举办的宗教工作专题培训班在杨浦区社会主义学院开班。来自同济大学各学院、相关职能部门、直附属单位的党委书记、统战委员、部门负责人及辅导员等近50人参加。杨浦区委常委、统战部部长董鑫旺，同济大学党委副书记冯身洪、杨浦区社会主义学院常务副院长蒋争春参加开班式和结业式。

2019年9月30日

在新中国70岁华诞来临之际，由杨浦区侨联和同济大学侨联联合主办的“壮丽70年环保新时代”浦江侨声系列讲座第10期在同济大学衷和楼举行。

2019年11月28日

党委统战部、组织部和党校联合举办2019年党外中青年干部培训班，党委副书记冯身洪作开班讲话，邀请市委统战部原副部长、同济大学原常务副校长周箴作题为“基于量子思维的统战工作”的专题报告。

2019年12月13日

中国高等教育学会统战工作研究分会在兰州大学举行成立大会，来自全国120多所高校分管统战工作的党委副书记、统战部长或副部长作为会员代表出席大会。大会选举产生了第一届理事会领导班子，同济大学党委副书记冯身洪当选首届中国高等教育学会统战工作研究分会副理事长。

2020年4月2日

同济大学2020年统战工作领导小组会议暨民族和宗教工作领导小组会议在同济大学逸夫楼召开，校党委统战工作领导小组、民族和宗教工作领导小组成员参加。

2020年4月10日

为进一步加强学校无党派人士队伍建设，校党委印发《同济大学无党派人士认定工作实施办法（试行）》（同委〔2020〕44号）。

2020年5月19日

同济大学无党派人士队伍建设推进会暨基层党委统战委员培训启动会在学校中法中心召开，各基层党组织统战委员40余人参加会议，校党委副书记冯身洪出席会议并讲话。

2020年11月12日至13日

校党委统战部组织部分党外代表人士赴崇明开展“四史”学习教育考察活动，学校各民主党派、统战团体以及无党派人士代表共20余人参加活动。

2020年12月9日

校党委统战部召开2020年度同济大学基层统战工作会议暨基层党组织统战委员培训会议，各基层党组织统战委员40多人及统战部全体成员参加培训。

2021年1月14日

同济大学召开统一战线各界人士座谈会，并就学校“十四五”发展规划编制征求意见和建议。校长陈杰出席会议并讲话，校党委常务副书记冯身洪主持会议。

2021年1月22日

杨浦区委副书记、区长薛侃，杨浦区委常委、统战部部长董鑫旺一行到校访问，并走访慰问致公党杨浦区委主委、同济大学支部主委、艺术与传媒学院院长李麟学。校党委常务副书记冯身洪陪同走访慰问。

2021年3月16日

同济大学召开统战工作领导小组及民族宗教工作领导小

组会议。会议集体学习了《中国共产党统一战线工作条例》精神要点，书面审议了《同济大学统战工作领导小组议事规则》《同济大学民族宗教工作领导小组议事规则》。

2021年3月18日

中共上海市委统战部副部长蔡忠一行来学校调研。校党委常务副书记冯身洪，副校长顾祥林、娄永琪参加调研。

2021年3月19日

为不断提升统战工作科学化、规范化、制度化水平，校统战部制定《同济大学统战工作领导小组议事规则》（同委统〔2021〕1号）、《同济大学民族和宗教工作领导小组议事规则》（同委统〔2021〕2号）、《同济大学党委统战部部务会议事规则》（同委统〔2021〕3号）。

2021年3月29日

为推进学校党外干部培养选拔使用协作机制，校统战部制定《同济大学党外干部工作联席会议制度》（同委统〔2021〕4号）。

2021年4月21日

北京市人大常委会副主任、致公党北京市委主委闫傲霜一行到同济大学就设计产业园区建设及运营工作进行调研。

2021年4月22日

统战各界双月座谈会在张江人工智能岛召开。党委常务副书记冯身洪，各民主党派、统战团体主要负责人，以及校党委统战部负责同志出席会议。

2021年4月29日

市教卫工作党委统战处处长傅欣一行来校开展专题调研。

2021年5月27日

校党委统战部举办《中国共产党统一战线工作条例》及党史学习教育专题培训班，各民主党派、统战团体班子成员，基层作战委员近70人参加。

2021年6月22日

校党委统战部主办的同济大学统一战线庆祝建党100周年“红色百年，同舟共济”龙舟赛在嘉定校区同舟河畔成功举行。校党委常务副书记冯身洪，党委统战部、体育教学部、机械与能源工程学院负责人，各民主党派、统战团体负责人及成员代表共150余人参加。当天下午，庆祝建党百年同济大学党外代表人士座谈会在嘉定校区召开，校党委常务副书记冯身洪，学校各民主党派、统战团体主要负责人，党委统战部负责同志出席。与会代表围绕庆祝中国共产党成立100周年、党史学习教育等主题进行交流发言。

2021年7月1日

为庆祝中国共产党成立100周年，深入开展中共党史学习教育，同济大学统一战线开展庆祝建党100周年主题观影活动，各民主党派、统战团体以及无党派人士代表40余人集中观看献礼影片《革命者》。

2021年7月21日至27日

校党委统战部开展“追寻百年红色记忆，汲取砥砺奋进力量”统一战线成员暑期社会实践，校党委常务副书记冯身洪带队，新认定无党派人士、民主党派和统战团体代表共41人赴贵州遵义、湖南长沙开展为期7天的社会实践。

2021年10月12日

同济大学涉侨政策法规知识专题讲座及归侨身份认证

现场咨询、办理活动在同济大学衷和楼举行，市委统战部侨务事务处处长申忠出席并作涉侨法律法规知识讲座。

2021 年 10 月 25 日

杨浦区第八次归侨侨眷代表大会召开，会议选举产生了杨浦区侨联第八届委员会，同济大学材料科学与工程学院教授、校侨联主席杜建忠当选区侨联副主席。

2021 年 11 月 4 日

统战各界代表人士双月座谈会暨新一届民主党派主委专题培训会召开，党委常务副书记冯身洪、各民主党派主委、知联会副会长及统战部同志参加。市委统战部原副部长、同济大学原常务副校长周箴作题为“新时代的参政党建设”专题报告。会议还围绕同济大学 2021 教育思想大讨论主题开展广泛交流。

2021 年 11 月 5 日

中共中央总书记、国家主席、中央军委主席习近平在人民大会堂亲切会见第八届全国道德模范及提名奖获得者。著名海洋地质学家、中国科学院院士、同济大学无党派人士汪品先教授当选全国道德模范（全国敬业奉献模范）。

2021 年 11 月 12 日

校党委统战部举办同济大学宗教工作专题培训班，上海市委统战部民宗处副处长邓若华应邀作专题辅导报告，各二级党委统战委员、部分辅导员共计 80 余人参加此次培训。

2021 年 12 月 6 日

上海市人民政府办公厅发布通知，同济大学单晓光、颜新两位教授受聘为上海市文史研究馆馆员。

2021年12月14日

校党委统战部举办统一战线成员学习贯彻党的十九届六中全会精神专题讲座，上海市党的十九大精神宣讲团成员、同济大学经济与管理学院教授石建勋应邀作专题讲座。

第二章

中国国民党革命委员会
同济大学委员会概况

一、历 史 沿 革

中国国民党革命委员会（简称“民革”），是具有政治联盟性质的、致力于建设中国特色社会主义和祖国统一事业的政党，是中国共产党领导的多党合作和政治协商制度中的中国特色社会主义参政党。民革由原中国国民党民主派和其他爱国人士于1948年1月1日在香港成立。同济大学老校长、烈士周均时就是在民革成立伊始加入民革的[①]。民革的重点发展对象是同原中国国民党有关系的人士、同民革有历史

① 周均时（1891—1949），原名烈宗，字君适，四川遂宁人，弹道学、力学专家。1906年入上海中国公学英语科，后就读于邮传部上海高等实业学堂船政科。1913年参加成都稽勋局留学生考试合格，1914年赴德国柏林工业大学留学，1920年秋学成回国。1922年秋受四川省政府派遣赴西欧考察期间曾入柏林大学学习。1924年回国后在上海筹办中欧贸易公司。1927年起先后受聘暨南大学、中央大学、广西大学、重庆大学教授。抗战爆发后曾任川军工业试验所（即小型兵工厂）所长兼武器修理所技术指导。1940—1942年任同济大学校长。其间亲任同济大学迁建委员会主任，带领师生将学校从云南昆明迁至四川南溪县属李庄镇和宜宾县（今属宜宾市）。抗战胜利后任吴淞商船专科学校校长。1946年当选重庆市参议员，1948年加入中国国民党革命委员会。1949年8月在重庆被捕后被关押在“白公馆”监狱，同年11月被杀害于歌乐山。新中国成立后，重庆市人民政府向周均时遗孀董希墨颁发了“重庆市人民政府烈属优待证明书”，修建了周均时烈士墓。2018年1月，同济大学在学生运动纪念园里举行了周均时烈士浮雕揭幕仪式。戴念祖、白欣主编，《戴念祖文集　细润沉思　科学技术史　2》，中国科学技术出版社，2019.03，第283-285页；中华人民共和国民政部编，《中华著名烈士 第27卷》，中央文献出版社，2003.05，第552-556页；同济大学档案（校史）馆编著，《同济英烈（第二版）》2021年6月，188-197页。

联系和社会联系的人士、同台湾各界有联系的人士、社会和法制专业人士、农业农村农民工作研究领域专业人士，着重吸收其中有代表性的中上层人士和中、高级知识分子。

1999 年 11 月，民革同济大学支部第一届委员会成立。同济大学民革组织自成立以来，经历了由民革同济大学支部、民革同济大学总支到民革同济大学委员会的发展历程。民革同济组织最早共有党员 9 人，隶属于民革上海市联一总支部。1999 年 7 月，民革上海市委负责人来同济召开民革党员座谈会，听取成立民革同济大学支部的意见。1999 年 11 月 23 日，民革同济大学支部成立。陈方正、林云云、于雪梅先后任第一、第二、第三届支部委员会主任委员。民革同济大学支部非常注重自身建设，积极发展新党员。支部发展要求“一轻一强”，即年纪轻、专业性强、层次高，学位高，职称高，确保发展的民革新党员皆为优秀人才。

随着民革党员队伍的扩大，组织活动也日趋制度化、规范化。为提高党员的组织意识，民革组织积极组织发展对象参加支部的各种活动，重视加强党员培训，包括开展“一人入党，众人重温”活动、多次选送年轻有为又有培养前途的党员参加民革市委和上海市社会主义学院联合举办的培训班。

2012 年 2 月，民革同济大学总支部成立，下设两个支部。2012 年 3 月 21 日，召开了民革同济大学支部换届暨第一届总支部成立大会，于雪梅任总支部主委，陆志明为副主委，屈文俊、马天林、袁希蓓任总支委员。2016 年 12 月 23 日，民革同济大学委员会成立大会以无记名投票方式选举产生了第一届民革同济大学委员会。于雪梅当选主委，陆志明、袁希蓓当选副主委，马天林、屈文俊当选委员。2020 年 11 月，增补陈启军、周念清为委员会委员。2021 年 10 月 22 日，民革同济大学委员会第二次代表大会召开，陈启军当选新一届主委，袁希蓓、周念清当选副主委，王睿智、孙建渊、张怀印、谭劲松当选委员。为方便工作开展，民革同济大学委员会分设四平路校区、嘉定校区和校外党员三个支部。目前，第一支部主委王睿智，副主委张怀印，委员杨莉；第二支部主委孙建渊，副主委胡炜，委员高歌；第三支部主委庄珍花，副主委谭劲松，委员卢斌。

按照“横向精选”“纵向延伸”原则，同济民革招贤纳才，积极发展党员。经过二十多年发展壮大，截至 2021 年 12 月底，现有党员 63 人。其中在职党员 53 人，占 84.1%，离退休党员 10 人，占 15.9%；高级职称党员 30 人，占 47.6%。

表 2–1　民革同济大学第二届委员会成员

（副主委、委员按照姓氏笔画顺序排列）

序号	职务	姓名	性别	工作单位及职务、职称	分工
1	主委	陈启军	男	电子与信息工程学院教授	全面负责整体工作与发展
2	副主委	周念清	男	土木工程学院教授	负责组织工作，联系二支部
3	副主委兼秘书长	袁希蓓	女	图书馆副研究馆员	负责宣传及日常工作
4	委员	王睿智	女	电子与信息工程学院副教授	负责妇女工作，联系一支部
5	委员	孙建渊	男	土木工程学院教授（现挂职新疆大学建筑工程学院副院长）	负责组织工作，联系二支部
6	委员	张怀印	男	上海国际知识产权学院副教授	负责参政议政工作
7	委员	谭劲松	男	同济大学建筑设计研究院（集团）有限公司建筑设计四院副院长、正高级工程师	负责社会服务工作，联系三支部

二、主 要 工 作

（一）思想政治建设

在民革上海市委和同济大学党委的领导和统战部的指导下，同济民革组织经历了 20 多年的发展历程，始终把思想政治建设放在突出位置。

同济民革组织积极组织全体党员学习党中央重要文件精神及每年的两会精神，在认真学习中不断理解和深化。坚持强化民革宗旨，积极贯彻落实不同时期民革中央和民革上海市委的重大战略部署，不断增强政治责任感和使命感。

2019年是民革“思想政治建设年”。以此为契机，民革同济大学委员会围绕思想政治建设主题开展了一系列富有成效的活动，如以“民革党员之家”建设作为加强思想政治建设的阵地和抓手，邀请理论界专家学者为党员做报告；支援甘肃等西部教育、为新疆大学贫困学生捐资助学、为武汉抗击疫情的医生捐款、为杨浦区养老院捐献物资送温暖、在西藏云南等贫困山区调研、关心孤寡老人献爱心送温暖等。

结合学校发展规划，同济民革狠抓落实，强化政治引领，不断完善工作机制，创新工作方式，认真领悟同舟共济的发展理念，将工作不断推上新台阶。由委员会带头，先后组织各支部主委和党员积极分子参加市委组织的学习班和各种讲座，推动民革全体党员贯彻落实习近平新时代中国特色社会主义思想，全面提升了党员思想认识，起到了良好的效果。

（二）组织建设、制度建设

在民革市委的直接领导和指导下，同济民革切实加强领导班子的思想建设、制度建设和作风建设，建立健全民主集中制，积极推进党内民主，促进领导班子团结和谐，大大增强了领导班子战斗力、凝聚力、向心力。

领导班子建设是组织建设的关键，是民革沿着正确的政治方向不断前进的引导和保证。民革同济大学委员会一方面完善联系基层支部组织制度，主委、副主委深入广大党员中关心党员成长，了解党员思想状况，做到了上情下达、下情上传。另一方面支部组织充分发扬民主，发挥每个成员的作用，各司其职、互相支持、团结协作，领导班子全体成员注意发挥表率作用，廉洁自律、以身作则。

人才队伍建设不仅是民主党派组织建设工作中的一项重要内容，也是实现党外人士队伍建设可持续发展的必然要求。同济民革重视人才队伍建设，牢固树立人才意识，注重保持民革特色，积极推动高层次人才发展、培养和推荐工作，人才队伍建设迈出了坚实的步伐。近几年发展了一批新党员，大多是具有博士学位的高层次知识分子，思想觉悟高，为国为民服务意识强，具有很强的责任心。同济民革建立和完善了后备干部选拔、培养和推荐机制。近年来，同济民革组织先后推荐了于雪梅、袁希蓓、周念清、谭劲松等同志到上海市各级机关挂职锻炼，其中于雪梅提任上海对外经贸大学副校长。

（三）参政议政、建言献策

同济民革党员积极关心国家与上海的经济社会发展与地方建设，结合自身的专业特长，通过担任民革中央委员以及上海市及各区政协委员等途径，以课题研究、提案、会议发言、专题调研等多种形式，积极参政议政，为国家和上海市城市建设贡献自己的智慧。

于雪梅担任上海市第十二届和第十三届政协委员，上海市政协常委，她的 20 多项提案和专报得到全国政协、民革中央、上海市政协和上海民革的采用。她的联名提案《建立打击“非法代孕”的常态化机制》得到全国政协采用；《建议尽快出台技术规范，有效监管点播影院》等专报得到民革中央采用；《关于提升基层部门的社会管理和综合执法能力的建议》《关于制订快递和物流货物技术规范的建议》等专报被市政协单篇采用。《关于加强高校教师师德师风教育的建议》《关于完善监管制度、促进高校师生关系健康发展的建议》《应对高考薄弱环节的意见建议》《关于加强对极限运动进行专业培训和监管的建议》等专报被民革市委采纳并报送市政协办公厅。尤其是自 2019 年底新冠肺炎疫情暴发以来，于雪梅持续关注抗击疫情以及疫情中留学生招生和签证、出国留学师生归国等事宜，撰写的《关于要求各高校暂停或推迟师生近期因公出国（境）交流和举办国际会议的建议》《关于逐步有序开放国际学生来华留学签证的建议》等专报得到全国政协和上海市政协的高度重视和采纳。

民革中央委员、上海市政协委员单晓光的多项提案也得到了上海市政协和民革市委的重视和采纳。他的《关于修改知识产权人才落户政策、服务上海科创中心建设的建议》《健全知识产权专家陪审员体系，展示上海引领风范》《关于上海市全球科创中心和知识产权高地协同建设的建议》等提案，被上海市政协采纳。《关于尽快在国际科技交流中加强知识产权教育的建议》被民革市委采纳并报送市政协办公厅。

同济民革主委陈启军曾当选虹口区第十五届政协委员。他结合专业特长聚焦社会治理，他的提案《充分利用信息技术实现社会高效治理》，得到虹口区政协的采纳。

同济民革副主委、杨浦区第十四届和第十五届政协常委袁希蓓聚焦“民生”“双创”寻找立意新、观点新的议题，提交多项有效、可行的提案助力区域治理体系和治理能力现代化：她撰写的《关于建设杨浦老年 MOOC（慕课）课程教育的建议》《关于结合时间银行发展“互联网 +”互助养老模式的建议》《对标〈上海养老服务条例〉，针对杨浦智慧养老服务的几点建议》《关于杨浦在“双一流”建设背景下打造多维创新创业教育模式的建议》《关于杨浦为创新型企业提供知识产权全链条服务的一点建议》《关于推广社会工作介入自闭症儿童家庭亲职教育服务——创新杨浦特殊教育模式的建议》，均被杨浦区政协采纳。

同济民革副主委周念清的提案《精心打造滨江生态体系，着力构建杨浦智慧科技》被杨浦区民革区委采纳，并在杨浦区政协第十四届委员会第一次会议作为交流提案。还参与了全国人大常委会副委员长万鄂湘在上海的调研活动，就长江生态环境保护做了“关于加强长江生态环境保护与立法提案”的会议发言。

民革同济委员、虹口区第十五届政协委员谭劲松的提案《关于在幼儿园、小学家长中加强“规范少年儿童对电子产品的使用、保护视力健康”宣传的建议》，被虹口区政协采纳。民革市委社会与法制委员会委员、同济民革委员张怀印撰写的《关于完善职务发明奖酬制度，保障上海科创中心建设的几点建议》及《关于优化上海自由贸易区知识产权海关执法的建议》，均被上海市政协采纳。张怀印撰写的《〈上海市非机动车安全管理条例〉实施后亟待解决的问题与建议》《关于协调上海专利侵权纠纷行政裁决工作的建议》《自贸港新一轮建设下〈知识产权海关保护条例〉修订中的重要问题与建议》多项专报，得到民革上海市委和上海市政协的采纳，并报送全国政协。杨大可撰写的《实现国企党组织与监事会有机融合落实新一轮国企改革总体要求》，被民革市委采纳并报送民革中央调研部。马天林的《关于扩大公立幼儿园入院范围鼓励生育的建议》被民革市委采纳并报送市政协办公厅。

（四）爱岗敬业、服务社会

民革同济大学委员会注重引导党员树立“爱岗敬业”意识，在本职工作岗位上争创一流。近 9 年来，同济民革党员获得国家自然科学基金项目 10 项，国家重点研发项目 2 项，国家社会科学基金重点项目 4 项，国家知识产权局软科学研究项目 3 项，转化医学横向研究项目 9 项等多项重大项目；获得上海市技术发明一等奖、上海自然科学一等奖、上海市科技进步奖、教育部自然科学二等奖、国家知识产权局软科学奖二等奖等多项奖项。还有党员在文化艺术领域也获得多项优异成绩。

党员通过各方途径，积极参加各项社会公益活动，包括：2020 年全球遭遇了前所未有的新冠肺炎疫情的挑战，面对疫情，在副主委陆志明的倡议和带头下，校民革组织发起了一次向英雄学习致敬的捐款活动，捐赠主题为“同济英雄基金——同济大学附属医院援鄂医疗队员奖励基金”。党员们积极捐款，向同济大学教育基金会捐赠了 5 万元。党员邹志辉直接参与了武汉抗疫前线工作，成为上海民革党员抗疫的榜样。积极组织党员购买帮扶地区特产，精准扶贫，奉献爱心。孙建渊作为后备干部挂职新疆大学，了解到当地很多学生家境贫困，影响他们的求学，民革党员们积极行动起来纷纷捐款，共捐款 3.3 万元。为了支持西部职业技术教育，周念清为甘肃工业职业技术学院捐款 1 万元。

2020 年 10 月 17 日至月底，应民革中央号召，民革上海市委会组织结对帮扶贵州省纳雍县锅圈岩乡，通过“荟蔬源”电商平台，采购锅圈岩乡南瓜系列农产品。教授周念清利用去西藏拉萨总工会出差的机会，专程到山南地区隆子县热荣乡小学进行调研考察，了解该校 300 多名师生的冬季供暖情况。该校地处海拔 4000 米以上，冬季非常寒冷，地方政府财政资金有限，供暖问题一直没有得到很好的解决，周念清发挥专业特长，为学校提出用地热和地源热泵结合的方式供热，并提供技术咨询服务。

除后文“人物风采”栏目中介绍的人物事迹外，还有很多民革党员的事迹可圈可点。比如，屈文俊主持完成国家自然科学基金面上项目“混凝土结构等耐久性截面的性能研究”、国家重点研发计划课题“配置纤维增强复合材料筋的混凝土结构性能提升关键技术及其应用技术研究”；谭劲松近五年来，作为副主编编写了《新时代综合医院建筑设计导则》，发表论文 5 篇，参加设计的建筑项目有 4 项获奖，还参加接待“湖南省溆浦县伍家湾地区贫困儿童上海行”教育活动以及每年一次的上海曹鹏音乐中心“天使知音沙龙”关爱自闭症孩子的捐赠活动等；阎小乐被聘为武术套路裁判员，参与上海市运动会武术套路比赛、上海市大学生武术锦标赛、上海市青少年武术比赛等多项比赛，同时她还被上海体育学院武术表演专业聘为外聘教师。邱安东担任中国药理学会肾脏药理专业委员会委员，作为学术骨干参与国家科技部重点研发项目1项，获得国家自然科学基金面上项目1项、转化医学横向研究项目9项，发表肾脏疾病等研究方面研究论文20篇，曾获上海市科学技术奖三等奖。

人物风采

陈方正（1946—2020）

籍贯浙江镇海，出生于江苏南京，1987年8月加入民革，1999年11月—2003年5月任民革同济支部首届主任委员。1997年5月—2007年4月任民革江苏省第七届、第八届委员会常委。在此期间提出有建设性的十余条提案被有关部门采纳，为推动统战工作和多党合作创新发展作出了贡献。1969年毕业于合肥工业大学计量专业，1993年1月—1994年6月为加拿大滑铁卢大学访问学者。1992年1月—1996年12月在东南大学经济管理学院金融系任系主任、教授，1997年1月—1998年9月在同济大学商学院任教授、常务副院长、金融系主任、博士生导师。曾任江苏省哲学社会科学"九五""十五"规划评议专家组成员，上海市学位委员会工商管理、应用经济学科评议专家组成员。曾主持或参与联合国发展计划署、国家自然科学基金、国家社会科学基金及省部级项目多项，出版著作有《中国工业企业管理学新解》《企业诊断教程》《现代商业银行经营管理》等20余种，发表论文100余篇。

林云云（1938—）

女，浙江温州人，副教授。1989年4月加入民革，2003年5月—2007年2月任民革同济支部第二届委员会主委。1961年毕业于同济大学工民建专业。其间，同济民革从支部升格为民革同济大学总支部、民革同济大学委员会。民革同济大学支部获民革上海市委"特色支部"光荣称号，她本人也被评为民革上海市委"三八红旗手"称号。卸任后，她一如既往关心同济民革组织的建设和发展。近年来，她以民革党员身份积极参加居住地闸北区大宁社区的各项活动，为社区的精神文明建设作出了较大贡献，因而成为社区"知名人士"，还当选了闸北区人大代表。她发表在《新民晚报》上的《令我心仪的朋友》一文，从朋友的立场出发介绍了几位共产党领导干部的优秀事迹和党群关系，在读者中产生了强烈共鸣。

于雪梅（1971—）

女，辽宁大连人，教授，博士生导师，德国洪堡学者。2005年7月加入民革。2007—2021年任同济民革主委。1993年在北京外国语大学德语系获得学士学位，1999年在同济大学德语系获得硕士学位，2004年在德国柏林工业大学人文科学系获得博士学位。2004—2008年先后在上海社会科学院、德国柏林工业大学从事博士后研究。曾在同济大学、德国柏林工业大学任教，曾任教育部国际合作与交流司欧洲处项目官员（借调）、浦东新区金融局副局长（挂职）、杨浦区政协副主席（不驻会），曾任同济大学外事办公室主任、国际合作交流部常务副部长、出国培训学院院长、留德预备部主任等职。2021年3月至今她担任上海对外经贸大学副校长、民革上海市委常委、上海市政协常委、中国高等教育学会引进国外智力工作分会副理事长、上海公共外交协会理事。

陈启军（1966—）

湖北松滋人，教授，博士生导师，科技部重点研发计划首席科学家，教育部新世纪优秀人才，上海市优秀学术带头人，上海市曙光学者，上海市领军人才，获国务院政府特殊津贴。2016年10月加入民革，2021年至今任民革同济大学第二届委员会主委，2022年7月任民革上海市第十五届委员会常委。1990年7月至今历任同济大学控制科学与工程系系主任，同济大学电子与信息工程学院副院长、院长，现任中国（上海）数字城市研究院执行院长。曾作为客座教授在德国University of Hagen做相关研究（2002）、美国UC Berkeley访问学者（2008）、瑞士苏黎世联邦理工学院访问学者（2010）、美国南加州大学访问学者（2012）、美国卡内基梅隆大学访问学者（2018）。主持包括科技创新2030——新一代人工智能重大项目、国家“863”计划、政府间国际合作、国家自然科学基金重点、面上等在内的各类科研项目10余项，获上海市科技进步一等奖2次，上海市自然科学一等奖1次，上海市技术发明一等奖1次，教育部自然科学二等奖1次；主持和参与编写国家标准4部；发表论文100多篇，出版编著2

本、专著1本；获授权国家发明专利50多项、软件著作权20多项。兼任教育部自动化教学指导委员会委员，中国人工智能学会理事，中国自动化学会集成自动化技术专业委员会主任等。

张廉瀛（1915—2006）

字振寰，山东临清人，抗日英雄张自忠将军之侄。京剧爱好者。1981年11月加入民革，2001年加入中国共产党。1934年毕业于北京今是中学。1947年在南京国民政府财政部工作期间加入中共地下党外围组织。他利用家庭关系收集情报，掩护共产党人、进步人士。新中国成立后在上海市静安区公安局、华东交通专科学校，同济大学保卫科、工会工作直到离休。积极参加民革各项活动，广泛联系有关人士，尽其所能做好统战工作。根据亲身经历撰写的关于西北军及其伯父张自忠将军的回忆文章，如《抗战前夕宋哲元将军所辖冀察两省、平津两市军政人员概况》《随伯父赴日考察琐记》等，为后人留下了大量可贵的历史资料②。

陆洪文（1939—）

浙江义乌人，教授，博士生导师，享受国务院政府特殊津贴。1991年10月加入民革。1962年毕业于武汉大学数学系，同年考取中国科学院数学研究所研究生，1966年毕业后留校工作，1985年10月被破格提升为正教授。1995年4月调至同济大学，1990年获国家自然科学三等奖，1998年起被聘为第七届、第八届国家自然科学基金委员会数学学科专家评审组成员、ICM2002数论卫星会议学术委员会成员。曾兼任华东师范大学网络信息安全研究所密码学研究室主任，复旦大学、中国科学技术大学与中国科学院信息安全国家重点实验室兼职教授。长期从事代数数论、模形式与密码学的教学与研究工作，主要研究方向为代数数域和模形式的算术及密码学，曾发表出版论著百余篇（部）。

② 张廉瀛小女儿张庆文提供素材。

陆志明（1955—）

江苏无锡人，1996 年 5 月加入民革。1999 年 11 月至 2003 年 4 月任民革同济大学支部第一届委员会委员，2003 年 5 月至 2012 年 2 月任第二、三届民革同济大学支部委员会副主委；2012 年 3 月至 2016 年 11 月任民革同济大学总支部第一届委员会副主委；2016 年 12 月至 2021 年 10 月任民革同济大学第一届委员会副主委。2001 年至 2015 年任民革上海市委文教工作委员会委员。1972 年 11 月至 1977 年 2 月就读于上海外国语大学英语学院英语系。1977 年 2 月至 1983 年 8 月任同济大学外语学院英语系助教，1983 年 9 月起任同济大学图书馆馆员、副研究馆员；编目部主任（2002—2003）、流通部主任（2004—2015）。长期致力于外语基础课教学、图书情报学研究以及图书馆管理工作，发表论文多篇，出版著作 3 部，2001 年至 2003 年完成多校合并后所有图书书目数据的统一整合并建库。

单晓光（1961—）

湖南攸县人，同济大学中欧创新政策与法律研究中心主任，上海国际知识产权学院教授、博士生导师。民革第十三届中央委员会委员，政协上海市第十三届委员会委员，上海市文史馆馆员，享受国务院政府特殊津贴专家。1982 年毕业于中南矿冶学院（现中南大学），获工学学士学位。1988 毕业于中南工业大学（现中南大学），获哲学硕士学位。1995 年至 2000 年在德国慕尼黑马克斯普朗克外国和国际专利、著作权与竞争法研究所（现马普创新与竞争研究所）进行知识产权方向研究，2000 年 5 月获德国慕尼黑国防军大学经济暨社会学博士学位。2009 年 12 月至 2010 年 5 月，美国乔治华盛顿大学访问学者。曾任同济大学法学院院长、上海国际知识产权学院院长。长期从事知识产权的教学与科研，主持承担国家社科基金重大和重点、自然科基金、科技部、国家知识产权局等项目 50 多项，发表中、英、德文学术论文 100 多篇，出版学术专著 10 余部。曾获国家知识产权局软科学奖二等奖、高等教育上海市级教学成果奖一等奖和上海市科技进步奖二等奖。学术兼职有同济大学学位委员会委员和法政分委员会主席、中国法学会知识产权法研究会副会长，国家知识产权咨询委员会委员，中国知识产权研究会第五、六届理事会副理事长，上海市知识产权研究会第四届理事会理事长，上海市法官检察官遴选委员会委员，世界知识产权组织（WIPO）调解员/仲裁员等。

周念清（1964—）

湖南常德人，土家族，教授，博士生导师。2012年1月加入民革，曾在民革杨浦区区委挂职主委助理，现任民革同济大学委员会副主委。2001年8月毕业于南京大学，获博士学位。2004年1月至今历任同济大学大学土木工程学院高级工程师、教授。先后主持和参与科研项目60余项，其中主持国家自然科学基金面上项目3项、上海市博士后基金和国家博士后基金各1项、教育部博士点专项研究基金1项，参与自然基金课题5项、国家“973”子课题1项、科技部国际合作重点项目1项。在国内外学术期刊上发表论文150余篇，主持翻译译著1部，代表性专著有《国家水生态文明建设的理论与实践》《上海地质环境演化与工程环境效应研究》，参与编写著作10部。获得省部级科研成果奖励5项，获教育部科技进步二等奖2项、教育部自然科学二等奖1项、上海市科技进步二等奖1项、上海市自然科学三等奖1项、河南省许昌市科技进步特等奖1项、国家授权发明专利7项。2014年获同济大学首届名课优师。现为中国水利学会地下水科学与工程专业委员会委员，中国自然资源学会水资源专业委员会委员，国家科技部、国家新闻出版局、教育部及上海市等省市科技项目和科技奖励评审专家，《南水北调与水利科技》《勘察科学技术》*Journal of Groundwater Science and Engineering*、*Water* 等期刊编委。

郑洪波（1965—）

山东乳山人，教授，博士生导师。国家杰出青年基金获得者，国家万人计划领军人才，国家“973计划”项目首席科学家。2006年1月加入民革，2006年12月至2009年12月任民革上海市委委员、民革中央委员、上海市第十一届政协委员、第十届中华全国青联委员。曾参与上海市民革《关于上海贯彻落实科学发展观，实施国家海洋战略的若干意见》议案撰写。1986年毕业于南京大学，获理学学士学位。1989年7月毕业于中国科学院研究生院，获硕士学位。1998年4月毕业于西澳大利亚大学，获博士学位后留校工作。2000年开始在同济大学海洋地质与地球物理系工作，2001年获国家杰出青年基金资助，同年入选教育部“长江学者奖励计划”特聘教授。2002年4月至2007年8月任同济大学海洋与地球科学学院副院长、院长期间，成功申请海洋地质国家重点实验室，开展海洋科学“国家重点学科”和上海市“重中之重”学科建设。后曾任南京大学、南京师范大学、云南大学教授。长期致力于地球科学领域的教学科研工作，在国际国内科学期刊上发表论文200余篇，曾获国家自然科学二等奖。

孙建渊（1966—）

山东青岛人，2006年3月加入民革，民革同济大学委员会委员。1988年6月、1991年4月、2004年4月分别获同济大学学士、硕士、博士学位。1991年4月至今，历任同济大学土木工程学院助教、讲师、副教授、教授。2004年8月至2005年8月，挂职上海市杨浦区住宅发展局副局长；作为中组部、教育部第十批援疆干部人才，2020年10月至2022年6月任职新疆大学建筑工程学院副院长，2021年12月任新疆大学建筑工程学院教授。长期致力于桥梁工程领域的教学科研工作，主讲本科“桥梁工程”获国家级精品课程奖及国家级共享课程，以及同济大学“名课优师”称号。发表SCI、EI及会议论文80余篇。主持完成国内第一座三跨连续无推力预应力钢骨混凝土梁拱组合桥的概念设计，国内最大跨径40米、梁高1.35米预弯预应力组合梁桥的设计与施工工艺，国内第一座城市双层桥面梁拱组合桥（钱江四桥）、第一座预应力混凝土部分斜拉桥（战备大桥）以及世界上最大跨径的双塔双索面预应力混凝土部分斜拉桥（长山大桥）的概念设计及施工控制，获得4项专利授权。

胡炜（1972—）

上海市人，文学博士，教授。2005年2月加入民革，是民革中央画院常务理事、民革上海香山书画社副社长、民革上海逸仙画院院长、民革香山画院副院长。1995年7月、1998年7月、2002年7月先后毕业于华东师范大学艺术系中国画、文艺学、古代文学专业。1998年7月至今，历任同济大学建筑与城市规划学院讲师、副教授、教授。现为同济大学建筑与城市规划学院美术学科组责任教授、中国美术家协会会员、上海美术家协会会员、德国国家博物馆Humboldt-Forum国际顾问、中日文化交流协会会员。2014年任瑞士伯尔尼大学艺术史学院客座教授，2016年任德国柏林洪堡大学“阿恩海姆”教席客座教授。长期致力于艺术领域的教学科研工作，主讲的全英语课“艺术史”被评为2017上海高校示范性全英语教学课程。艺术作品除多次入选全国美协和上海美协主办的艺术展外，还曾入选民革上海市委主办的“艺——唐诗宋词书画作品展”“上海逸仙画院首届书画邀请展”及中共宝山区委统战部主办的“喜迎十九大、活力新宝山——民革全国书画作品展”（北京中国美术馆）。出版专著《从复古思潮到逸品意识——论元代绘画创作思想的演变》《胡炜室内壁画艺术作品选》《无欲则闲——胡炜工笔花鸟作品选集》《不待五彩：胡炜花鸟作品2011—2015》等。主持2018年度国家社科基金艺术学项目。

大事记

1999年11月23日 民革同济支部第一届委员会成立，共有9名党员，支部主委陈方正、副主委林云云、委员陆志明。

2000年 林云云获“大宁街道老有所为精英奖”。

2003年5月15日 民革同济支部进行换届改选。民革同济支部第二届委员会成立，支部主委林云云、副主委陆志明、委员张蓉伟。

2004年 郑洪波获得国家第四届青年科学家奖，徐安获得同济大学优秀教学成果奖，徐桓主持的“上海新时代花园二－四组团”项目获得了上海勘察设计协会颁发的优秀设计三等奖。

2005年1月13日 杨浦区民革组织横向联系联谊会在杨浦区经济管理学院举行。民革杨浦区委、民革同济支部、民革复旦委员会、民革财大总支部参加联谊活动，民革市委副主委项斯文和副秘书长李玮颖应邀出席。与会人员观看了介绍杨浦知识创新区的录像，听取了各民革组织概况和特色的介绍。

2005年 于雪梅获上海高校优秀青年教师称号；郑洪波获得第十届侯德封青年地球化学家奖、宝钢优秀教师奖；徐安获得上海市第八届教育科学研究成果奖；徐桓主持的“上海工程技术大学新校区总体规划及单体工程”项目、“华东政法学院新校区总体规划”项目和“安大新校区一期公共教学楼”项目分别获得了教育部颁发的优秀规划设计二、三等奖（2项）。

2006年4月21日

民革同济支部和民革杨浦区委举行双边领导讨论会，就同济百年校庆重要立项“环同济知识经济圈”进行联合调研。同济大学学生读书小组“图书馆之友协会”应邀参加调研。

2006年

于雪梅入选上海市政府“浦江人才”计划；郑洪波先后入选上海市学科带头人计划、国家“百千万”人才工程国家级人才，并获上海市第三届青年科技英才提名奖。

2007年2月6日

民革同济支部换届暨第三届支部委员会成立大会在同济大学出国培训学院举行。于雪梅当选为主委、陆志明当选为副主委、屈文俊当选为支部委员。民革上海市委副主委项斯文、同济大学党委统战部部长李祖望、杨浦区和虹口区的部分民革党员应邀参加会议。民革杨浦区委副主委藏志军代表民革杨浦区委表示祝贺，中共同济大学党委副书记马锦明、民革上海市委副主委王卓贤发表讲话。

2007年

胡炜作品参加上海青年美术大展获沈柔坚艺术奖；徐桓获2007年度教育部优秀勘察三等奖和优秀建筑规划设计

三等奖。

2008年4月29日 为纪念“五一”口号六十周年，和民革杨浦区委、民革复旦大学委员会联合主办纪念画展。区政协主席王文连、民革同济支部主委于雪梅、副主委陆志明及区其他职能部门的领导参加揭幕仪式。

2008年6月11日 支部组织活动，就各自参加汶川大地震捐款和救援活动进行交流。支部委员屈文俊为大家介绍了参加同济大学第二批赴四川什邡进行为时7天的危房评估等救援工作。

2008年 于雪梅被上海市教委评为“上海高校优秀青年教师”；徐桓承担的教育部下达的重要编写任务《汶川地震灾后重建学校规划建筑设计导则及参考图集》获2008年度上海市优秀住宅工程设计一等奖和2008年度中国建筑学会第二届暖通空调优秀设计三等奖。

2009年4月7日 同济民革在民革杨浦区委会议室召开了杨浦区和同济大学民革的联席会议，主要商讨双方合作确定的参政议政议题，民革同济支部主委于雪梅、副主委陆志明及在民革杨浦区委担任委员的米黎钟参加此次会议。

2009年5月14日 民革党员马天林针对全球发生的金融危机，在同济大学出国培训学院的大会议室作“金融危机下的经济形势”报告。

2009年9月15日

民革市委在同济大学召开庆祝第25届教师节会议。民革市委林涛主持会议，同济大学党委副书记陆敏恂、民革市委副主委王卓贤、同济大学党委统战部部长李祖望应邀出席。

2009年10月11日

林云云代表民革同济支部，协办美国夏威夷四人音乐代表团在同济大学一·二九礼堂的演出。四人代表团中三人为钢琴家、一人为歌唱家。当晚，整个一·二九礼堂座无虚席，不断爆出阵阵掌声，演出在《茉莉花》的中英文演唱中谢幕。

2009年

王睿智主讲课程“数据库技术与应用”获2009年国家级精品课程称号；张红云主讲课程“数据库技术与应用”获2009年国家级精品课程称号。

2010年12月25日

民革杨浦区委“纪念中国国民党革命委员会上海市杨浦区委员会成立五十周年大会”在杨浦区沪东工人文化宫举行。同济民革主委于雪梅和副主委陆志明代表民革同济支部出席。

2010年

谭勇获得2010年上海市科技进步一等奖（排名第十五），获奖项目：盾构穿越成套控制技术及其应用；林云云获“2009—2010年度民革上海市委三八红旗手”称号；王睿智主讲的“商务智能理论与技术”获2010年度“教育部-IBM精品课程”称号。

2011年

胡炜作品入选第四届全国青年美术作品展。

2012年3月21日 民革同济支部换届暨第一届总支部成立大会在同济大学出国培训学院召开。民革市委副主委董波，同济大学常务副校长陈以一，民革市委组织部副部长金伟，同济大学党委统战部部长肖辉、副部长冯方一，民革杨浦区委副主委洪耀顺，民革杨浦区委副秘书长张菊，致公党同济大学支部主委陈玲出席。

2012年6月26日 民革同济总支部举行座谈会，重点研讨今后的工作。大家畅所欲言，一致表示要为组织的发展和壮大贡献自己的一份力量，在学校的发展和参政议政方面发挥出更大的作用。

2012年 陆志明获得“民革上海市委2010—2012年基层党务工作先进个人”称号；庄珍花获“民革上海市委2012年度‘三八’红旗手”称号。

2013年6月4日 民革杨浦区委、民革同济总支部和同济大学图书馆之友协会（学生社团组织）两地三方在民革杨浦区委召开联席会议，就“环同济知识经济圈”的变化和现状进行研讨[③]。会议由民革杨浦区委秘书长张菊主持。

2013年7月10日 同济民革总支部邀请中国出版集团东方出版中心编审褚赣生在同济大学彰武路校区南大楼举行题为“读史的智慧”讲座。

③ 因为在2007年同济大学百年校庆时两地三方进行过一次协作，主题也是“环同济知识经济圈”，为此作为当年区校共同参与的一次参政议政活动，调研报告作为杨浦区当年召开的区政协大会的发言稿。本次议题是准备在前集的基础上，6年之后再进行一次深入的调研，看看这一圈的变化所在，搞一个续集。

2014 年 5 月 7 日

杨浦区各民主党派共建签约仪式在沪东工人文化宫举行。副主委陆志明代表民革同济大学总支部与民革杨浦区委主委张伟国续签了共建协议，共建时间段为：2014—2016 年。共建签约仪式由中共杨浦区委统战部副部长毛建国主持。

2014 年 8 月 24 日

由总支委员马天林担任领队，总支派出 4 名选手参加在虹口区图书馆举行、由民革上海市委举办的“水星杯”两岸和平发展知识竞赛论坛活动，获得第三名。

2014 年 11 月 25 日

民革上海市委第三批组织内部干部挂职锻炼工作总结会在民主党派大厦召开。同济民革袁希蓓挂职民革长宁区委主委助理。

2015 年 4 月

围绕同济民革成员的来源、跨界优势，同济民革在崇明岛调研并召开座谈会。民革中央委员郑洪波及民革上海市委成员代表、同济民革前主委林云云、同济民革主委于雪梅、民革支部主委袁希蓓、马天林，以及三十多名同济民革党员参加座谈。

2015 年 9 月 2 号

同济民革在同济大学图书馆举办抗战胜利 70 周年座谈会。同济民革前主委林云云、现任副主委陆志明，支部主委袁希蓓、马天林，上海市委民革联络员李烨出席座谈会。

2016 年

袁希蓓获“2015—2016 年度民革上海市委三八红旗手”称号；钱必华参与的上海自然博物馆获 2016 年上海土木

工程科学技术奖二等奖。2017 年 12 月 14 日，同济民革二支部党员在支部主委周念清的带领下，参观上海市杨浦区高乐寿养老院，并与养老院院长赵蕾等人针对养老院目前运营面临的问题进行了深入交流。同济民革前主委林云云、现任副主委陆志明应邀参加。

2017 年 9 月 9 日

同济民革与校党委统战部共同承办了民革上海市委的“桃李芬芳博爱骑行”——庆祝第三十三届教师节骑行活动。活动在同济大学嘉定校区举行。民革市委副主委施惠良、民革市委教育与科技专委会主任唐玉光、校党委统战部部长岳继光以及来自民革各基层组织 100 多名党员参加。

2017 年

谭勇获得 2017 年度上海市科技进步一等奖，获奖项目：复杂环境条件下软土盾构隧道结构安全评价与控制；卢斌 2017 年浙江省优秀城市设计奖，卢斌 2017 年上海城市规划展示馆“空中读城”展览策展人。钱必华参与的中国银行集团客服中心（西安）项目获 2017 年度上海市优秀工程设计三等奖。2018 年 4 月 1 日，第三支部和民革徐汇区委经济委员会、民革浦东新区区委经济工作委员会联合举办主题为“奋进新时代，奏响春之声；复兴民族魂，共筑中国梦”的学习两会精神联谊活动。

2018 年 7 月

同济民革第二支部主委周念清带领党员代表至上海财大科技园调研医佰康教育康复机构，了解残障儿童的发生、发展、预防及最佳治疗时间等专业问题，以及残障儿童行业存在的问题。之后，撰写了关于残障儿童社会现状调查的报告，作为社情民意提交民革上海市委并作为提案提交杨浦区政协。

2018 年

谭勇获得教育部自然科学奖二等奖；王睿智获教育部教学成果奖二等奖；张红云、王睿智获吴文俊人工智能科学技术奖自然科学奖二等奖；王睿智国家级教学成果二等奖。孙丽君获教育部教学成果奖二等奖；张怀印获全国大学生版权征文优秀指导教师，入选上海市法学会“上海青年法律人才库”、上海市法学会中国大学生版权征文优秀指导奖。徐然书作品参加中国美术家协会主办的 2018“开放与融合”首届深圳大芬国际油画双年展，获入会资格最高奖；2018“逐梦 · 威海卫”全国风景 · 静物油画作品展，获入会资格最高奖、2018“中国梦 · 燕赵雄风”全国中国画 · 油画作品展，获入会资格最高奖。他的作品还获 2018 年第七届上海市民艺术大展二等奖。

2019 年 11 月 22 日

民革同济大学委员会成立二十周年暨“民革党员之家”揭牌仪式举行。民革上海市委副主委王光贤、同济大学党委副书记冯身洪共同为“民革党员之家”揭牌。

2019 年

王睿智获得上海市大学生计算机应用能力大赛优秀指导教师奖，卢斌 2019 年上海首届乡村振兴大赛（崇明站）一等奖和二等奖。钱必华参与的无锡市惠山区全民健身中心项目荣获 2019 年上海市优秀工程设计三等奖。徐然书作品参加中国美术馆第八届中国北京国际美术双年展、第十三届全国美术作品展——水彩 · 粉画展区。

2020年2月18日

为了支援武汉抗击疫情，也为了向李文亮医生的家属表示一份心意，同济民革发起了一次向英雄学习致敬的捐款活动。由于李文亮的妻子婉言谢绝了捐款，同济民革将5万元转捐给同济大学教育基金会（捐赠证书编号：2020012），用于支援同济大学援鄂的医务人员。

2020年10月6日

届中增补委员会委员暨支部换届工作启动会召开，民革市委组织部两位领导应邀出席。与会者一致同意增补周念清和陈启军为民革同济大学委员会委员候选人。

2020年10月25日

委员会副主委陆志明、袁希蓓随二支部部分党员一起购置了重阳礼物，前往上海杨浦区高乐寿养老院开展“情暖重阳、爱在夕阳”重阳节爱老敬老慰问活动。

2020年

陈启军获2020年度上海市技术发明奖一等奖，获奖项目名称为“机器人多维感知与自主控制关键技术及应用”；单晓光获全国政协书院“从石库门到天安门”上海读书群委员读书积极履职奖；卢斌获2020年上海松江新浜镇新江南田园乡居设计竞赛三等奖。

2021年6月22日

为庆祝中国共产党建党100周年，民革同济大学委员会“中山舰”的各参赛队员以1分18秒42成绩获“红色百年，同舟共济”龙舟赛二等奖。

2021年6月24日

为庆祝中国共产党建党100周年，民革同济大学委员会与民革虹口区委员会组织党员代表参观中共四大会址纪念馆。

2021 年 10 月 22 日

民革同济大学委员会换届大会在同济大学中法中心召开。校党委常务副书记冯身洪、民革上海市委副主委王光贤出席会议并讲话。校党委统战部常务副部长安娜、副部长江静、民革上海市委组织部副部长查际春参加会议。中国农工民主党同济大学委员会主委许维胜、民革杨浦区委副主委孙文捷分别代表民革兄弟党派、兄弟组织对大会的召开表示热烈祝贺。民革同济大学第一届委员会主委于雪梅作工作报告。会议选举产生民革同济大学委员会第二届委员会，陈启军当选主委，袁希蓓、周念清当选副主委。

2021 年

高歌获“2020—2021 年度民革上海市委三八红旗手”称号。

第三章

中国民主同盟同济大学委员会概况

一、历 史 沿 革

中国民主同盟（简称“民盟”）是主要由从事文化教育以及科学技术工作的高、中级知识分子组成，具有政治联盟特点的，接受中国共产党领导、同中国共产党通力合作，进步性与广泛性相统一的中国特色社会主义参政党。

民盟于 1941 年 3 月 19 日在重庆秘密成立，当时的名称是“中国民主政团同盟”。

上海民盟的组织活动始于 1945 年末。1946 年 8 月民盟上海支部成立，1947 年被迫转入地下活动。新中国成立后，民盟活动全面恢复。在山东大学任教、曾于 1941—1943 年任教国立同济大学的童第周[①]、叶毓芬夫妇也加入了民盟。1951 年 10 月，中国民主同盟上海支部恢复活动，其时同济盟员有冯先澄[②]、贾葆年[③]。当时民盟的性质是以

① 童第周是中国实验胚胎学的创始人，1948 年当选为国民政府中央研究院院士，新中国成立后，1955 年被选聘为中国科学院学部委员（院士）。曾任第五届全国政协副主席，民盟第二届中央委员、第三届中央常委。《盟贤毕至》，民盟中央组织部编印。

② 冯先澄，1957 年参与编制《可可托海矿床 3 号脉 1946—1957 年 1 月 1 日地质勘探工作及铍、锂、钽、铌氧化物等综合储量计算报告》（简称“1957 年报告”），1958 年经全国储委批准。这个报告，是中国第一个批准的大型稀有金属矿储量报告，也成为 1965 年 3 号脉露天开采设计唯一依据。曾参与《新疆维吾尔自治区有色地质勘查局志（1951—2000）》部分编纂工作。辛农：可可托海三号矿脉的百年瞭望，中国有色金属报，2021 年 1 月 25 日。

③ 贾葆年（1929—？），1952 年毕业于同济大学土木系。20 世纪 50 年代，志愿到祖国最需要的东北大兴安岭，修建林区铁路，四年后转移其他地区，南征北战了足足 36 个年头。
贾葆年：夫妇同游全中国，吕传赞主编，幸福晚年，河北人民出版社 2013 年 5 月出版，第 408-412 页。

小资产阶级知识分子为主要成分的阶级联盟性质的新民主主义政党，具有联系、团结和教育改造广大知识分子的任务。

1953 年 1 月，民盟同济大学直属小组成立，组长纪增觉。1954 年，民盟同济大学区分部成立，主任纪增觉。1956 年 5 月，民盟同济大学支部成立，首任支部主任为王达时，有盟员 93 人，6 名委员为王达时、朱照宏、黄作燊、童大埙、朱颐令、王友石，均为同济大学建筑、土木、测量、力学等主干学科代表人物，加上纪增觉、李国豪、江景波、李德华，时有"同济民盟精英十大教授"一说。

1957 年，民盟同济大学支部改选，童大埙任主任。1958 年、1960 年，民盟同济大学支部改选，童大埙连任主任。"文革"期间，民盟同济大学支部被迫停止活动，直到 1979 年恢复。1979 年 12 月，民盟同济支部举行全体盟员大会，选举出朱宝华、朱照宏任副主任委员的支部委员会（主任委员暂缺），盟员共 48 人。1980 年 9 月，朱宝华任民盟同济大学支部主任。1986 年，罗小未任民盟同济大学支部主任。1987 年 6 月，民盟同济支部委员会改组为民盟同济总支委员会，罗小未任主任委员。1988 年 3 月，在民盟上海市第九次盟员代表大会第一次会议上，罗小未当选为民盟市委副主委，江景波当选为民盟市委常委，蒋大骅当选为民盟市委委员。至 1989 年 3 月，同济民盟总支共有盟员 116 人。

1990 年 8 月，民盟同济大学总支改组为民盟同济大学委员会。11 月，罗小未任主任委员，民盟同济大学委员会成立大会在同济新村专家楼举行。1993 年 12 月，民盟同济大学第二届委员会成立，罗小未连任主任委员。1996 年 7 月，原上海建材学院和城建学院民盟支部并入民盟同济大学委员会，盟员总数扩大至 220 人。同年 12 月，第三届民盟同济大学委员会成立，罗小未任名誉主任委员，洪钟德任顾问，徐吉浣任主任委员。

同济盟委从 1990 年开始派出代表参加校党委举办的历次双月座谈会，成立了上海民盟多学科咨询中心同济大学分中心，同时一大批年轻、高学历的积极分子被吸收入盟。

上海铁道大学与同济大学合并成立新的同济大学后，2000 年 12 月选举产生了以徐吉浣、吴信法为顾问，郑惠强为主委的第四届民盟同济大学委员会。2001 年 2 月，第四届民盟同济大学委员会明确了基层支部设置方案，全面部署宣传、妇女与老年、青年和咨询、联络等工作。到 2002 年底，同济盟员总数达 352 人，居本市高校首位。其中具有高级职称者251人，女盟员117人，退休盟员166人④。

2006年，民盟同济大学委员会完成换届，以常青为主委的第五届民盟同济大学委员会成立。2011年，常青连任第六届民盟同济大学委员会主委。2016年，民盟同济大学委员会换届，选举出顾祥林为主委的第七届民盟同济大学委员会。2021年，民盟同济大学委员会换届，黄宏伟任第八届民盟同济大学委员会主委。

截至2021年底，同济大学民盟组织共有盟员417人，其中包括正高职称112人，副高级职称118人。包括6个基层支部：一支部62人；二支部59人；三支部77人；四支部68人；五支部66人；六支部85人。6个支部分别对应同济大学的相关二级学院、行政部门和企事业单位。

表3-1　民盟同济大学第八届委员会成员

（副主委、委员按照姓氏笔画顺序排列）

序号	职务	姓名	性别	工作单位及职务、职称	分工
1	主委	黄宏伟	男	土木工程学院教授	全面负责整体工作与发展
2	副主委兼秘书长	刘雨婷	女	建筑与城市规划学院副研究馆员，同济大学《建筑遗产》编辑部主任	负责参政议政及日常工作
3	副主委	李清伟	男	同济大学附属同济医院主任医师，精神医学科副主任	
4	副主委	张洁	男	土木工程学院教授，同济大学 *Underground Space* 期刊执行主编	负责组织工作
5	副主委	张鹏	男	建筑与城市规划学院副教授，建筑系副系主任	负责思想宣传工作
6	副主委	曾群	男	教授级高级工程师，同济大学建筑设计研究院（集团）有限公司副总裁、总建筑师	负责社会服务工作

④　根据《2003同济大学年鉴》的统计。

续表

序号	职务	姓名	性别	工作单位及职务、职称	分工
7	委员	刁弥	男	建筑与城市规划学院教授	
8	委员	王奕俊	男	同济大学职业技术教育学院副院长，兼中德工程学院副院长	
9	委员	王海艳	女	同济大学经济与管理学院副教授	
10	委员	田炜	男	同济大学汽车学院助理教授	
11	委员	刘如辉	男	同济大学附属同济医院副主任医师	
12	委员	刘芳	女	土木工程学院教授	
13	委员	邹海燕	女	上海同济城市规划设计研究院工程师，主创规划师、副主任研究员	
14	委员	赵林	男	同济大学土木工程学院教授，桥梁工程系副系主任	
15	委员	葛建忠	男	同济大学建筑设计研究院工程师，高级项目经理	
16	委员	谢振宇	男	同济大学建筑与城市规划学院教授，兼同济设计集团都市建筑设计院副院长、副总建筑师	
17	委员	潘海峰	女	同济大学国际文化交流学院副教授，汉语国际教育系系主任	

二、主要工作

（一）加强思想引领，加强宣传提升

民盟同济大学委员会始终将加强理论学习和盟史教育，提高盟员思想政治素质作为首要任务。坚持将主委会、常委会等重要会议与理论学习有机结合，加强盟委班子的政治修养与领导水平；适时利用每年全国和上海市两会召开之机，邀请会议代表传达两会精神，组织全体盟员学习会议文件，及时了解国家在不同阶段的大政方针和工作重点，激发盟员的爱国热情和参政议政意识。同时，通过入盟教育与青年工作委员会、参政议政小组的活动，以及各基层支部活动和各级统战部组织的培训，在具体而鲜活的参观、实践中，学习盟史、盟章，不断丰富和深化对民盟历史和优良传统的认识。

2011 年 7 月，在纪念中国民主同盟成立 70 周年和同济民盟组织成立 60 周年之际，民盟同济大学委员会在四平路校区教学北楼前举办图片展，以缅怀中国民盟的光荣历史，回顾同济盟组织的历程，激励广大盟员为民盟的事业和学校的发展继续努力工作。

2014 年 6 月 24 日，民盟同济大学委员会组织盟员到松江广富林遗址公园、车墩上海影视基地等地开展爱国主义教育活动。同济民盟主委常青期间布置了组织发展工作和社情民意撰写工作，要求广大盟员积极行动起来，为盟组织的发展和为上海建设建言献策。2017 年，以盟史教育基地为首选，以行万里路消化万卷书，组织盟员参观南湖中共一大会址、革命纪念馆、章太炎故居等。

2018 年 6 月，组织骨干盟员赴宜宾开展“回首同济路，不忘民盟魂”主题实践活动，接受校史与盟史教育，加强与宜宾民盟的学习交流。

2019 年 8 月，响应国家“一带一路”号召，助力西部大开发战略，组织同济民盟相关专家学者赴新疆开展“精准对口援建，助力一带一路”主题实践活动，与民盟新疆大学支部签署了合作框架协议。

2019 年 11 月，为学习贯彻习近平总书记上海考察精神，同济民盟组织盟员考察杨浦滨江公共空间，深入了解城市空间功能转型与公共空间规划建设情况等。

这些活动不仅丰富了同济民盟的组织生活，促进了盟员之间的熟悉、交流，更潜移默化地达到了思想教育的目的。民盟同济大学委员会先后获 1989 年和 2021 年上海市统战系统先进集体、2018 年度民盟上海市委思想宣传工作先进集体、民盟中央思想宣传工作先进集体，2019 年度上海民盟思想政治建设和宣传工作模范集体，2020 年度民盟中央思想政治建设和宣传工作先进单位；原主委常青获 2018 年度上海市统一战线先进个人称号。

民盟同济大学委员会十分重视宣传工作，取得了有效成果。具体表现在以下几个方面：

第一，形成了卓有成效的工作模式。宣传工作由副主委专门负责；每年举行一次两会精神传达活动；出版高质量的《同济盟讯》发送全体盟员；每年至少组织两次考察活动加强宣传学习；订阅各种相关期刊寄至盟员家中；向《上海盟讯》和其他报刊投建言献策稿；每年一度的迎新祝寿会已形成传统，会上邀请民盟市委和校党委统战部同志宣讲新形势任务等。

第二，自办《同济盟讯》形成宣传品牌。《同济盟讯》创刊于 1998 年，经 2006 年、2009 年两次改版，是更加贴近同济盟员的自办报纸。它以 20 个版面的彩版设计，及时、鲜活的素材，报道同济民盟的活动，刊登校民盟盟员的优秀提案和社情民意作品，宣传同济民盟的代表人物及其先进事迹，向大家介绍新盟员风采，为盟员盘点发生在身边的大事，增进盟员对同济民盟历史与现状的了解，有效地激发了同济盟员的自豪感和责任感，同时也为同济大学的盟史建设积累了原始的素材。

第三，学习并参与撰写盟史。民盟的历史是盟员教育的最佳素材，在历史中认清形势，在鲜活的盟史人物影响下明确努力方向，是加强盟员政党意识和社会责任感与历史使命感的重要途径。作为最早建立盟组织的基层单位之一，同济民盟一贯重视盟史教育和宣传工作，通过多种形式的活动和信息渠道向广大盟员宣传民盟的历史与传统。2014 年 9 月积极参与市民盟组织撰写《沪盟先贤》的工作，成立了由秘书长徐佩珍同志负责的写作班子，当年完成了《大家风范，百岁功臣——记童大埙教授》《鞠躬尽瘁，以"韧"克"钢"——记王达时教授》《岩土知音——俞调梅先生传》等介绍三位同济大学民盟先贤事迹的专文，经学校党委和校党委统战部审核后呈送民盟上海市委。

2008 年 9 月 21 日，作为庆祝地下建筑与工程系建系成立 50 周年的重要活动之一，记述盟员张问清事迹的《百龄问清》文集首发仪式暨座谈会举行。老领导江景波、高廷耀、赵振寰、黄鼎业、陈成澍、贾岗，常务副校长李永盛，同济民盟主委常青等出席。2014 年 5 月 18 日，在同济大学文远楼举行同济盟员"李德华教授城市规划建筑教育思想研讨会"，"李德华教授城市规划建筑教育图片展"也于当日在建筑与城市规划学院 B 楼评图大厅举行揭幕仪式，并邀请了部分师生举行座谈会。2015 年 11 月 19 日，由同济大学建筑与城市规划学院和同济大学出版社联合主办的《罗小未文集》新书发布会暨罗小未先生学术思想研讨会在建筑与城市规划学院钟庭报告厅召开。民盟市委秘书长姚卓云参加会议并致辞。2016 年 7 月 23 日，由经济与管理学院承办的“深深的足迹——庆贺江景波教授执教 65 周年”座谈会在同济大学建筑设计研究院报告厅举行。江西省政协主席黄跃金，中共上海市委常委、统战部部长沙海林，民盟中央副主席、上海市人大常委会副主任、民盟上海市委主委郑惠强，上海市政协秘书长贝晓曦，上海市委统战部副部长虞丽娟，同济大学杨贤金、裴钢、伍江、方守恩、马锦明、顾祥林等校领导，汪品先院士、沈祖炎院士、郑时龄院士、常青院士等著名专家，江景波教授的老同事、学生和经济与管理学院师生代表等共同出席了座谈会。

（二）加强组织与制度建设，完善工作流程

同济民盟注重加强组织建设，完善工作流程，以盟委班子为核心，以中坚骨干为依托，通过开展丰富多彩的活动，构建更加充满活力的民盟集体，加强盟组织的凝聚力，提高盟员的向心力和归属感。

盟委团结协作，实行民主集中制原则履行主要决定。委员均能正确处理业务工作与盟务工作之间的关系，自觉履行岗位职责，带头完成“三个一”的目标：写一篇社情民意，发展一个新盟员，参加一次民盟活动。密切联系群众，通过不断的学习和努力，增强自身的凝聚力与号召力，带动校民盟工作和各项社会服务有序开展。同济民盟先后获 1995 年盟务工作先进集体、2009 年盟务工作先进集体、2013 年度盟市委“中国民主同盟组织发展工作先进集体”、2015 年度盟务工作先进集体、2016—2018 年度盟市委组织工作先进集体、2019 年中国民主同盟高校基层组织盟务工作先进集体、2020 年民盟中央盟务工作先进基层组织等荣誉，多名盟员获得组织工作先进个人。

1. 青年工作委员会的设立与运作

2015 年，为保证组织活力和可持续发展，民盟同济大学第六届委员会在基层组织换届筹备之际，特别设立了青年工作委员会，确定了以发展、培养和依靠青年盟员为今后盟内工作的重心。青委会以盟内中坚骨干为核心，以入盟 5 年内的盟员和 45 岁以内的青年盟员为主要成员，联合参政议政小组共同活动，以发展新盟员，团结和培养青年盟员参政意识和议政能力，发现和培养盟内后备人才、后备干部为主要工作目的。

2. 新盟员的发展

将发展高素质的新盟员作为组织工作的重点。民盟同济大学委员会要求下属各支部从自身的实际出发，按照《中国民主同盟章程》《中国民主同盟组织发展暂行条例》和《民盟上海市委组织发展程序》的要求，把有特殊代表性、有广泛影响力、政治素质较好、专业水平较高、有一定参政议政能力的人士和热心盟务工作的积极分子吸收到民盟组织中来，不断增强组织活力，完善人才梯队建设。经过全体努力，在目前高校民主党派普遍遇到发展困境的情况下，2016—2020 年发展盟员 61 人。新盟员中高学历、代表性人士比例大幅增加。

3. 关爱老盟员

民盟的发展离不开老盟员的毕生奉献，他们是民盟的宝贵财富。同济盟委每年都不忘组织敬老活动，主委和委员到医院、家庭和养老院，看望老领导、老同志、老寿星和生病盟员，关心他们的身心健康，向他们汇报民盟的发展情况和工作业绩，并认真听取他们的意见和建议。

民盟同济大学委员会每年的迎新祝寿活动已经成为一项传统。这是新老盟员欢聚一堂的时刻，也是见证同济民盟精神薪火相传的时刻，让德高望重的老前辈成为继往开来新一辈的楷模，不仅可以对青年盟员的健康成长起到精神引领的作用，也使盟组织更加充满人文温暖，增强了组织的凝聚力。

4. 通过丰富有效的活动增加组织凝聚力

组织活动是基层组织建设的重要内容之一，只有从思想上重视，形式和内容上不断创新，追求目标和效果相统一，才能充分调动盟员的积极性，激发基层组织的活力。同济盟员较多，校区分散，组织活动是盟员相互联系、交流思想、研究工作，以及开展参政议政和献计献策活动的重要机会。因此，同济民盟不仅有组织全体盟员参加的活动，也鼓励各支部自行举办活动，并支持盟员参加市民盟的相关活动；力求活动形式尽可能多样化，既有会议、培训，也有考察、走访、调研、服务等；让每一名盟员成为活动的主体而不是配角，使他们在活动中有所学、有所知、有所乐、有所得。通过活动引导新盟员融入盟集体，增强他们的荣誉感与自豪感，认识到作为盟员身负的责任与使命，自觉为提高自身修养、人格魅力和业务与参政议政能力而努力。其中，

“社情民意大家谈”“迎新祝寿会”和“盟史之旅”“重阳义诊”等已经成为同济民盟的品牌活动，受到盟内外的广泛赞誉。

5. 加强盟员基本信息的登记与管理

从源头做好新盟员入盟信息登记，通过各支部支委与盟员的联络活动，掌握最新动态信息，各级委员会每年定期上门慰问、拜访退休老同志，准确了解退休盟员情况。

（三）参政议政、建言献策

参政议政是民主党派的主要工作之一，民盟同济大学委员会一直将参政议政作为全盟工作重点和重要考核指标。鼓励盟员在对民盟历史的学习和对新形势下中国共产党领导的多党合作与政治协商制度的正确认识中，树立起政党意识，“以天下为已任”，密切关注国家发展方向和中心工作，结合自身的专业优势，积极组织盟员参与社会经济文化建设及民生民情等具体问题的广泛调查研究，帮助盟员提高分析问题的能力，提高撰写社情民意的质量，履行民主党派参政议政、民主监督的职能，为国家和地方经济建设与社会发展建言献策。

1. 参政议政小组

2011 年，民盟同济大学委员会特别设立了由骨干盟员组成的参政议政小组，引领盟内社情民意的撰写和参政议政课题的申报。以参政议政小组的活动为主干，同济大学民盟每年举行“社情民意大家谈”主题论坛研讨会，同济大学盟委委员、支部委员、参政议政小组成员、盟委积极分子、新入盟成员等参加，并邀请民盟市委参政议政部和同济大学统战部领导参加。每年参政议政小组都会提交高质量的社情民意和参政议政提案。

2011 年 11 月 25 日，同济民盟在江苏省江阴市华西村举行“社情民意大家谈”主题论坛研讨会，这是同济盟委首次举办该主题论坛。参会人数达 40 余人，论坛同时邀请民盟市委参政议政部和同济大学统战部领导参加。同济大学盟员积极投稿，共提交近 20 份反映民生的高质量稿件。

2012 年 6 月 30 日，民盟同济大学委员会“社情民意大家谈”第二次会议在江苏如皋召开，会议由主委常青主持。民盟上海市委副主委方荣、副秘书长兼组织部部长董平、参政议政部部长喻森海，以及同济大学统战部副部长冯方一等应邀参会，指导工作。

2013 年 11 月 15 日，同济民盟论坛在青浦区金泽镇举行。民盟上海市委副主委方荣、副秘书长兼参政议政部部长喻森海、同济大学党委统战部副部长冯方一、侯斌超等领导出席会议并发言。民盟同济大学委员会主委常青主持会议。

2017 年 11 月 18 日，为更好地学习中共十九大精神，履行民盟参政党的职能，民盟同济大学委员会 2017 年度参政议政论坛在新场古镇召开。论坛由副主委卢永毅主持，校党委统战部部长岳继光致辞。大会通过对国家统战工作和民盟历史的回顾，号召大家开开门，走出去，多看看，为国家和上海市的发展，为同济大学的双一流建设，多建言、献好策。

2018 年 12 月 11 日，民盟同济大学委员会参政议政小组和青委会联合召开了社情民意年度论坛，副主委卢永毅、张鹏和武家国、王奕俊等老师向大家介绍参政议政经验，近 20 名盟员参加了选题讨论。

2. 借助盟员政治身份发挥参政议政作用

借助盟员各级人大代表、政协委员的政治身份，扩大政治影响，在更高一级的平台上发挥参政议政的作用。同济盟员中有多人是全国、上海市和区人大代表、政协委员和行业监察员，这些同志在完成本职工作的同时，认真履行人大代表、政协委员和监察员的职责，每年都在各级政协、人大上以提案、议案和书面意见的形式积极建言献策，受到各方面的好评。

两会是体现民盟参政议政工作水平、展示民盟形象、扩大民盟影响的重要平台。同济盟委要求各级代表委员在两会前努力做好大会发言准备，认真做好提案的发动、征集、撰写、审核和提交工作，力求做到提前部署、提前调研、提前论证的“三提前”，努力做到日常调研工作、提案工作与反映社情民意工作“三结合”。会后及时邀请上海市和各区两会的代表委员传达会议精神，让盟员了解政府工作情况和社会动态，进一步促进盟员参政议政的积极性。

3. 多种形式激励盟员参政议政

采取培训、座谈、走访、表彰、奖励、吸收进入调研课题组等多种举措，组织盟委委员、参政议政工作小组和青年盟员外出考察调研，促进社情民意工作走上新的台阶。

积极引导盟员参与论坛及各类征文活动，如举办“高教论坛”“社情民意大家谈”等活动。请有关专家担任主讲，发动大家深入讨论，广泛听取各种意见，提出一批有分量、针对性强的意见和建议，撰写出有价值的调研报告和社情民意。这种具体而有操作性的培训，不仅提高了盟员参政议政的积极性，也促进了广大盟员参政议政能力与水平，提高了社情民意的论文质量。

在全体盟员的共同努力下，民盟同济大学在参政议政工作上取得了较好的成绩，获得了民盟市委的肯定与表彰。民盟同济大学委员会获得民盟市委 2010 年度、2012 年度社情民意信息工作先进集体、2014 年度民盟参政议政工作先进集体和社情民意信息工作先进集体，武家国等多名盟员获得民盟上海市委反映社情民意先进个人、社情民意信息工作积极分子等称号，盟员的建言建议多次被市政协采纳和获得年度参政议政课题立项。

（四）发挥专业优势，提升社会服务水平

社会服务是促进民盟了解社会、服务社会，增强社会了解民盟、宣传民盟的最好窗口，也是民盟发挥自身特色和优势，树立民盟参政党形象的重要体现。民盟同济大学委员会在立足本职工作的基础上，积极奉献社会，服务民众，为同济民盟在社会上建立了口碑。同济民盟十分重视发挥专业特长，结合同济大学土木、建筑、城规、环境、汽车、交通、医学等学科优势，在城镇化建设、交通、环境改善，以及抗震救灾和医疗救助等方面发挥着积极的作用，做出了积极贡献。2011 年 11 月，民盟同济大学委员会被上海市委、市人民政府授予上海援建都江堰灾后重建工作“突出贡献集体”荣誉称号。

1. 服务民生的重阳义诊活动

除参加市区县等各级单位组织的医疗服务之外，民盟同济大学委员会每年都坚持在重阳节前后举办大型医疗咨询和义诊活动，联合离退休办公室，为学校师生员工和周围的社区居民们送医上门，进行医疗保健知识的普及，受到了广大师生和社区居民

的好评。

2011 年 12 月 23 日，“把爱心奉献给孩子们——中国儿童慈善 30 年感动人物”颁奖晚会在全国政协礼堂举行，同济大学附属同济医院胸心外科主任、民盟同济大学委员会委员梅运清当选，是上海市卫生系统唯一获此殊荣者。

2012 年 9 月 8 日由民盟上海市委医药委员会、民盟同济大学委员会和同济大学退管会联手组织全市各大医院的医疗专家，专程到同济新村为离退休教职工送医上门，开展义务医疗咨询活动。民盟市委主委郑惠强，民盟市委副主委沈志刚、常青，同济大学党委副书记方守恩和校党委统战部部长肖辉等特地前来向专家们表示慰问和感谢，同时也对前来咨询的老同志送上节日的问候。

2013 年 10 月 20 日，为庆祝上海市第 26 个敬老日，弘扬中华民族尊老敬老的优良传统和美德，营造敬老、爱老、助老的良好社会环境与文化氛围，民盟上海市委员会、民盟同济大学委员会、同济医院、同济大学离退休办公室在同济大学沪西校区老年活动中心——霜红庐联合举办了以“关爱生命”为主题的医疗咨询义诊活动。在同济医院党委副书记兼纪委书记许树长带领下，18 名来自同济医院的专家、护士放弃休息参加了这次公益活动。

2015 年 10 月 24 日，同济民盟举办义诊活动。同济医院民盟医疗专家在同济新村老年活动中心为同济大学离退休教职工及社区老同志进行听诊、答疑，提出预防疾病和保健养身建议，针对性强，普适性广。

2. 应对重大需求的社会服务活动

2011 年 11 月 21 日，上海市对口支援四川都江堰市灾后重建总结表彰大会在上海展览中心举行。市委书记俞正声，市委副书记、市长韩正出席并会见参加对口支援都江堰市灾后重建总结表彰大会的先进代表。会上，民盟同济大学委员会被上海市委、市人民政府授予“突出贡献集体”称号。

2013 年 4 月 20 日，四川省雅安市芦山县等地发生了 7.0 级强烈地震，造成重大人员伤亡和财产损失。民盟市委转发了民盟中央的倡议书，号召民盟各级组织和广大盟员，积极为灾区捐款，支援抗震救灾工作，共同夺取抗震救灾斗争的胜利。2013 年 5 月 20 日，为响应号召校盟委积极组织盟员为灾区捐款 4400 元。

此外，多名盟员还参加了由建筑与城市规划学院牵头组织的宝兴县灵关片区灾后重建的建筑设计工作。重建设计项目包括医院、学校、公安、消防、车站、社区中心等 12 个公共建筑和 10 个安置房组团，建筑面积近 30 万平方米，充分展现了同济盟员情系灾区，依托学科服务社会的专业精神和民盟文化。

2018 年岁末，由上海市政协主席董云虎和市政协副主席赵雯领衔、市政协人口资源环境建设委员会组织的政协年度重大调研课题“老城厢历史风貌保护与旧区改造对策研究”完成，其成果报告得到市委书记李强的批示。在这项历经四个多月的调研课题工作中，同济盟员卢永毅、张松、张鹏、刘雨婷等积极、深度的参与，他们发挥了专业特长，也体现了参政议政的高度社会责任感。

人物风采

童大埙（1911—2011）

上海崇明人，铁道工程专家、教育家，中国民主同盟盟员。1956年加入中国民主同盟，先后担任同济大学民盟支部主任，民盟上海市委委员、常委、顾问等。1959年12月任上海市政协委员、常委，上海市政协之友社理事及名誉理事。1931年毕业于交通大学土木系，历任湖南大学、重庆交通大学、同济大学、上海铁道学院（后改名上海铁道大学）教授，任同济大学铁道工程系副主任，铁路、道路及桥梁工程系主任，上海铁道学院轮机系统研究所名誉所长，上海铁道大学咨询委员会副主任等，兼任上海市铁道学会常务理事、荣誉理事，铁道部科学研究院第三及第四届学术委员会委员及第五届学术委员会名誉委员。长期从事铁道工程科学技术研究及教育工作，尤专于轨道力学，是我国“铁道工程”学科建设的开拓者之一，也是我国铁道线路养护维修、铁路现代化的积极倡导者。

俞调梅（1911—1999）

浙江湖州人。中国岩土力学和岩土工程学科的开拓者和奠基人之一，中国民主同盟盟员。1956年加入中国民主同盟。1934年毕业于交通大学，1938年获英国伦敦大学帝国理工学院工学硕士学位。回国后先后任教于东吴大学、中正大学、江苏学院、上海交通大学、同济大学等高校。长期从事岩土力学和岩土工程专业的教学、科研和生产实践工作，担任同济大学土力学与地基基础教研室主任和同济大学地下建筑与工程系教授、名誉系主任、武汉长江大桥顾问、上海宝山钢铁厂顾问。曾是国际土力学及基础工程协会会员，并兼任中国土木工程学会土力学与基础工程学会副理事长、中国水利学会岩土力学专业委员会副主任委员、中国建筑学会地基基础学术委员会副主任委员，上海市土木工程学会理事、岩土工程专业委员会副主任委员等职。

王达时（1912—1996）

江苏宜兴人，著名钢结构与结构力学专家，中国民主同盟盟员，中共党员。1954年加入中国民主同盟，1956年加入中国共产党。1956年，民盟同济大学支部成立，任支部主任委员。1934年毕业于交通大学土木工程系。1938年获美国密歇根大学土木工程硕士学位。归国后，先后任中山大学教授、交通大学教授，兼任交通大学土木工程系系主任及工学院院长。还曾执教于重庆大学土木工程系。1949年后，历任同济大学教授、副校长，高等工业学校建筑结构类专业教材编审委员会主任等。主要研究方向为市政工程（包括给排水道路）、工程力学，专长为钢结构及结构力学，对薄壁结构与构件的非线性有限元解析有较深研究和较高造诣。著有《高等结构学》等。曾赴瑞典、美国等国出席国际学术会议并作访问交流。

朱宝华（1912—2001）

上海市人，同济大学结构力学教授。中国民主同盟盟员。1956年加入中国民主同盟，曾任民盟同济大学支部副主任委员、主任委员。1933年毕业于交通大学土木工程系。1935年获美国康乃尔大学土木工程硕士学位，1936年获美国哈佛大学理学硕士学位，1939年获美国伊利诺斯大学哲学博士学位。1949年后历任复旦大学、交通大学教授，同济大学教授、建工系副主任。曾任全国高等学校工科类力学教材编审委员会委员。长期从事结构力学的教学工作。译有《杆件系统结构力学》与《结构力学》。合编《结构力学》⑤。

李国豪（1913—2005）

李国豪（1913—2005），广东梅县人，著名桥梁工程与力学专家、教育家，中国科学院院士、中国工程院院士。1949年参加中共地下党领导的大学教授联谊会，1953年加入民盟，1956年加入中国共产党，1958年任民盟上海市委副主委⑥。1955年被选聘为中国科学院首批学部委员（院士），1994年当选为中国工程院首批院士。

⑤ 张德龙主编，《上海高等教育系统教授录》，华东师范大学出版社，1988.01，第256页。
⑥ 见《学之师表 国之英豪 纪念李国豪诞辰100周年文集》，同济大学出版社，2013.04，第364-365页。

1936 年毕业于同济大学土木系，后留校任教，1938 年获洪堡奖学金赴德国达姆斯塔特工业大学留学，专攻桥梁工程和结构力学。1940 年博士论文《悬索桥按二阶理论的实用计算方法》通过答辩，被授予工学博士学位。1942 年以论文《用几何方法求刚构影响线》的创新成果获得德国特许任教工学博士（Dr. Ing. Habil）学位，即第二博士学位，“悬索桥李”之雅号诞生于德国至今载誉学界。

1946 年回国后任同济大学教授，历任土木系主任、工学院院长、教务长、副校长、校长、名誉校长等职，开拓了桥梁结构理论和桥梁抗震抗风理论，曾任武汉长江大桥建设顾问、南京长江大桥顾问委员会主任，在国内首次提出了大跨度迭合梁斜拉桥的建桥方案，实现了我国桥梁工程界赶超世界先进水平的宏愿，是我国自主建设大跨度桥梁的首要功臣和学界先驱。他以高瞻远瞩的战略分析和严谨求实的科技论证推动了宝钢建设、上海洋山深水港建设。曾任国务院科学规划委员会土建组组长[⑦]、中国科协常委、上海市科协主席、中国科协工程学会联合会主席、中国土木工程学会桥梁及结构学会理事长、中国力学学会副理事长和中国高等教育研究会副会长[⑧]、上海市第六届政协主席、第七届全国政协常委等职。

纪增觉（1914—2002）

原名纪增爵，江苏泰州人，中国民主同盟盟员，中共党员。1937 年毕业于同济大学测量系[⑨]，历任全国水利委员会中央水利实业处技正兼水工仪器厂厂长，重庆水工仪器厂、滇缅公路工程局仪器厂工程师、同济大学助教、交通大学土木系讲师、副教授。1949 年后，任同济大学副教授、教授、测量系副系主任。1953 年 1 月任民盟同济大学直属小组第一任小组组长，1954 年加入中国共产党。同年，受高等教育部指派赴德意志民主共和国光学测距研究班学习[⑩]，1956 年调至武汉测绘学院。曾任武汉测绘学院测

⑦ 陈元等主编，《中国统一战线辞典》，中共党史出版社，1992.01，第 270 页。

⑧ 中国土木工程学会编著，《中国土木工程学会史》，上海交通大学出版社，2008.10，第 199 页。

⑨ 《默默无闻而又高尚的人——深切怀念纪增觉教授》，朱九思，《开拓与改革》，华中科技大学出版社，2008.10，第 324 页。

⑩ 东北师范大学，陕西师范大学，高等学校干部进修班编，《中华人民共和国高等教育大事记 1949—1981　上》，东北师范大学出版社，1982.04，第 118 页。

量仪器制造系主任、教务长、副院长、院长。1970年武汉测绘学院停办后转至华中工学院，分管教学工作。1973年回到恢复后的武汉测绘学院，历任武汉测绘科技大学教授、重建领导小组副组长、院长，兼任中国测绘学会第二、三届常务理事，湖北省测绘学会第二、三届副理事长，湖北省高等教育研究会第一届副理事长。1944年至1946年研究设计并主持生产了我国早期的经纬仪。对电磁波测距仪较有研究。撰有论文《量边三角测量的平差及精度估算》，合编《平面测量教程》。

罗小未（1925—2020）

女，广东番禺人，美国建筑师学会荣誉会士（Hon. FAIA），中国民主同盟盟员，我国著名建筑教育家、建筑史学家。1952年10月加入中国民主同盟，曾任民盟同济大学委员会主委，第六届、七届民盟中央委员，第九届、十届民盟上海市委副主委，第十一届、十二届民盟上海市委名誉副主委，还先后担任上海市人大代表、市政协委员和第八届全国政协委员。1948年毕业于上海圣约翰大学工学院建筑系，1951至1952年在圣约翰大学工学院建筑系任助教。1952年院系调整，随圣约翰大学建筑系师生并入同济大学建筑系，历任同济大学建筑系助教、讲师、副教授，1980年起任教授。罗小未是同济大学建筑系建筑历史教研室创始人之一，在全国范围建筑学教育和学科发展中一直扮演引领者的角色。她长期推动国际学术合作，具有广泛的社会影响力和国际影响力。

江景波（1927—2020）

福建福州人。同济大学教授、博士生导师，我国工程建筑经济和管理领域著名专家、教育家，1952年加入中国民主同盟，1980年加入中国共产党，1989年任民盟上海市委员会副主委，是民盟第六届、七届中央常委，第七届、八届中央副主席，第九届中央名誉副主席⑪，第七届上海市政协常委和第七届、八届上海市政协教育委员会副主任，第八届、九届全国政协常委。1947年至1950年在上海大夏大学（华东师范大学前身之一）土木工程系学习，1950年至1951年在安徽省滁县专区治淮工程指挥部工作，历任工程股长、工务所代所长。1951年10月后，历任同济大学助教、讲师、副教授、

⑪《人民日报》，2020年4月10日　第4版。

教授，曾任施工组织教研室主任、教务处处长、副校长，1984年任同济大学校长、校务委员会主任。曾兼任国务院学位委员会第二届管理科学与工程学科评议组成员、中国高等教育学会副会长，中国优选法、统筹法、经济数学研究会第一届常务理事，中国施工企业管理协会第一届常务理事，中国基建优化研究会主要学术顾问，中国建筑统筹管理研究会副理事长、理事长、名誉理事长等职务。

万明玉（1929—）

女，江苏苏州人，中国民主同盟盟员。1956年加入中国民主同盟，1987年任民盟同济总支副主委，1990—1993年任民盟同济大学委员会第一、二届副主委，上海市第九届、第十届人大代表。1951年毕业于上海圣约翰大学英文系，并进入同济大学工作。1987年起担任同济大学外语系主任。1984—1986年于美国乔治敦大学做访问学者。上海市欧美同学会会员。负责编写《英语常用词组》《新英汉英语常用词组用法词典》，参编《全国高等工科院校英语》，为同济外语系的成立和建设作出了重要贡献。1982年获上海市三八红旗手称号，2016年以88岁的高龄获第四届同济大学卓越女性奖。

徐吉浣（1935—）

女，浙江桐乡人，中国民主同盟盟员。1985年加入民盟，曾任民盟同济大学委员会主任、民盟上海市第十一届委员会副主委、民盟中央常委和政协第九届全国委员会委员。1957年毕业于同济大学，历任同济大学助教、讲师、副教授、教授、燃气红外研究所所长，兼任上海太平洋能源中心理事长、上海市绿色建筑促进会副会长。长期从事燃气热能利用、建筑节能和供热通风工程研究，曾参与上海浦东国际机场、北京国家游泳中心、上海世博会园区规划等大型公共建筑项目的方案优化和绿色认证。曾获上海市“三八红旗手”称号和国家教委科技进步二等奖、上海市绿色建筑贡献奖、美国绿色建筑委员会“绿色建筑贡献奖”“绿色建筑铂金奖”等嘉奖。

吴文源（1941—）

女，安徽歙县人，中国民主同盟盟员。1996年加入民盟，历任同济医院支部主任委员、民盟同济大学委员会副主任委员，是上海市政协第九届、第十届政协委员。1963年毕业于上海铁道医学院，历任同济大学医学院精神医学系主任、上海市心理咨询中心第二咨询站主任、上海铁道医学院附属甘泉医院院长、卫生部重性精神疾病管理治疗项目专家组成员、卫生部精神卫生工作专家咨询委员会委员等。现任国家卫健委重性精神疾病管理治疗项目国家专家组成员、西部精神医学协会重性精神障碍专委会主任委员、上海市医学会心身医学专科分会名誉主任委员；曾任中华医学会精神病学分会副主任委员、中华医学会精神病学分会顾问、中国心理卫生协会常务理事、上海医学会理事、上海市医学会精神医学分会主任委员、上海市医学会精神医学分会名誉主任委员、《中华精神科杂志》副主编、中华医学会精神病学分会社会精神病学学组组长和上海市住院医师规范化培训专家委员会精神科专家组组长等职。她长期致力于综合性医院精神卫生、中国人心理量表常模研制及应用和成功老龄化机制研究等工作，1992年获国务院颁发的“政府特殊津贴”，1994年获铁道部优秀中青年专家，1997年获铁道部模范医务工作者，2008年被中国医师协会评为“中国杰出精神科医师”，2016年被中华医学会心身医学专科分会授予“心身医学终身成就奖”。

郑惠强（1953—）

广东汕头人，同济大学教授、博士生导师。1990年5月加入民盟。曾任第八、第九届上海市政协委员，第十届全国人大代表，第十一、十二届全国政协常委，第十三、十四届上海市人大常委会副主任，第十、十一届民盟中央副主席，第十三、十四届民盟上海市委主委，第十五届上海市人大代表。1973年至1976年于同济大学工程机械专业学习，1985年赴联邦德国达姆斯达特工业大学访学。1977年留校任教。1998年获机械理论与设计专业博士学位。历任同济大学研究生培养处处长、研究生院副院长，上海应用技术学院副院长，上海市信息化委员会副主任，同济大学副校长，中国工程机械学会理事长、上海市楼宇科技研究会理事长。现为中国科协全国委员会委员，《中国工程机械学报》杂志主编，上海市政府服务业发展专家委员会专家，上海现代服务业联合会会长。

常青（1957—）

陕西西安人，中国科学院院士，美国建筑师学会荣誉会士（Hon. FAIA），中国民主同盟盟员。1992 年加入民盟，历任民盟第十二届中央常委，民盟上海市第十二届委员会委员，第十三、十四届副主任委员，民盟同济大学委员会第五届、第六届主任委员，同济大学建筑与城市规划学院教授，博士生导师。1982 年毕业于西安冶金建筑学院（今西安建筑科技大学）并获学士学位；1987 年毕业于中国科学院研究生院（今中国科学院大学）并获硕士学位；1991 年毕业于东南大学并获博士学位。1991 年 4 月起在同济大学建筑与城市规划学院任教，历任博士后、副教授、教授、建筑系副系主任、系主任，现任历史环境再生研究中心主任，兼任中国建筑学会副理事长等职。长期主持建筑与城市规划学院建筑系工作（2003—2014 年任系主任）。从事建筑学新领域的开拓性研究，发展了“历史环境再生”学科方向，领衔创办国内第一个“历史建筑保护工程”专业。主持完成六项国家级课题研究和三十余项历史环境保护与再生重要工程设计，曾获第四届国家图书奖最高奖、全国优秀工程勘察设计行业奖一等奖、瑞士首届 Holcim 国际可持续建筑大奖亚太地区唯一金奖、联合国教科文组织亚太文化遗产保护荣誉奖等奖项。

顾祥林（1963—）

安徽庐江人，同济大学特聘教授，博士生导师，1994 年加入民盟。1996 年 12 月获同济大学结构工程博士学位。1998 年至 1999 年分别赴美国新泽西理工学院、伊利诺依大学做访问学者。现任民盟中央常委，民盟上海市委副主委，第十四届全国人大代表，同济大学副校长。国家重点研发计划项目首席科学家，上海市领军人才，获国务院政府特殊津贴、第四届上海高等学校教学名师奖。兼任工程结构性能演化与控制教育部重点实验室主任、国际建筑遗产结构分析与修复委员会委员、美国混凝土学会中国分会主席、国际材料与结构研究实验联合会中国分会副主席、全国工程专业学位研究生教育指导委员会副主任委员，中国土木工程学会副理事长、上海市科协副主席、上海市土木工程学会副理事长等职。曾任第十三届全国政协委员、第七届民盟同济大学主委。

主要从事结构性能演化与控制方面的科学研究和教学工作。主持国家重点研发计划、国家自然科学基金重点项目、国家自然科学基金重大国际合作项目等重要科研项目30余项。出版学术专著5部。获得省部级科技进步一等奖、二等奖各三项。主持国家级和上海市级教学研究项目10余项。主编英文教材1部、中文教材5部。获国家级教学成果一等奖、二等奖各一项；获上海市级教学成果特等奖一项，一等奖、二等奖各2项。

黄宏伟（1966—）

山西芮城人，教授，博士生导师，国家级高层次人才。1993年加入民盟，现任民盟上海市委常委，民盟同济大学委员会主委。1987年太原理工大学（原山西矿业学院）本科毕业，1990年西安科技大学（原西安矿业学院）硕士研究生毕业，1993年同济大学博士研究生毕业。曾于2001年、2003年、2006年在法国南特中央大学做短期访问学者。历任土木工程学院地下建筑与工程系副系主任、研究生院副院长、土木工程学院副院长、研究生院常务副院长、研究生院院长；享受国务院政府特殊津贴，"新世纪百千万人才工程"国家级人选，中组部"国家万人计划"领军人才，科技部创新人才推进计划重点领域创新团队负责人。主要从事岩土与隧道地下工程等地下基础设施的安全风险管控理论方法与智慧感知技术研发。围绕国家基础设施，他先后主持与参与国家973、863、科技支撑计划、科技部重点研发计划及国家自然科学基金项目（含2项重点）15项。全球前2%顶尖科学家，获国际突出贡献奖1项、杰出服务奖1项、国家科技进步二等奖2项、省部级科技进步一二等奖10项。2007年创建国际岩土安全与风险系列学术研讨会，2009年创建中国土木工程学会工程风险与保险研究分会并担任理事长至今，还兼任多家国内外著名期刊副主编、编委，以及国际土力学与岩土工程学会TC304、TC205委员会委员等职。

大事记

1951年10月

上海民盟支部成立，同济大学有冯先澄、贾葆年两名盟员。

1953年1月

民盟同济大学直属小组正式成立，组长纪增觉，副组长朱照宏、陈进森。

1954年1月

民盟同济大学直属小组改组为同济区分部。

1956年

民盟同济大学支部正式成立。因纪增觉教授调任武汉，王达时教授出任首任支部主任。同年，上海铁路卫生学校成立民盟小组，由闸北区民盟区委直接领导，盟员有张承祖、周湘云。

1957年

同济民盟支部主任由童大埙担任。

1957年10月

上海民盟市委召开“整风誓师”大会，民盟同济支部作了传达讨论，李国豪在会上作了归国感想报告。

1979年12月

民盟同济支部举行全体盟员大会，同济大学民盟组织恢复组织生活。朱宝华、朱照宏任副主任委员，盟员共48人。

1982年

民盟上铁医支部成立（第一届），主任吴信法，副主任周湘云。

1986 年 7 月

支委届满改选，罗小未任主任委员，蒋大骅任副主任委员。

1986 年

民盟上铁医支部第二届换届改选，主任委员吴信法，副主任委员杨祖康，有盟员 26 人。

1987 年 6 月

民盟同济支部委员会改组为民盟同济总支委员会。11 月，罗小未任总支主任委员，蒋大骅任第一副主任委员，副主任委员有洪钟德、万明玉；孔繁人、杨义辉、沈威、徐吉浣、方启文任委员。截至 1987 年底，盟员共计 87 人。

1988 年 3 月

在民盟市委八届十二次常委会上，民盟同济总支被评为盟务工作先进集体。3 月，在民盟上海市第九次盟员代表大会第一次会议上，罗小未当选为民盟市委副主委，江景波当选为民盟市委常委，蒋大骅当选为民盟市委委员。

1989 年 3 月

同济民盟总支换届。罗小未任主任，蒋大骅任第一副主任，洪钟德、万明玉任副主任。委员包括孔繁人、徐吉浣、沈威、方启文、杨义辉；王克强、梅建为、黄月珍任干事。下设三个支部，第一支部对口结构、校部、建材、数学、力学、化学、道交、测量、图书馆，主任为蒋大骅，委员有沈威、钟爱达、陆平；第二支部对口建筑城规、设计院、医院、体育、海洋、出版社，主任为杨义辉，委员包括童勤华、何德铭、胡正康；第三支部对口机械、外语、电气、物理、声学、环境、计算中心，主任徐吉浣，委员为孔繁人、李耀群、于鸿志。当年，民盟同济总支被评选为上海市统战系统先进集体。

1990 年 8 月

民盟同济大学总支于 1990 年 8 月 30 日改组成立民盟同济大学第一届委员会。

1990 年 11 月 30 日

在同济新村专家楼举办了民盟同济大学委员会的成立大会。罗小未任主任，第一副主任为蒋大骅，副主任为洪钟德、徐吉浣、万明玉，秘书长为杨义辉。委员包括方启文、徐炳楠、李茂海、杨伟方、徐佩珍。

1991 年 5 月

由蒋大骅主持成立民盟同济咨询中心分部。

1991 年 10 月

民盟上铁医支部第三届换届改选，主任委员吴信法，副主任委员李昊、杨祖康，委员李学礼、邓耀，盟员已发展到 58 人。

1992 年 1 月

上海民盟多学科咨询中心同济大学分中心成立。

1993 年 12 月

民盟同济大学第二届委员会成立，罗小未任主任委员，第一副主任委员为徐吉浣，副主任委员为万明玉、郑惠强。

1995 年 1 月

民盟上海市委举行盟务工作先进集体和积极分子表彰大会，同济民盟被评为盟务工作先进集体，洪钟德等 6 名盟员获积极分子称号。

1995 年 3 月 参加全国和市人大、政协会议的盟员代表江景波、万明玉、郑惠强等传达了两会精神和近期盟务工作要求；民盟中央主席费孝通来同济大学视察，同时他接受了同济大学授予的名誉教授称号。

1995 年 10 月 民盟中央副主席丁石孙来校参加“同济大学名誉教授受聘仪式”并作学术报告。

1996 年 10 月 民盟部分省市第八次高教研讨会在同济大学举行。

1996 年 1 月 民盟上海铁道大学召开第一届委员会成立大会，盟市委领导翁曙冠、沈立恭、黄茂福、马克烈、欧阳仁荣、董平出席。1997 年 5 月，民盟市委十届三十五次办公会议审议通过，同意吴信法任主任委员，杨贤智、吴文源、徐曙、杨祖康任副主任委员，李学礼、张科平、郭晓民、李昊为委员。

1996 年 3 月 江景波、罗小未、郑惠强分别传达了全国及上海市两会精神，上海高校盟员代表应邀参加。

1996 年 5 月 31 日 盟委组织全体青年盟员学习盟史，参观陶行知纪念馆、嘉定福利院及相关企业，并举行联欢。

1996 年 12 月 民盟同济大学委员会完成换届改选，选举产生第三届民盟同济大学委员会，罗小未任名誉主任委员，徐吉浣任主任委员，郑惠强、何叔俭、常青任副主任委员。

1996 年

原上海建材学院和城建学院民盟支部并入同济盟委，同济盟员总数增至 220 人。

1998 年 5 月

同济盟委组织盟员到浙江嘉兴南北湖学习、考察。罗小未教授获美国建筑师学会荣誉会士称号。

1998 年 6 月

民盟同济大学委员会召开组织工作会议，确定以学院为基础组建支部。

1998 年 7 月

《同济盟讯》创刊。

1998 年 9 月 29 日

民盟同济大学委员会在同济专家楼会议室召开“爱盟敬业”座谈会，宣布支部调整有关事项，表彰上一年度的先进盟员，重点介绍罗小未和陆敬严事迹。

1999 年 9 月 27 日

民盟同济大学委员会在校工会俱乐部召开“迎国庆五十周年茶话会”。

2000 年 4 月

上海铁道大学与同济大学合并成立新的同济大学，上海铁道大学民盟组织并入同济大学民盟组织。

2000 年 12 月 26 日

民盟同济大学委员会完成换届改选，郑惠强任主委，吴文源、常青、徐曙、周克荣任副主委，盟委委员有卢永毅、吴燕、李光明、沈仲辉、李昊、李学礼、张宝娣、罗品厦、赵君明、徐佩珍、崔子筠、黄自萍；徐吉浣和吴信法任顾问，秘书长由徐佩珍兼任。

2001年1月21日 盟委郑惠强、常青、崔子筠和黄自萍前往民盟杨浦区委，与原主委、同济中学校长胡仁明等洽谈联合办班事宜。

2001年2月23日 盟委举办“新千年迎新大会”。

2001年5月24日 为纪念民盟成立60周年，民盟同济大学委员会组织老盟员参观历史发展陈列馆。

2001年5月26日 民盟同济大学委员会组织同济医院的青年盟员专家举行义诊活动。

2001年6月27日 民盟同济大学委员会举行庆祝中国共产党建党80周年座谈会。

2001年12月26日 同济民盟在校工会俱乐部召开祝寿迎新暨国际形势报告大会。大会推选了参加民盟上海市第十二次代表大会的12名代表：徐吉浣、郑惠强、周克荣、常青、李茂德、曾庆茂、邵磊、崔子筠、吕靖、吴燕、吴文源、徐曙。

2002年4月3日 盟委召开全盟大会，担任各级政协委员的盟员传达全国两会精神，近80名盟员和兄弟党派代表出席会议。全国政协委员江景波、徐吉浣，市政协委员郑惠强、吴文源，杨浦区政协委员崔子筠在会上发言。

2002 年 4 月 26 日

民盟同济大学委员会组织 20 余名青年盟员赴无锡进行社会考察，郑惠强主委、民盟市委干部吴鸣放、王海波参加。

2002 年 6 月 27 日至 28 日

中国民主同盟上海市第十二次代表大会召开，民盟同济大学委员会 19 名盟员作为特邀代表、正式代表或列席代表参加大会。郑惠强当选民盟市委副主委。周克荣当选民盟市委常委，徐曙当选民盟市委委员。

2002 年 12 月 5 日

民盟同济大学委员会组织新盟员理论学习班。副主委周克荣主持活动，盟市委宣传部王海波介绍盟史，主委郑惠强结合参加市政协学习会情况谈学习十六大精神的体会。

2002 年 12 月 23 日

“学习党的十六大、民盟九大精神——民盟同济大学委员会迎新暨祝寿大会”在校工会俱乐部召开。

2003 年 4 月 2 日

民盟同济大学委员会召开大会，担任各级政协委员的盟员传达两会精神，近 100 名盟员和部分兄弟党派成员出席会议。市政协委员郑惠强、吴文源，普陀区政协委员徐曙，杨浦区政协委员崔子筠在会上发言。

2003 年 12 月 27 日

民盟同济大学委员会召开迎新暨祝寿大会，为李国豪、黄足、游仰之、管伏生、朱照宏、蒋锟庄、程行、杨先觉、徐鼎新、刘啸崖、钱士心等盟员祝寿。

2003年12月 周克荣、吴信法、李昊、黄询石、吴燕、吕寒静、吴文源、罗品厦、钱伟国、崔子筠被评为上海市盟务先进个人，退休支部被评为上海市盟务先进集体。

2004年3月16日 同济民盟宣传委员罗品厦受聘任杨浦区教育督导员。

2004年3月18日 盟市委召开上海市盟务工作者先进表彰大会，同济盟委第八支部被评为盟务工作先进集体。

2004年4月1日 民盟同济大学委员会召开大会，担任各级人大代表、政协委员的盟员应邀传达两会精神，全国人大代表郑惠强、市政协委员吴文源、杨浦区政协委员崔子筠在会上发言，近90名盟员和部分兄弟党派成员出席会议。

截至2004年4月14日 同济盟员为希望工程捐款10330元。

2004年12月16日 民盟同济大学委员会召开迎新暨祝寿大会，为宋国栋、李德华、张正元、曹善华、丁耀英、王吉鑫、吴振平、万明玉、熊炳焜等盟员祝寿。

2004年底 增补常青为主任委员。

2004年 盟员薛迪群获上海市育才奖，盟员刘仲英被评为同济大学师德标兵。

2005年12月19日 民盟同济大学委员会召开一年一度的迎春大会和祝寿会。

2006年3月23日

同济民盟邀请老主委，全国人大代表郑惠强为全体盟员传达两会精神。同日，同济盟委举行委员会会议部署上海盟组织建立60周年纪念活动。

2006年12月26日

民盟同济大学第五届委员会成立暨迎新祝寿大会在同济大学逸夫楼举行。民盟上海市委副主委鲍敏中、郑惠强、冯德康，校党委副书记周祖翼参加会议。

2007年3月27日

民盟同济大学委员会在四平路校区召开大会，邀请民盟上海市委副主委、上海信息委副主任、全国人大代表郑惠强传达全国两会精神。会议由同济民盟主委常青主持。

2007年4月6日至8日

中国民主同盟上海市第十三次代表大会在上海展览中心举行。同济民盟主委常青当选为民盟市委副主委，周克荣当选为民盟市委常委，黄自萍当选为民盟市委委员。

2007年4月18日

民盟上海市委新任主委郑惠强、专职副主委沈志刚、秘书长方荣专程来校拜访学校党委领导，并代表民盟市委对同济大学党委长期来给予同济民盟的支持和关心表示感谢。

2008年4月19日

同济民盟组织2003年以来入盟的新盟员和盟委成员、各支部主委并部分退休盟员开展“宝山一日行”暨新盟员教育活动。

2008年5月11日

同济民盟老年盟务工作研讨会在研究生院召开，负责老年盟务工作的委员以及老年盟员45人参加了研讨会，大家就如何搞好老年盟务工作畅所欲言，建言献策。

2008年7月17日

民盟同济大学委员会召开政治交接学习教育动员大会。会议由主委常青主持，常务副主委周克荣传达《民盟上海市委关于开展政治交接学习教育活动的意见》，秘书长徐佩珍讲解《民盟同济大学委员会政治交接学习教育活动方案》。会议特邀民盟上海市委专职副主委沈志刚和同济大学统战部部长李祖望出席并讲话。

2008年9月21日

作为庆祝地下建筑与工程系建系成立50周年的重要活动之一，《百龄问清》文集首发仪式暨座谈会举行。老领导江景波、高廷耀、赵振寰、黄鼎业、陈成澍、贾岗，常务副校长李永盛，同济民盟主委常青等出席。

2008年9月

“5 · 12”四川汶川特大地震牵动了每一名盟员的心，128名盟捐献特殊盟费25980元。

2008年12月26日

民盟同济大学委员会在校工会俱乐部召开迎新暨祝寿大会。

2009年3月17日

民盟同济大学委员会在校工会俱乐部召开会议，全国政协常委、市人大常委会副主任、同济大学副校长、民盟上海市委主委郑惠强传达了全国两会精神。

2009年5月29日

以“金融危机下高等教育的挑战与机遇”为主题的第三届民盟上海高等教育论坛在同济大学举行。

2009年12月10日

中国民主同盟第十届中央委员会第三次全体会议在北京举行。民盟中央常委、民盟上海市委主委郑惠强，民盟中央委员、民盟同济大学主委常青出席会议。

2009年12月15日

民盟上海市委十三届五次全体会议在民主党派大厦召开，民盟同济大学委员会获民盟市委盟务工作先进集体称号。

2009年

吴文源、熊海贝获民盟市委“上海市三八红旗手”提名，常青当选美国建筑师学会荣誉会士，罗小未获“新中国六十年上海百位杰出女教师”称号，万明玉入选“美国德尔福派克公司名人堂”。

2010年5月

同济民盟成立参政议政专门工作小组，常青任名誉组长，武家国任组长，王奕俊任副组长。

2010年11月6日

首届上海民盟青年论坛在民主党派大厦举行。本次论坛由民盟上海市委主办，民盟上海市委青年工作委员会承办。民盟同济大学委员会张鹏作“关于世博后上海城市建筑遗产保护的一点思考”主旨演讲。

2010年12月7日

中国民主同盟第十届中央委员会第四次全体会议在北京开幕，会议补选郑惠强为民盟中央副主席。

2010年12月27日 首届“同济大学卓越女性奖”颁奖，罗小未获“同济大学卓越女性荣誉奖”。

2010年底 民盟同济大学委员会下属11个支部通过民主推荐，全部完成换届工作。

2011年3月19日 为庆祝中国共产党成立90周年、民盟成立70周年和民盟上海组织成立65周年，盟委组织20余人考察同济大学浙江学院，参观中国共产党第一次全国代表大会会址以及民盟中央原主席沈钧儒故居。

2011年3月22日 上海政协网议政献策栏刊登建筑与城市规划学院支部副主委张松报送的社情民意《对“十二五”上海郊区新城建设的建议》。

2011年6月11日 上海市民盟高教论坛举办，同济民盟成员武家国、王奕俊、黎君、张松、赵健参加，黎君作专题发言。

2011年10月13日 民盟同济大学委员会在校工会俱乐部隆重召开换届大会，选举产生新一届委员会。

2011年11月25日 民盟同济大学委员会在江苏省江阴市华西村举行“社情民意大家谈”主题论坛研讨会。

2011年11月21日 民盟同济大学委员会被上海市委、市人民政府授予上海援建都江堰灾后重建工作“突出贡献集体”称号。

2011 年 12 月 15 日

同济民盟举办纪念中国民主同盟成立 70 周年暨同济民盟组织建立 60 周年图片展。

2011 年 12 月 23 日

“把爱心奉献给孩子们——中国儿童慈善 30 年感动人物”颁奖晚会在全国政协礼堂举行，同济大学附属同济医院胸心外科主任、民盟同济大学委员会委员梅运清当选，是上海市卫生系统唯一获此殊荣者。

2011 年

民盟同济大学委员会获民盟市委“2010 年度社情民意信息工作先进集体”称号，徐吉浣、罗小未获民盟中央“先进个人”称号。

2012 年 3 月 23 日

民盟同济大学委员会在校瑞安楼召开会议，全国政协常委、市人大常委会副主任、民盟中央副主席、民盟上海市委主委、同济大学副校长郑惠强传达了全国两会精神。会议由民盟同济大学委员会主委常青主持。

2012 年 4 月 15 日至 17 日

中国民主同盟上海市第十四次代表大会在上海展览中心友谊会堂举行。同济大学副校长郑惠强连任民盟上海市第十四届委员会主任委员，同济民盟主委常青任民盟市委副主委，同济民盟副主委顾祥林任民盟市委委员。

2012 年 5 月 17 日

民盟市委参政议政工作会议上，民盟同济大学委员会被评为 2011 年度民盟上海市委反映社情民意信息工作先进集体二等奖，武家国被评为 2011 年度民盟上海市委反映社情民意信息工作先进个人。

2012年6月30日

民盟同济大学委员会“社情民意大家谈”第二次会议在江苏如皋召开。参加会议的有校盟委委员、各支部委员、参政议政小组成员和盟员骨干近40人，会议由常青主委主持。盟市委副主委方荣、副秘书长兼组织部长董平、参政议政部部长喻森海、宣传部副部长吴鸣放、参政议政部吴馨萍、组织部陈婷及同济大学党委统战部副部长冯方一应邀参加。

2012年7月9日

民盟同济大学委员会在三好坞多功能餐厅为同济大学老校长、原民盟中央副主席、上海市民盟委员会主委江景波85岁生日举办祝寿活动。

2012年8月23日

民盟市委召开2011年度宣传工作先进表彰大会，同济民盟盟委被评为先进集体，张鹏被评为先进个人，朱岩梅被评为优秀通讯员。

2012年9月8日

由民盟上海市委医药委员会、民盟同济大学委员会和同济大学退管会联手组织全市各大医院的医疗专家，专程到同济新村为离退休教职工送医上门，开展义务医疗咨询活动。

2012年10月19日

市教卫党委统战处组织编印的《市教卫党委系统民主党派基层组织特色工作案例集》收录同济民盟委员会提供的《与祖国共命运，为社会作贡献——同济大学民盟开展社会服务活动特色案例》《注重特色、发挥优势，打造“同济民盟论坛”活动长效机制——同济大学民盟基层组织特色工作案例》。

2012 年 10 月 23 日

同济民盟邀请部分老领导、老同志聚会，举行重阳节敬老活动。参加活动的老领导、老同志有江景波、徐吉浣、吴信法等，退休支部主委、副主委也参加了活动。

2012 年 12 月 6 日

在以“卓越女性成才之路”为主题的第二届同济大学女教师论坛上，同济民盟副主委卢永毅获“同济大学卓越女性导师奖”。

2013 年 4 月 20 日

四川省雅安市芦山县等地 7.0 级强烈地震造成重大人员伤亡和财产损失。响应“民盟中央支援四川雅安抗震救灾工作的倡议书”，校盟委积极组织盟员为灾区捐款，支援抗震救灾工作，筹集捐款 4400 元。

2013 年 5 月 29 日

民盟市委常务副主委沈志刚、组织部部长王伟国一行 5 人来校进行人才队伍建设调研。校党委副书记方守恩会见沈志刚一行，统战部相关负责人参加会见，盟委和盟员代表 16 人参加座谈。

2013 年 10 月 20 日

由民盟上海市委、民盟同济大学委员会和同济大学离退休办公室联合举办的“关爱生命”医疗咨询活动在同济大学沪西校区举行。同济民盟副主委、同济医院中医科主任李昊带队的 18 名专家医生为学校的师生员工和周围的社区居民们送医上门，进行健康咨询。民盟市委主委、同济大学副校长郑惠强，民盟市委专职副主委方荣，同济医院党委副书记许树长、校医管处处长丁国伟、校党委统战部副部长冯方一等出席活动。

2013年11月15日

同济民盟论坛在青浦金泽举行。民盟上海市委副主委方荣、副秘书长兼参政议政部部长喻森海、同济大学党委统战部副部长冯方一、侯斌超等领导出席并发言。金泽镇规划负责人——同济大学建筑与城市规划学院教授李京生在会上作主题发言，盟员50余人参加。民盟同济大学委员会主委常青主持会议。

2014年1月7日

同济民盟一年一度的迎新祝寿会在校工会俱乐部大厅举行。民盟市委专职副主委沈志刚、组织部部长王伟国，同济大学党委副书记方守恩，校党委统战部长肖辉、副部长冯方一、侯斌超等出席并讲话。主委常青代表同济民盟作工作总结，回顾2013年同济民盟的各项工作。大会由同济民盟副主委卢永毅主持。

2014年1月11日

同济民盟刘雨婷、曾美月、王海艳、何晓明、任玲玲、乔俊莲、黎君等，放弃周末休息，参加由民盟上海市委和民盟上海市委青年工作委员会共同发起的“新年的第一声问候——暨2014年民盟市委青委会爱心募捐活动”。

2014年1月14日至24日

同济盟委主委常青、常务副主委周克荣，副主委卢永毅、李昊，秘书长徐佩珍于1月14—24日，分别到医院、家庭、养老院看望民盟老领导、老同志、老寿星和生病盟员。

2014年3月6日

同济大学召开纪念“三八”国际劳动妇女节暨先进表彰大会。同济民盟盟员、土木工程学院副院长熊海贝被评为“上海市教育系统巾帼建功标兵”。

2014 年 3 月 7 日

同济大学民盟委员会盟务工作会议在同济大学行政南楼召开。盟委委员、各民盟支部委员、参政议政小组成员 20 人出席，主委常青主持会议。

2014 年 3 月 28 日

民盟同济大学委员会在四平校区综合楼举行学习传达全国两会精神报告会。特邀全国政协委员、民盟市委副主委、中国科学院上海药物研究所所长蒋华良，全国政协委员、民盟市委副秘书长、华东师范大学教授章义和到场作报告，民盟同济大学委员会主委常青主持会议。

2014 年 4 月 16 日

同济民盟盟员武家国撰写的《老年人权益保障的两个法律问题研究和建议》获上海市退休职工管理研究会颁发的 2013 年度优秀论文一等奖。

2014 年 5 月 7 日

杨浦区委统战部牵头举行民主党派杨浦区委和区域 5 所高校联席合作共建签约仪式。杨浦区政协委员、民盟同济大学委员会常务副主委周克荣、秘书长徐佩珍代表中国民主同盟同济大学委员会与中国民主同盟杨浦区委签订了联席共建协议。

2014 年 5 月 18 日

“李德华教授城市规划建筑教育思想研讨会”在同济大学文远楼召开。研讨会围绕李德华的规划建筑教育思想与同济规划建筑学科发展、建筑实践、城市规划实践、教育思想的国际脉络以及研究生培养等方面展开研讨。

“李德华教授城市规划建筑教育图片展”也于当日在建筑与城市规划学院 B 楼评图大厅揭幕。

2014 年 6 月 24 日

民盟同济大学委员会组织盟员到松江广富林遗址公园、车墩上海影视基地等地开展爱国主义教育活动，民盟市委和校统战部领导参加活动。

2014 年 9 月 18 日

民盟同济大学委员会召开主委办公会议，全体正、副主委，正、副秘书长出席。会议回顾总结了上半年工作，讨论了下半年工作打算。

2015 年 1 月 20 日

民盟同济大学委员会一年一度的迎新祝寿大会在校工会俱乐部举行。民盟中央副主席、民盟上海市委主委郑惠强，民盟市委专职副主委沈志刚、常委柏国强以及校组织部部长王伟国出席，校党委副书记姜富明和校统战部负责人与部分民盟盟员及老寿星共同参加大会。大会还特别邀请上海社会科学研究院研究员、民盟中央委员马驰在迎新和祝寿会后，作了题为“如何让中国文化走出去”的专题报告。

2015 年 2 月 13 日

同济民盟盟员支文军获上海出版人奖。

2015 年 3 月 26 日

民盟盟员武家国撰写的《涉房养老权益保护的法律问题及对策研究》获 2014 年上海市退管会和市退休职工管理研究会论文三等奖。

2015 年 4 月 2 日

同济民盟在同济大学四平路校区举行学习全国两会精神

报告会，全国政协委员、民盟市委副秘书长、华东师范大学教授章义和传达全国两会精神和解读两会关键词。会议由同济民盟主委常青主持，部分副主委、民盟盟员以及民盟市委有关人员与会。

2015 年 4 月

光明日报评论部和教育部中国大学生在线联合主办的“中国高校出版社书榜”评选出 2014 年度书榜，同济民盟盟员陆敬严著《中国古代机械文明史》入选。

2015 年 5 月 5 日

民盟同济大学委员会扩大会议在学校行政楼召开，会上研究了民盟同济大学会基层支部换届工作有关事项，布置了 2015 年盟市委参政议政课题申报工作。会议由常务副主委周克荣主持，校民盟委委员、各民盟支部委员、参政议政成员 25 人参加。

2015 年 6 月 19 日

民盟上海市委召开第九次“民盟上海市委参政议政工作会议”。副主委周克荣、盟员黎君参会。同济民盟被评为 2014 年度民盟参政议政工作先进集体和社情民意信息工作先进集体（三等奖），民盟盟员黎君被评为社情民意信息工作积极分子；黎君的课题“实施创新驱动发展战略的政策重点研究——推进上海创新环境改善的方法与对策”获得 2015 年度参政议政课题立项。

2015 年 9 月 18 日

根据《民盟上海市委关于区县和直属组织委员会、总支部委员会下属基层支部换届工作的意见》工作要求，民盟同济大学委员会在校行政南楼召开盟委委员会议，专题讨论各基层支部的换届改选工作，制定工作计划。会议总结上半年工作，部署下半年工作计划，并讨论通过了组建新青年工作委员会。会议由主委常青主持。

2015 年 10 月 15 日

盟委在校行政南楼召开各基层支部有关负责人会议。主委常青就基层支部换届改选工作进行了部署，听取了基层支部有关负责人的意见和建议，要求大家明确支部换届改选工作的意义以及注意事项，要求各基层按时完成支部换届工作，确保 2016 年同济民盟组织换届工作顺利进行。

2015 年 10 月 24 日

民盟同济大学委员会组织盟员前往浦东川沙参观张闻天故居和黄炎培故居。

2015 年 10 月 24 日

由同济大学离退休工作办公室和民盟同济大学委员会联合发起，民盟同济医院支部主办的大型医疗咨询活动在同济新村老年活动中心举行。17 名专家及 3 名护士长参加了医疗咨询活动。

2015 年 11 月 19 日

由同济大学建筑与城市规划学院和同济大学出版社联合主办的《罗小未文集》新书发布会暨罗小未先生学术思想研讨会在建筑与城市规划学院钟庭报告厅召开。民盟市委姚卓云秘书长参加会议并致辞。

2015 年 12 月 7 日

中国科学院公布了 2015 年院士增选和外籍院士选举结果。民盟同济大学委员会主委常青当选为中国科学院院士，成为中科院技术科学部今年增选的 11 名院士之一。

2015 年 12 月 15 日

同济民盟盟委工作会议召开。会议讨论了 2016 年民盟同济大学委员会换届和市民盟组织建立 70 周年系列活动及征文活动的有关事项，商定近期迎新祝寿会和评选市盟务先进集体和先进个人有关工作。会议由主委常青主持。

2016 年 1 月 14 日

民盟同济大学委员会迎新祝寿大会在同济大学中法中心举行。百余名新老盟员欢聚一堂，辞旧迎新，共话未来。大会由民盟同济大学委员会副主委李昊主持。民盟市委副主委沈志刚、常委奚君羊，同济大学党委副书记马锦明、党委统战部部长岳继光出席大会并发表讲话。副主委顾祥林作年度工作总结，强调 2016 年同济民盟将以纪念中国民主同盟成立 75 周年暨上海民盟组织建立 70 周年为契机，推进民盟各项工作。

2016 年 4 月 24 日

民盟市委在上戏剧院举行“中国民主同盟成立 75 周年暨上海民盟组织建立 70 周年”纪念大会。会议表彰了 38 个盟务工作先进集体和 379 名先进个人。民盟同济大学委员会被评为盟务工作先进集体，盟员卢永毅、李昊、张鹏、梅运清、刘雨婷、武家国、何惠芬、姚云被评为先进个人。副主委李昊代表先进盟员上台领奖。

2016 年 5 月 15 日

同济民盟举行“十三五规划大家谈”论坛活动，参政议政小组近 20 名成员参加。大家围绕“十三五”规划，分别就科技创新、房地产法规、新型城镇化、地方高校转型发展、工业转型与老城区保护等热点议题展开交流与研讨。

2016年6月25日

《李德华文集》新书发布会暨李德华先生学术思想研讨会在建筑与城市规划学院举行。郑时龄院士、常青院士，校党委书记杨贤金、常务副校长伍江、副校长吴志强、中国城乡规划学会副理事长兼秘书长石楠、上海市规划和国土资源管理局副总工程师张帆、武汉市国土资源和规划局副局长刘奇志，同济大学建筑与城市规划学院负责人、同济大学出版社负责人以及师生代表100余人参加。

2016年9月21日

中国民主同盟同济大学委员会第七次代表大会在同济大学逸夫楼召开。会议听取并审议了常青代表民盟同济大学第六届委员会所做的工作报告。以无记名投票的方式选举产生了民盟同济大学第七届委员会委员，顾祥林当选为新一届委员会主委，卢永毅、张鹏、李昊、黄宏伟当选为副主委，王奕俊、刘国彬、刘雨婷、李茂德、李清伟、梅运清、葛建忠、曾美月、谢振宇当选为委员。

2016年10月14日

中华医学会心身医学分会第22届年会在重庆召开，同济民盟盟员、同济大学附属同济医院精神医学科教授吴文源获中国“心身医学终身成就奖”，成为中国首位该荣誉获得者。

2016年12月1日

以“卓越女性可持续发展”为主题的第四届同济大学女教师论坛在四平路校区举行，百余名女教师代表及女大学生代表参加会议。论坛上5名同济优秀女性被授予“第四届同济大学卓越女性奖”。民盟盟员万明玉获“同济大学卓越女性荣誉奖”。

2016年12月12日

新一届盟委工作会议召开。会上重点研究了2016年末工作及2017年工作安排。会议由主委顾祥林主持。

2017年1月10日

民盟同济大学委员会在同济大学中法中心召开换届后的第一场迎新祝寿大会。新一届盟委班子成员和盟员们欢聚一堂，辞旧迎新。

2017年1月10日

同济民盟青委会组织25名盟员参观考察位于浙江余杭仓前老街的章太炎故居。

2017年4月5—7日

中国民主同盟上海市第十五次代表大会隆重开幕。同济大学江景波、郑惠强、常青、顾祥林、卢永毅、李昊、刘雨婷、梅运清、王奕俊、曾美月、周伟、徐善明、方敏霞等参会。顾祥林当选为民盟上海市第十五届委员会副主任委员。

2017年5月6日

民盟同济大学委员会邀请泰和泰（上海）律师事务所执行合伙人王振华律师、高级合伙人海宝律师主讲“房屋交易和家庭装潢所涉法律事务”。讲座由副主委黄宏伟主持。

2017年5月16日 同济大学110周年华诞之际，同济宝隆健康广场揭幕，盟员刘秀兰创作的宝隆塑像落成。

2017年8月1日 民盟市委召开2017年参政议政工作会议，同济大学获社情民意信息工作先进集体三等奖，卢永毅老师的“老城厢历史文化遗产资源的价值及其保护策略研究”课题和李京生老师的“上海郊区村民居住意愿的调查”获得立项。

2017年8月16日 经民盟上海市委十五届五次主委会议审议通过，顾祥林任民盟上海市委城乡建设专门委员会主任、卢永毅为副主任，张鹏任上海市委青年工作委员会副主任。其他任职盟市委各专委会的委员还有：张鹏、黄宏伟为城乡建设专门委员会委员，梅运清、李昊为医卫委委员，刘国彬为生态环境资源委员会委员，李光明为科技委员会委员，王奕俊为高教委员会委员，曾美月为文化委员会委员，王海艳为社会发展委员会委员。

2017年10月17日 第四次校盟委扩大会议召开。会议由秘书长刘雨婷主持。

2017年11月18日 校盟委、参政议政小组、校盟委青委会组织30余名盟员赴新场古镇举办参政议政论坛。

2017年11月25日 由民盟市委主办，同济大学和民盟同济大学委员会承办的“上海老城厢历史文化风貌保护研讨会”举行。

2017 年 12 月 6—10 日

民盟中央副主席郑惠强、民盟同济大学委员会主委顾祥林、常青院士参加民盟第十二次全国代表大会，常青院士当选为民盟第十二届中央常委。

2018 年 1 月 9 日

民盟同济大学委员会 2018 年迎新祝寿大会在同济大学中法中心隆重举行。大会由秘书长刘雨婷主持，副主委张鹏作 2017 年度工作总结，顾祥林主委作民盟十二大精神传达和参政议政动员。民盟上海市委专职副主委沈志刚，民盟上海市委常委、上海市政协委员、上海交通大学主委姚雷，民盟上海市委常委、杨浦区政协委员、民盟上海财经大学主委金洪飞，同济大学党委统战部部长岳继光、副部长江静应邀出席并讲话。

2018 年 5 月 3 日

民盟中央副主席、民盟上海市委主委、上海市副市长陈群一行来同济大学考察上海国际知识产权学院建设情况和阶段性成果，并就民盟基层组织建设、后备干部的培养情况等进行了调研，顾祥林主委参加。

2018 年 7 月

同济民盟有两项课题获盟市委参政议政课题立项，分别是黄宏伟负责的“城市公共安全风险的精细化管控现状调研——以上海大型基础设施为例”获重点指定课题立项，张鹏负责的“上海滨江公共空间历史建筑的利用策略”获一般课题立项。卢永毅的“关于推进老城厢历史文化风貌区整体保护的建议”课题被评为民盟上海市委 2017 年度参政议政优秀课题。民盟同济大学委员会获 2017 年度民盟上海市委反映社情民意信息工作先进集体三等奖。

2018年6月29日—7月2日 同济盟委组织盟员赴宜宾李庄考察。

2018年9月5日 民盟中央副主席徐辉一行来同济大学调研，同济民盟主委顾祥林参加调研。

2018年9月11日 盟委扩大会议召开，通报第七次例会至今工作情况，总结上半年工作，研究组织及先进个人评选等工作。

2018年10月27日 同济民盟在同济大学老年活动中心举办“健康同行”医疗咨询义诊等活动。

2018年11月8日 民盟同济大学委员会荣获民盟市委思想宣传工作先进集体。

2018年11月27日 民盟市委参政议政调研课题专家交流会在同济大学召开。

2018年12月4日 第九次盟委扩大会议在同济大学逸夫楼召开，主要检查工作落实情况，总结2018年工作，安排年末工作。

2018年12月12日 民盟同济大学被评为盟市委“组织工作先进集体”、盟中央“思想宣传工作奖”，王奕俊、武家国、周伟、梅运清、刘雨婷5名盟员被评为盟市委组织工作先进个人。

2018年12月25日 常青院士被评为2018年度上海市统一战线（工作）先进个人。

2019 年 1 月 8 日

民盟同济大学委员会 2019 年迎新祝寿大会在同济大学中法中心举行。

2019 年 1 月 25—31 日

同济民盟主委顾祥林、副主委张鹏、李昊，秘书长刘雨婷、委员王奕俊、李清伟登门看望民盟老领导、老同志，向他们致以新春祝福。

2019 年 2 月

盟员刘芳被聘为民盟上海市委城市建设委员会委员。

2019 年 3 月 19 日

第十次盟委扩大会议在同济大学逸夫楼召开。会议主要检查前次会议布置工作的落实情况并就 2019 年有关工作进行沟通。会议由秘书长刘雨婷主持。

2019 年 4 月 8 日

参政议政小组成员会议在同济大学衷和楼召开，主题是讨论本年度上海市参政议政课题申报工作，研究如何根据当前形势和任务，结合自己专业特点，动员骨干盟员积极参与申报课题。会议由王奕俊主持。

2019 年 5 月 31 日

张鹏申报的“上海国有近现代建筑遗产的开发利用案例、模式和政策研究”课题获盟市委重点课题立项，王嘉莹的“二次供水水箱饮用水消毒的智能精细化运行策略”获立项。

2019 年 6 月 11 日

民盟同济大学委员会荣获中国民主同盟高校基层组织盟务工作先进集体。

2019 年 8 月

民盟同济大学委员会荣获 2018 年度民盟市委反映社情民

意信息工作先进集体二等奖，顾祥林、卢永毅被评为民盟上海市委 2018 年度社情民意信息工作先进个人，黄宏伟撰写的《城市公共安全风险的精细化管控现状调研——以上海大型基础设施为例》获民盟上海市委 2018 年度参政议政优秀课题。

2019 年 8 月 12 日　盟委组织盟内有关专家到新疆开展“精准对口援建，助力‘一带一路’”主题实践活动。民盟同济大学委员会和民盟新疆大学支部在双方上级组织支持下签署合作框架协议。

2019 年 11 月 4 日　盟委组织盟员参观杨浦滨江。

2019 年 12 月 3 日　第十二次盟委扩大会议在同济大学逸夫楼召开。会议主要检查第十一次工作会议落实情况，通报两次会议之间盟内工作，对第三次盟委会议事项及补选委员、任命副秘书长情况进行说明，盘点 2019 年全年工作，安排落实 2019 年年末工作及迎新祝寿活动。会议由秘书长刘雨婷主持。

2020 年 1 月 7 日　民盟同济大学委员会 2020 年迎新祝寿大会在同济大学中法中心 B1 会议厅举行。民盟上海市委专职副主委沈志刚，校党委副书记冯身洪，校党委统战部部长岳继光、副部长（挂职）吕延苹应邀出席。大会由民盟同济大学委员会委员王海艳、副秘书长赵林主持。

2020 年 6 月 9 日　学校邀请全国政协委员、同济盟委主委顾祥林，全国人大代表张雄作两会精神解读专题辅导报告。考虑到疫情因素，全体盟员通过学校流媒体平台参加学习。

2020 年 7 月 21 日

盟委召开第十五次盟委扩大会议，主要商议换届选举有关问题，就组织发展、课题等进行讨论。会议由秘书长刘雨婷主持。

2020 年 7 月 30 日

民盟上海市委 2020 年度参政议政工作会议在校民主党派大厦召开，同济民盟荣获民盟市委 2019 度社情民意信息工作先进集体二等奖，盟员顾祥林、黄宏伟、刘国彬、武家国被评为民盟上海市委 2019 度社情民意信息工作先进个人和积极分子。副主委卢永毅参加会议。

2020 年 10 月 28 日

第十六次盟委扩大会议在同济大学逸夫楼召开。会议研究了各支部委员提名与分工，讨论 11 月份支部换届选举的形式及安排，通报年内完成工作情况。会议由秘书长刘雨婷主持。

2020 年 10 月

盟委荣获 2020“智业云”杯上海民盟羽毛球联赛团体优胜奖。

2020 年 11 月 3 日

第十届民盟上海高教论坛在校民主党派大厦举行。民盟市委副主委、同济大学副校长顾祥林作主旨报告，同济大学职业技术教育学院副院长王奕俊作论坛主题发言。王奕俊的论文《上海市高等职业教育专业群建设问题与对策分析》获一等奖，师慧丽的论文《“双建设”背景下上海高等职业教育发展的对策》获二等奖。

2020 年 11 月 同济医院医生宋艳丽获“中国民主同盟抗击新冠肺炎疫情”先进个人光荣称号。

2020 年 12 月 28 日 民盟上海市委先进表彰大会在民主党派大厦举行。民盟同济大学荣获民盟中央盟务工作先进基层组织，民盟同济大学第三支部荣获民盟上海市委抗击新冠肺炎疫情先进集体。

2021 年 1 月 5 日 民盟同济大学委员会获评盟中央“民盟社会服务工作先进集体。”

2021 年 1 月 14 日 同济大学大学民盟五支部一行 19 名盟员赴四行仓库纪念馆参观。1 月 16 日，同济大学民盟四支部一行 13 名盟员赴广富林古文化遗址参观。

2021 年 3 月 盟市委参政议政课题申报 4 项。王嘉莹“上海市不同功能区域防涝模式和政策研究”获课题立项。

2021 年 3 月 31 日 在同济大学逸夫楼召开盟委扩大会议，会议通报了盟内近期重要工作，进行了 2021 年工作安排，特别对盟史撰写和盟委换届工作向每个支部明确工作要求与任务。会议由秘书长刘雨婷主持。

2021 年 4 月 28 日 2021 年民盟中央参政议政会议上，同济民盟主委顾祥林荣获“民盟中央反映社情民意信息工作先进个人”称号。

2021年5月20日

同济大学荣获2020年度民盟市委反映社情民意信息工作先进集体二等奖。主委顾祥林荣获“2020年度民盟市委反映社情民意信息工作先进个人”，副主委卢永毅荣获“2020年度民盟市委反映社情民意积极分子”。

2021年6月1日

《弘扬科学家精神——走近100位科技工作者》一书由中共中央党校出版社出版。由上海科技报记者撰写的反映同济民盟已故盟员、土木工程学院胡向东感人事迹的报道《把最深沉的爱献给祖国》被收入该书。

2021年8月26日

盟委在逸夫楼召开扩大会议，安排盟委换届前的有关工作。

2021年9月

民盟同济大学委员会荣获“2017—2021年民盟上海市委社会服务工作先进集体”。民盟第三支部荣获“2017—2021年民盟上海市委社会服务工作优秀集体”。黄宏伟、李昊、李京生、任爱平、王嘉莹五名盟员荣获“2017—2021年民盟上海市委社会服务工作先进个人”。

2021年9月14日

民盟中央召开民盟组织工作座谈会，宣布《民盟中央关于表彰省级委员会组织工作先进集体和组织发展工作先进个人的决定》，盟员刘雨婷被授予“组织发展工作先进个人”荣誉称号。

2021 年 9 月 28 日 民盟同济大学第八次代表大会在同济大学逸夫楼召开。民盟中央副主席、民盟市委主委、上海市副市长陈群，同济大学校长陈杰出席会议并讲话。同济大学 109 名盟员代表参加会议。会上选举产生了民盟同济大学第八届委员会。黄宏伟当选为新一届委员会主委，张鹏、刘雨婷、李清伟、张洁、曾群当选为副主委。大会同时选举产生出席民盟上海市第十六次代表大会代表王奕俊、王海艳、朱杰、任爱平、李清伟、宋艳丽、张洁、唐志英、潘海峰。包括郑惠强、顾祥林、徐吉浣、常青四名当然代表，本次同济大学盟员出席民盟上海市第十六次代表大会代表共 13 人。

2021 年 10 月 12 日 民盟同济大学第八届委员会第二次会议在同济建筑设计研究院召开。黄宏伟主委作新一届工作部署。校党委统战部常务副部长安娜、民盟市委吕婷参加会议并讲话。第八届委员会全体委员及各支部主委参加会议，会议由副主委兼秘书长刘雨婷主持。

2021 年 10 月 24 日 民盟同济大学“乡村振兴新模式”研讨会暨城市空间艺术季专业论坛在海沈村召开。盟员们在参观考察村内核心稻田景观区以及心愿桥、海沈会客厅等乡村新地标后，就当代中国乡村振兴的模式和方法展开了热烈讨论。项目负责人、六支部主委王红军向大家介绍了团队在提升村落空间品质、改善社区公共生活环境，完善乡村公共服务体系的一系列做法，盟员李京生、支文军分享了自己的乡村振兴规划设计案例。

2021年11月2日

为响应“同济大学2021教育思想大讨论”的号召，民盟同济大学第八届委员会与研究生院在校瑞安楼联合召开了教育思想大讨论专题研讨会。民盟同济大学第八届委员会主委黄宏伟，副主委刘雨婷和李清伟，王奕俊、王海艳、刘芳、赵林、葛建忠、谢振宇等委员，研究生院院长赵鸿铎，副院长章小清、关佶红、李晓军和副处长林思劼等院领导班子成员，研究生院办公室主任、民盟盟员赵璞，以及学校发展规划部樊秀娣研究员参加了研讨。

2021年11月8日

2021年上海市统一战线（工作）先进集体和先进个人表彰大会暨经验交流会在上海展览中心举行。中国民主同盟同济大学委员会被授予2021年上海市统一战线（工作）先进集体。盟委委员葛建忠参加会议。

2021年11月30日

中国民主同盟同济大学委员会联合九三学社同济大学委员会在瑞安楼联合学习中共十九届六中全会精神。会议邀请同济大学党委常委、副校长雷星晖作了题为“以史为鉴、开创未来、凝聚共识、开拓新局”的主题报告。报告会由民盟同济大学委员会主委黄宏伟主持，同济大学党委统战部常务副部长安娜、副部长江静，九三学社同济大学委员会主委杨守业，以及60多名来自同济民盟和九三学社的党派成员现场参加。由于疫情防控需要，本次报告会采取线下、线上相结合的方式进行，40多名党派成员线上同步参加了会议。

2021年12月16日

民盟第八届委员会第三次会议在瑞安楼召开。会上盘点了2021年内工作，并明确了对支部的工作要求与任务；布置了年末工作和2022年度工作安排。

第四章

中国民主建国会同济大学委员会概况

一、历 史 沿 革

1945 年 12 月，部分爱国的民族工商业者及有联系的知识分子在重庆发起成立中国民主建国会（简称“民建”)。民建是主要由经济界人士以及相关的专家学者组成的，具有政治联盟特点的政党，是接受中国共产党领导、与中国共产党通力合作的中国特色社会主义参政党。民建不断发挥自身优势，为把中国建设成为富强、民主、文明、和谐、美丽的社会主义现代化国家而努力奋斗。

民建第一、二届中央委员会主任委员为黄炎培。新中国成立后，他参加新政协筹备工作，任政协全国委员会常委。中央人民政府成立后，任中央人民政府委员、政务院副总理兼轻工业部部长。1954 年后，当选为全国人大常委会副委员长、全国政协副主席，在中国民主建国会担任主任委员。第三届中央委员会主任委员为胡厥文。从第四届起，民建中央委员会主任委员改称民建中央委员会主席，由胡厥文担任。第五、六届民建中央委员会主席为孙起孟，第七、八届民建中央委员会主席为成思危，第九、十届民建中央委员会主席为陈昌智，第十一届民建中央委员会主席为郝明金。其中，胡厥文是上海嘉定人，曾任同济医工学校（同济大学前身）实习工厂主任，成思危曾任同济大学经济与管理学院名誉院长。

1946 年 4 月 12 日，民建总部从重庆迁至上海。11 月 10 日，民建上海分会成立。中国民主建国会上海市委员会现有 16 个区委、6 个工委、28 个基层委员会、14 个直属

（总）支部，共64个组织。上海民建历任主任委员：盛丕华、胡厥文、刘靖基、陈铭珊、黄关从、周汉民。现任主任委员是解冬。

同济大学史上，有多名校友为民建会员，其中包括20世纪二三十年代先后两次担任同济大学数学教授的革命烈士郑太朴。他于1945年加入中国民主建国会[①]。此外还有1922年至1925年就读同济大学的吴羹梅。他于1945年参与组建中国民主建国会，任常务理事，曾出席中国人民政治协商会议第一次全体会议，曾任民建中央咨议委员会副主任[②]。

民建同济大学支部成立于1994年2月，陈龙武任首届支部主任委员，吕伟、何仁汉、周文彪任支部委员。1997年4月换届，陈龙武任第二届支部主任委员，廖宗廷任副主任委员，吕伟、陈龙梅任委员，1999年9月增补钱君律、汪世龙为委员。2000年4月换届，钱君律任第三届支部主任委员，汪世龙、陈龙梅、廖宗廷任支部委员。

2000年4月，民建上海铁道大学支部成立，钟滨任主任委员，郭永辉、高萍任支部委员。同月，因同济大学和上海铁道大学合并成立新的同济大学，民建上海铁道大学支部与民建同济大学支部合并，成立了新的民建同济大学支部，钱君律任主任委员，钟滨任副主任委员，廖宗廷、汪世龙、陈龙梅、郭永辉、万海英任支部委员。

2002年4月，民建同济大学委员会成立，同济成为全国首批成立民建委员会的高校之一。钱君律任民建同济大学第一届委员会主任委员，钟滨任委员会副主任委员，万海英、汪世龙、陈龙梅、钟滨、郭永辉、廖宗廷任委员会委员。2005年4月，增补杨如增、陈贤鸿为委员。委员会下设5个支部，其中第一、二、三支部会员主要来自同济大学各院系、职能部门以及校办产业等单位，第四、五支部分别由附属口腔医院和附属同济医院会员组成。

2007年1月委员会换届，钱君律任民建同济大学第二届委员会主任委员，钟滨、汪世龙任副主任委员，万海英、刘维学、杨如增、汪洪涛、陈贤鸿、廖宗廷为委员。

2011年9月，廖宗廷任民建同济大学第三届委员会主任委员，钟滨、汪世龙、杨

① 熊月之主编，上海名人名事名物大观，上海人民出版社，2005年版，第109页。
② 俞兴茂、吕长赋，中国人民政治协商会议第七界全国委员会委员名录，中国文史出版社，1990年版，第91-92页。

如增任副主任委员，万海英、王小平、刘志学、刘维学、袁卫任委员。

2015 年 12 月换届调整，5 个支部整合为 3 个支部，原第一、二、三支部调整为 2 个支部，附属医院 2 个支部整合为第三支部。

2016 年 4 月，汪世龙任民建同济大学第四届委员会主任委员，袁卫、王小平任副主任委员，宋善威、张勤、祝德秋任委员，2019 年 7 月增补汪洁琼为委员。

2021 年 9 月，汪世龙连任民建同济大学第五届委员会主任委员，袁卫、汪洁琼任副主任委员，宋善威、徐晓蓉任委员。委员会下设三个支部：张勤任第一支部主委，余野任副主委；蒋凤瑛任第二支部主委，李昂任副主委；肖英华任第三支部主委，王晓虹任副主委。

截至 2021 年 12 月，民建同济大学委员会有会员 99 名，其中在职人员 64 人，退休人员 35 人。他们分别来自校内不同院系和附属医疗单位，专业覆盖面广，学历层次较高。其中具有博士学位 23 人，硕士学位 47 人，正高职称 18 人，副高职称 32 人。此外，70 后会员 32 人，占总数的 1/3。

2020 年 11 月，民建同济大学委员会下属三个支部换届改选，各支部分别设置主任委员、副主任委员各 1 名，民建同济大学委员会委员不再兼任支部主委。至 2021 年年底各支部会员人数分别为 34 人、34 人和 31 人。

表 4–1　民建同济大学第五届委员会成员

（副主委、委员按姓氏笔画排序）

序号	职务	姓名	性别	工作单位及职务、职称	分工
1	主　委	汪世龙	男	生命科学与技术学院教授	全面负责
2	副主委	汪洁琼	女	建筑与城市规划学院副教授	参政议政
3	副主委	袁　卫	女	采购与招标管理办公室副主任	组织发展
4	秘书长	余　野	女	本科生院副科长	日常、联络、经费、档案
5	委　员	宋善威	男	设计与创意学院副教授	宣传工作
6	委　员	徐晓蓉	女	附属第十人民医院主任医师	社会服务

二、主 要 工 作

（一）思想政治建设

1. 主题教育有声有色

民建同济大学委员会团结引领会员认真学习贯彻中共中央历次全会精神，坚持用中国共产党的创新理论武装和教育广大会员，增进对中国共产党领导和中国特色社会主义的政治认同、思想认同、理论认同、情感认同。每次在制定年度工作计划时，都认真遵照民建上海市委、中共同济大学党委统战部的整体部署，做好学习、工作的计划、组织和落实，积极引导基层支部及会员学习贯彻全国、市两会精神，准确理解并把握发展的主题。扎实开展“不忘合作初心，继续携手前进”主题教育活动，提高了会员们政治理论素质，坚定了“不忘合作初心跟党走，继续携手前进再出发”的坚强信念。

开展“四史”专题学习和会史教育，尤其是加强对中共党史的学习教育，引导会员深刻把握中国共产党百年奋斗的历史意义、重大成就，进一步坚定接受中国共产党领导的政治信念。会员们以不同的形式参加了民建市委举办的“四史”学习专题讲座等活动。2021 年开展的“行走苏州河，寻访红色印记”中共党史学习教育主题活动，结合实际组织展开讨论，通过学习交流，会员们彼此表达思想、拓展视野，增强了全体会员的参政意识。结合中共中央发布“五一口号”70 周年、改革开放 40 周年、黄炎培先生诞辰 140 周年、中华人民共和国成立 70 周年、民建成立 75 周年、中国共产党成立 100 周年等重大纪念或庆祝活动，深入开展思想政治教育，把思想政治工作贯穿到自身建设和履职实践各个环节，教育引导广大会员不断增强“四个意识”、坚定“四个自信”、做到“两个维护”。

2. 学习教育丰富多样

结合每年思想教育的重点，在定期召开的委员会会议、委员会全体会员活动及各支部活动中，及时传达民建市委的学习部署和学校重点工作。借助民建市委和同济大学统战部提供的学习机会和平台，许多会员参加了不同形式的学习班和相关会议，并将学习的内容和体会在微信群中与会员们交流和分享，增进大家的共识。会员汪世龙、宋善威和汪洁琼等参加了民建市委中青班学习；张勤参加在北京举办的民建会员学习班；汪世龙和宋善威参加民建市委组织的第 28 期民主党派中青年骨干干部暨新任主委培训班；汪世龙参加上海市教卫党委系统第 8 期党外中青年干部培训班；叶奋、祝德秋、汪洪涛、范建伟、余野、戴如月等分别参加了民建上海市中青年骨干会员培训班；吴光伟和汪洪涛等会员每年参加上海市政协组织的两会精神传达报告会；陈龙武、钱君律、廖宗廷、汪世龙、袁卫等相继出席中国民主建国会上海市的历次代表大会等。此外，汪世龙参加了中央社会主义学院民建第四期骨干会员培训班、全国政协第 154 期地方政协干部（委员）培训班，汪世龙、袁卫等参加上海社会主义学院的高校民建主委培训班，汪洁琼、李昂、杨易、崔波等参加了关于社情民意撰写等基础方面的培训，汪洁琼、戴如月、李宇林、徐晓蓉、侯军等参加民建市委组织的培训。同时积极参加学校组织的各项学习活动和专题报告，包括同济大学党委统战部在学校教师发展中心多次举办的民主党派建设（民建专场）学习交流会，汪世龙、袁卫、杨易等还参加了同济大学党委统战部组织的民主党派赴武汉、重庆等考察实践活动，汪世龙、袁卫参加了同济大学《中国共产党统一战线工作条例》及党史学习教育专题培训班等。

（二）组织建设、制度建设

民建同济大学组织自 1994 年建立支部，2002 年成立委员会，历经 27 年的发展，从初建时期的 14 人到 2021 年底发展到 99 人，组织规模逐步壮大。

1. 班子建设

委员会始终把自身组织建设放在重要位置。首先，明确班子成员职责，在组织建设、参政议政、思想建设与宣传工作、社会服务、会内活动等方面明确分工，强调责任意识，坚持相互协同，合力推进会的工作。其次，重视工作的制度化、常态化建设。坚持做好年度工作计划和总结，对年度重点工作、会员发展、重要活动、帮困慰问等工作提前拟定方案，由委员会班子会议或班子扩大会议审议决定。委员会将每年春节前对老龄会员及重病会员的慰问、新会员的入会仪式等活动作为持续化常态化工作予以制度化体现，制定了会内慰问对象、标准等规定，对新会员发展制订了推荐、考察、审核、上报流程和相关注意事项等操作规定；重要事项贯彻民主集中制原则，通过委员会班子会议、班子扩大会议、会员代表会议等民主决策机制进行集体决策。

2. 支部建设

支部建设是委员会建设发展的基础。民建同济大学委员会成立后，延续了原两校支部格局，到 2015 年 12 月，在第三届委员会换届之前，考虑到所属 5 个支部会员年龄、专业、界别等因素，委员会通过支部的调整和换届改选，将 5 个支部整合成 3 个，以促进会员新老融合、增进了解，提高组织活动的参与度。2020 年 11 月，第四届委员会换届之前，对 3 个支部进行换届改选时，提出委员会委员不再兼任支部主委的方案。通过推荐选举产生各支部主任委员、副主任委员各 1 名，实现了新老交接、责任传递。所属支部组织架构进一步优化，基层组织队伍更加完善，组织活力增强。

3. 会员发展与培养

民建同济大学支部成立以来，会员发展迅速，特别是委员会成立后的 20 年间更是把会员发展作为首要的基础性工作来抓。按照《中国民主建国会发展会员规程》，委员会明确了会员发展的推荐、考察、审核、上报等关键环节和操作规范，通过积极争取学校党委、党委统战部及基层单位党组织的支持，充分调动和依靠会内外各种积极力量，吸纳了一批优秀会员。2019 年 7 月，在同济大学附属第十人民医院党委支持下，消化科徐晓蓉、血液科侯军、科研处李宇林加入本会，使民建同济大学委员会在附属第十人民医院实现了会员零的突破。20 年间入会的会员有来自机械与能源工程学院、生命科学与技术学院、化学科学与工程学院等学院和学校审计处、教学质量管理办公室等机关处室以及附属同济医院、口腔医院、第十人民医院、同济大学建筑设计研究院、同济大学出版社等 20 多个校内各单位及附属医院、企业。这些会员普遍年龄较轻、学历高、参与性较强，为组织增添了新鲜血液，委员会的活力不断增强。

委员会还积极创造和争取各种机会，鼓励年富力强的会员参加各种培训和活动；

推荐骨干会员到市、区级机关挂职或兼职锻炼；关心年轻会员的职业发展和政治前景，与会员所在单位基层党组织共商培养问题；提供平台，让年轻会员在支部工作岗位上得到锻炼和发展。通过长期努力，一批年轻会员在本职岗位上表现出过硬的专业素质、良好的参政议政意识和能力，对会的工作满怀热情，正成长为委员会工作的骨干力量。

4. 活动组织与开展

形式多样的活动增强了组织的凝聚力和向心力。一方面，委员会充分发挥各支部的积极性和创造性，使其能够结合自身特点，开展形式多样、内容充实的活动。另一方面，委员会集中全会智慧，利用春节、教师节等节假日（期）等开展较大规模活动，如春节茶话会、参观考察等，以增强不同院系、部门单位会员之间的相互了解；委员会还坚守敬老扶弱传统，每年春节都组织班子成员和支部代表上门慰问 75 岁以上老会员及重病会员，把大家的关爱和祝福送给会员及其家属。2020 年由于新冠肺炎疫情原因，委员会未能组织线下集中活动。但根据委员会的部署，疫情得到缓解后，会员孙晓宇就在第一时间为会员们送上了新大米。委员会还积极与学校其他兄弟党派（如民盟、致公党、九三学社等）以及校外其他民建委员会联合开展活动，努力拓展活动的渠道和空间，增进学校内部不同党派、民建兄弟单位同志们之间的了解和友谊；积极组织会员参加学校党委统战部和民建上海市委员会举办的各类活动。

各类活动的开展，不仅拓宽了会员们的视野，提高政治定力，凝聚政治共识，同时也加深了会员之间的进一步了解，加强了会员与组织之间的联系。大部分活动在民建市委和同济大学统战部网站都进行了报道宣传，扩大了民建同济大学委员会的影响和声誉。

（三）参政议政、建言献策

自 1994 年 2 月成立支部以来，同济民建坚持服务大局与突出特色相统一，建言资政和凝聚共识相统一，积极履行参政党职责，不断提升履职质量和水平，着力将界别特色转化为履职优势，为国家发展、社会进步和学校建设作出了自己的贡献。

1. 参政议政成果丰硕

民建同济委员会有2名成员先后担任上海市政协常委吴光伟（第10、11届）、钱君律，第12届）；有5名成员担任上海市政协委员：吴光伟（第8、9、10、11届）、陈龙武（第9届）、钱君律（第10、11、12届）、廖宗廷（第12、13届）、汪世龙（第13届）。此外，汪世龙当选杨浦区人大代表（第16届），袁卫当选虹口区政协委员（第14届），钟滨曾任民建市委妇委会副主任（第12、13届）、原闸北区政协委员（第12、13届）等。这些委员利用自己所在的平台优势，积极参政议政，提出了许多优秀的提案和建议，被各部门采纳。

会员吴光伟在任上海市政协委员（1992—2002）、上海市政协常委（2002—2012）期间，以第一提案人报送提案100余件，不少提案被中央内参收录，他也因此连续15年（2001—2015）获得全国参政议政个人一等奖。陈龙武等提出的《关于努力推进上海高校社会主义精神文明建设的若干建议》在民建市委《调研与建议》和《上海民建会讯》上刊登，并被推荐在《联合时报》头版发表。钱君律等参与的《后世博上海文化创意产业发展与人才培养》《教育也要以人为本全面协调可持续发展》《尽快实现医学影像资料的共享》提案得到了一致好评和共鸣。

廖宗廷参与的提案100余项，内容涉及城市建设与管理、社区建设、海洋经济、钻石珠宝产业、教育教学改革、考试招生制度及科技体制改革、上海市科创中心建设等，受到有关部门高度重视，也引起部分媒体的高度关注。其中《关于十三五开局要让本市存量土地激活的好政策尽快落地实施》的建议获市政协2016年优秀提案奖；《关于贯彻落实十九大精神，切实解决上海新高考改革试点中出现的问题》的建议，《关于宣传推广鞍山路某弄5号楼“睦邻客厅”模式、促进小区居民美好生活上台阶》的建议，以及《关于规范废旧手机回收处理市场》的建议等都产生了非常好的效果。

汪世龙作为第一提案人提出的提案有5项，其中《关于上海市医废、固废、危废的分类和处理能力亟待提高》的建议，2020年由民建市委作为“民建建言专报”报送市委，获副市长汤志平批示；《关于加强上海市实验化学危险品规范管理》的建议，在常务副市长陈寅主持的加强安全生产和应急管理专题建议提案办理会议上，汪世龙代表政协委员作了专题发言（2021 年）。他参与提案 68 项，其中《尽快出台〈上海市禁止非法野生动物交易条例〉》的建议，被评为上海市政协优秀提案（2020 年）；《基于生态优先，做好长三角生态绿色一体化发展示范区环保基础设施建设》和关于《建立长三角生态绿色一体化发展示范区多元化生态补偿机制》的建议被政协列为督办提案。

2. 服务国家和社会战略成效突出

同济民建积极参与民建市委参政议政课题的申报工作，汪世龙等参与 2022 年民建市委“1 号课题”关于双碳课题的建议，并担任第 17 子课题召集人、“支撑风电、太阳能发电大规模友好并网的智能电网技术”课题执笔人；汪洪涛的《上海郊区家庭农场提升产业发展能级的路径与政策》、陈秀刚的《关于环同济大学周边道路城市景观的优化提议》等建议入选民建市委的参政议政课题。汪洁琼、汪洪涛等多名会员积极投稿民建上海市委主办的“调研建言”，汪洪涛的《高校教师群体、党课教育队伍中两面人现象及对策建议》被市委办公厅采纳。疫情期间，汪洁琼、徐晓蓉、汪洪涛、黄瞻云等积极反映社情民意，《关于新冠疫情封控筛查期工作的建议》《关于新冠病毒轻症或无症状感染者居家隔离中自我保障方面的建议》《关于新冠疫情封控筛查期工作的六点建议》《关于新冠感染者分级管理实施的探索》等为政府部门的决策提供了第一手资料。民建同济会员积极参加原中共上海市委统战部副部长周箴主持的“同济大学民主党派参政议政及民主监督机制建设探索”的调研工作，尝试探索同济大学在扎根中国大地、建设世界一流大学进程中，对民主党派建设的新要求，共同为建立同济大学民主党派参政议政及民主监督机制出谋划策。

（四）爱岗敬业，推动学校事业发展

民建同济会员在学校多个职能部门和学院担任行政职务，他们立足本职，为学校“双一流”建设献计献策，作出了自己的贡献。廖宗廷在担任校招生办主任期间，积极探索实践大学与中学教育的有效衔接，包括实施“苗圃计划”，有效促进了学校本科生生源质量连续多年位居全国高校前十，“以促进教育各阶段有效衔接和招生制度改革为目标的‘苗圃计划’探索与实践”获得同济大学 2017 年教学成果奖特等奖，相关成果还汇编成《走入教育改革深水区——同济大学“苗圃计划”的探索与实践》，正式出版

（2017 年，中国地质大学出版社）。2017 年 11 月廖宗廷被上海市教育委员会授予“卓越贡献奖”，其带领的团队荣获上海市教育考试院与上海市教育发展基金会“华强奖”。汪世龙 2003 年参与创建的同济大学生命科学与技术学院现已在国内乃至世界享有一定的知名度。他主讲的本科生课程“蛋白质化学”被评为同济大学精品课程、上海市重点建设课程，教材《蛋白质化学》获上海市优秀教材奖。他在国内外核心杂志上发表了 200 余篇学术论文，获得授权发明专利 6 项，承担国家和省部级项目 30 余项，培养了 100 余名博士生和硕士生。蒋凤瑛在担任同济大学继续教育学院院长期间，负责土木工程、建筑学、护理学等专业的学科建设，为继续教育发展、学习型社会建设贡献才智。历任审计处副处长、采招办副主任的袁卫，历任理学部副主任、化学系主任的钱君律，机械与能源工程学院院长卞永明等会员，都为学校的管理、学科建设与人才培养扎实工作，添砖加瓦。其中，卞永明还于 2019 年获得上海市技术发明二等奖，2021 年当选为中国科协全国委员会委员等。此外，2018 年杨如增获上海市首届移动教学大赛一等奖。

（五）发挥专业优势，服务社会献爱心

民建同济大学委员会副主委王小平多年参加由上海市口腔医学会主办的全国爱牙日活动，宣传“口腔健康、全身健康”理念，宣讲口腔保健知识，提供免费专家咨询。2016 年秋天，同济大学口腔医院的民建会员们同民建闸北区委、民建上海市委员会医工委组织的 20 余位医学专家在大宁公园义诊，为市民提供口腔保健知识与健康咨询，进行健康科普宣传。以民建会员赵玉梅领衔的同济大学附属口腔医院儿童口腔科，长期免费为孤独症患者服务，2016 年获得民政部及中华口腔医学会联合倡导的“关爱孤独症儿童口腔健康”首批试点执行单位，并于 2017 年 8 月获得“全国卫生计生系统先进集体”荣誉。其他附属医院的会员们也多次举办或参加相关义诊和科普宣教活动。

同济民建会员利用四平路街道与同济大学的区位优势，紧扣“三区融合，联动发展”主题，积极开展合作共建活动。会员杨如增积极组织楼道居民群策群力，共同讨论设计美好家园建设方案。他以自住的建于 1997 年的鞍山路某弄 5 号楼为基地进行空间改造，改造后的空间被称为“睦邻客厅”。本市 6 个区和街道的各级组织与领导前来参观，不少外省市的基层组织也前来参观取经。“睦邻客厅”入围杨浦区“2017 年居民自治十佳”项目，成为杨浦区“同创全国文明城区，共建杨浦睦邻家园”居民自治管理示范基地。

民建同济大学委员会会员充分发挥自身在经济、教育领域的专业优势，积极为群众提供工艺品收藏、证券投资、教育等咨询服务。积极响应民建市委的号召，在抗震抗洪抗旱救灾、支边支疆等方面均作出了积极的贡献。2020 年新冠肺炎疫情暴发，民建同济会员在第一时间有 38 人积极捐款 7170 元，会员范建伟为雷神山医院建设中排水问题提出专业建议；2021 年河南水灾，同济民建人又在第一时间伸出援手，7 月底 55 人主动捐款 15200 元。

民建同济大学委员会始终关心会员的工作、学习和生活，认真听取和反映他们的意见和要求，尽力协调解决会员的困难，让大家感受到组织的关心。春节期间，委员会派代表带着慰问金和慰问品看望老干部、老同志以及生活上有困难的会员，带去组织的问候和祝福，这项送温暖活动已成为委员会的优良传统。会员卫华大病住院，委员会负责人多次看望，积极帮助联系医生医院，并在第一时间代表委员会送上慰问金，所在支部也积极捐款和轮流值夜。为增加组织凝聚力和向心力，委员会充分发挥各支部的积极性和创造性，利用元旦、春节、假期等开展形式多样、内容充实的活动，如春游、春节茶话会等，增加会员间的交流。

为拓宽会员们的视野，提高政治定力，凝聚政治共识，委员会精心筹划、组织了各类实践活动。2016 年组织参观松江广富林古文化遗址，2017 年组织会员赴崇明生态岛考察学习、考察嘉定安亭汽车三厂总装车间和大众动力总成有限公司，2018 年组织观看“勇立潮头——上海市庆祝改革开放四十周年主题展览”、考察上海商飞试飞中心和上海商飞飞机制造有限公司，2019 年组织赴震旦集团考察学习并参观震旦博物馆，2021 年连续组织会员观看“百年回望建筑回响——上海高校建筑故事主题展”，与建筑与城市规划学院教工第八党支部联合组织“行走苏州河，寻访红色印记”主题活动，观看学校统战部举办的“学实”资料展览，参观中国极地科考船“雪龙号”。

同济民建积极组织会员参加学校党委统战部和民建上海市委举办的各类活动。民建市委和同济大学统战部网站经常对活动进行报道，扩大了民建同济大学委员会的社会影响和声誉。近年来，多名会员立足本职，努力奉献，获得了多项荣誉。其中包括：

汪洁琼，2015 年获上海市浦江人才计划，2016 年获第二届上海高校青年教师教学竞赛（非语言类外语教学学科）三等奖，2019 年获河南省优秀城乡规划设计奖（城市规划类），2021 年获“华夏建设科学技术奖”二等奖。

张炳安，1988 年获上海市科学进步二等奖，1993 年获上海市人事局颁发的记功奖励，1999 年获教育部科学进步三等奖、上海市优秀产学研工程项目二等奖，2002 年获同济大学优秀毕业设计（论文）指导奖。“2016—2018 年度上海退教协优秀工作者”称号，民建上海市委社会服务工作乐于奉献奖。

蒋凤瑛，1997 年获上海市育才奖，2005 年获国家级教学成果二等奖、上海市教学成果一等奖，2012 年获上海市教育系统三八红旗手（2011—2012 年度），2013 年获上海市教学成果一等奖、二等奖。

王治国，2014 年获上海科普教育创新奖科普成果三等奖，2015 年获上海市科学技术奖三等奖。

汪洪涛，2008 年被评为杨浦区参政议政工作先进个人。

叶奋，2005 年获江西省公路学会科学技术奖二等奖，2006 年获上海市科技进步奖三等奖，2007 年获山西省科学技术奖三等奖，2008 年获中国公路学会科学技术奖二等奖、上海市科技进步二等奖，2009 年被评为新疆维吾尔自治区教育对口支援优秀支教教师，2010 年获上海市科技进步三等奖，2011 年被教育部授予“东部高校对口支援西部高校工作突出贡献个人奖”，2012 年获海南省科技进步二等奖，2013 年获上海市公路学会科学技术奖三等奖，2016 年获上海市公路学会进步奖一等奖、中国公路学会科学技术奖二等奖、上海市土木工程科学技术奖二等奖、华夏建设科学技术奖三等奖，2020 年获中国发明协会一等奖、教育部科学技术进步一等奖，2021 获上海市交通工程学会科学技术奖三等奖。

李昂，2011 年获同济大学优秀博士论文奖；2016—2018 年获上海市浦江人才计划，2018 年获同济大学青年教师讲课大赛三等奖。

娄文赉，2003 年被评为杨浦区先进会计工作者，2018 年被评为同济大学三八红旗手。

郭占云，2007 年获上海市浦江人才计划。

宋善威，2008 年、2009 年连获“上海建筑装饰集团教育奖励金”，2013 年被评为同济大学本科生学科竞赛优秀指导教师、获年度同济大学“宏达奖”，2016 年获同济大学设计创意学院优秀员工称号、同济大学“育才教育奖励金”优秀教师二等奖，2018 年获上海市大学生文化创意作品优秀组织奖（个人）、同济大学 2018 年大学生暑期社会实践活动优秀指导教师、入选 2018 年“中国非遗年度人物”全国 100 名候选人名单，同时被列入“非遗十大研究者和传播者”候选人名单。

袁卫，1998 年被评为上海市教育系统内部审计先进个人，2011—2012 年度被评为同济大学三八红旗手。

杨如增，2018 年获上海市首届移动教学大赛一等奖，2021 年被评为民建上海市委社会服务工作先进个人。

人物风采

陈龙武（1939—）

江苏无锡人。1987年在华东师范大学加入中国民主建国会，中国民主建国会同济大学支部第一、二届主任委员，中国民主建国会上海市委委员、上海市政协委员（第九届）。1960年华东师范大学化学系毕业后留校工作，曾任化学系教学委员会委员、校教学委员会委员等职。1991年起任同济大学化学系教授、博士生导师，曾任化学系副主任、物理化学专业委员会主任。长期从事物理化学、胶体及界面化学的教学和科研。主持并完成6项国家自然科学基金项目以及多项上海市科委、教委科研项目。发表论文180多篇，参与编写、翻译出版《物理化学实验》《物理化学实验指导书》等10种著作，获国家专利10多项。曾任同济大学校务委员会委员及同济大学海外联谊会理事、上海市化学化工学会胶体及界面科学组副组长，中国化学会胶体及界面科学专业委员会委员，上海市高校实验室管理研究会常务理事、上海市高校实验室建设与管理评估专家、《化学通报》《实验室研究与探索》等杂志编委，同济大学老教授协会副会长等职。曾获上海市科技大会重大成果奖、国家教委优秀科技成果奖、宝钢优秀教师奖、全国大学生课外学术科技作品竞赛园丁奖、上海市教学成果三等奖。享受国务院有突出贡献专家津贴。

钱君律（1953—）

满族，上海市人。1994年1月参加中国民主建国会。历任民建同济大学支部第二届委员、民建同济大学支部第三届主任，民建同济大学委员会第一、二届委员会主委。上海大学化学系有机及高分子合成专业1977级毕业。1970年5月参加工作，曾为黑龙江引龙河农场知青（1970年5月—1972年8月），历任齐齐哈尔铁路局车辆厂技术员（1972—1978）、上海东风橡胶二厂副厂长等职。1988年8月起在同济大学工作，

1994年1月获副教授职称，2000年7月晋升正教授。历任同济大学化学系实验室副主任、主任，化学系副主任、主任，同济大学理学部副主任等职。曾任民建上海市委委员、常委，民建上海市科教文卫委员会副主任、主任，民建中央科教文卫委员会委员。曾任上海市崇明县人大代表、上海市政协第十届政协委员、上海市政协第十一届、第十二届政协常委。曾任同济大学少数民族联合会副会长，现任上海市政协之友理事会理事、上海市政协之友教育组副组长。曾任上海市化工理事会理事。曾获上海市育才奖、民建全国优秀会员等荣誉。积极组织和参与多项省部级科研项目及国家自然基金项目，多项成果或获奖或获专利。

廖宗廷（1962—）

贵州遵义人，同济大学教授（二级），1996年4月加入中国民主建国会，曾任中国民主建国会同济大学第三届委员会主委，上海市政协第十二届、十三届委员。1979年9月至1983年8月在昆明理工大学学习，1983年9月至1985年8月在中国有色金属总公司江西铜业公司工作，1985年9月至1988年8月在昆明理工大学学习（硕士研究生），1988年9月至1989年8月在南京地质研究所工作，1989年9月至1992年8月在同济大学学习（博士研究生）。1992年9月至今在同济大学工作，先后任讲师、副教授、教授（二级）。长期从事教学、教学管理和科研，历任同济大学教务处长、招生办公室主任、对外联络与发展办公室主任等职，曾兼任上海宝石及材料工艺工程研究中心主任、同济大学珠宝文化研究中心主任，系英国宝石协会会员（FGA）、国际构造学家学会会员（IASTG）。出版专著和教材20部（其中国家级规划教材3部），主讲上海市精品课程2门，国家级精品课程2门，首批国家级一流本科课程1门；承担各类科研项目40余项，发表各类论文170余篇。获省部市级教学成果、教材、科研成果等一等奖7项、二等奖5项，国家级教学成果二等奖3项，享受国务院政府特殊津贴，是上海市教学名师、国家级教学团队负责人。

汪世龙（1964—）

安徽桐城人，1997年11月加入中国民主建国会。2007年1月至2016年4月任民建同济大学第二、三届委员会副主任委员，2016年4月起任民建同济大学第四、五届委员会主任委员，2017年3月任中国民主建国会上海市第十三次代表大会常务委员。杨浦区第十六届人大代表，上海市第十三届政协委员。积极参政议政，多项提案被评为市政协优秀提案或被列为督办提案。1988年从阜阳师范学院本科毕业后在安徽科技学院工作，1996年获中国科学技术大学博士学位后，曾任同济大学生命科学与技术学院副院长、生物医药系主任等职。1999年6月至2000年5月在杨浦区科委挂职（副主任），2000年5月至2001年12月在美国康乃尔大学从事博士后研究。主持或参与数十项国家、省部级项目，发表被SCI摘录的学术论文120余篇，主编的《蛋白质化学》教材2015年获上海市优秀教材奖，申请专利10余项，授权专利6项，已指导出站博士后4名，毕业博士生25名，硕士生80余名。先后担任国家自然科学基金委员会第十三、十四届生命科学部专家评审组成员；第九、十、十一届中国生物化学与分子生物学理事，第一、二、三届蛋白质专委会委员；上海市生物化学与分子学学会第十、十一届理事，第十二届副理事长、常务理事。福建师范大学工业微生物教育部工程研究中心首届技术委员会委员，中国抗癌协会肿瘤学专业委员会第二届委员会常务委员，《纳米生物医学工程》期刊编委会委员。2012年、2020年被评为民建市委优秀会员。曾获上海市育才奖。

杨俊生（1890—1982）

江苏淮安人。1953年加入中国民主同盟，1954年加入中国民主建国会。1919年毕业于日本东京帝国大学造船工学科。1926年创建大中华造船机器厂。从1946年起，担任同济大学造船工程系教授，讲授“实用造船学及舾装”等课程。1948年任交通大学造船工程系兼职教授，后来又任系主任，讲授“实用造船学”③。1949年后历任中华造船厂厂长兼总工程师，上海造船学院副院长，上海交通大学造船系主任、船舶设计与制造教授，中国造船工程学会副理事长，全国工商联常委，第一、二、三届全国人大代

③ 参见：中国科学技术协会编，《中国科学技术专家传略　工程技术编　交通卷》，中国铁道出版社，1995年版，第45页。

表，第五届全国政协委员。曾参加过同盟会和辛亥革命[④]。并自编教材，培养了大批造船人才。其著作有《船舶力学计算》《破冰船》《中国钢船规范》等[⑤]。

吴沈钇（1914—2017）

浙江嘉善人，同济大学建筑热能工程教授。1949 年加入中国民主建国会，1957 年加入九三学社。1935 年毕业于浙江大学土木工程系，1949 年获美国密执安大学研究院土木系硕土学位。曾任上海国际饭店总工程师兼经理。1949 年后先后担任上海大同大学、光华大学教授，同济大学图书馆馆长、暖通空调研究室主任，国家教育委员会暖通专业教材编审委员会副主任，中国民主建国会第三、四届中央委员。较早从事研究采暖通风空调等技术工作。1943 年编写出版《中国工程师》土木机械篇。编有《暖气工程学》《升降设备》等。主编《空气调节》《英汉暖通专业词汇》等[⑥]。

吴光伟（1947—）

浙江慈溪人，1999 年 10 月加入中国民主建国会。1977 年考入上海师范大学英语专业，1981 年毕业（获学士学位）。1984 年毕业于华东师范大学信息学专业（硕士研究生），1987—1990 年在比利时安特卫普大学留学，获博士学位。1984 年起，历任华东师大商学院助教（1984—1985）、讲师（1986—1987），副教授兼系主任（1990—1993）、教授兼主任（1993 年），1998—1999 年赴美国德克萨斯州立大学访学，1999—2012 年任同济大学经管学院教授、博导。曾兼任国际 SCI 杂志《信息教育》编委、西安国际会议秘书长、海峡两岸学术会议主席。退休后曾任上海交通大学海外学院、清华大学金融中心等多校客座教授。共发表约 400 多篇论文（SCI7 篇），出版 17 本专著（英语专著 1 本）。培养博士生 22 名。在华东师大 3 次获优秀教师称号，1995 年获全国优秀教师三等奖，1998 年在美国讲课获杰出贡献奖。在同济大学 2 次被评为优秀教师，2001 年至 2015 年任民建上海市经济委员会主任，连续 15 年被评为全国参政议政个人

④ 参见：张德龙主编，《上海高等教育系统教授录》，华东师范大学出版社，1988 年版，第 390 页。
⑤ 参见：本社编，《老上海的趣闻传说》，旅游教育出版社，2013 年版，第 319 页。
⑥ 参见：张德龙主编，《上海高等教育系统教授录》，华东师范大学出版社，1988 年版，第 340–341 页。

一等奖。1992 年至 2002 年任上海市政协委员，2002—2012 年任上海市政协常委、经济委员会副主任，期间不少提案被登在中央内参上。

钟滨（1959—）

女，祖籍江苏常熟，出生于上海，教授、硕士生导师。1998 年 3 月加入民建。参与筹建民建上海铁道大学支部并任首届支部主任委员，曾任民建同济大学委员会副主任，民建市委委员，民建市委第十二届、十三届妇委会副主任，闸北区第十二、十三届政协委员。1983 年毕业于上海交通大学口腔医学院获学士学位，1994 年毕业于日本东京医科齿科大学获博士学位。1996 年回国后在上海铁道大学口腔医学院、同济大学口腔医学院基础教研室工作，直至退休。历任同济大学口腔医学院基础教研室主任、同济大学附属口腔医院信息科主任。承担本科生，研究生的多门教学任务，曾被聘为同济大学教学质量督导专家。先后承担多项国家自然科学基金，上海市及同济大学科研项目，在国内外核心杂志发表几十篇论文。主编、分编、参编《中华口腔科学》《中华医学百科全书》《唇腭裂序列治疗学》《口腔组织学图谱》《口腔组织病理学（第 8 版）》等。2003—2004 年度被评为同济大学“三八”红旗手，2010 年民建上海市优秀会员，2013 年同济大学口腔医学院教学先进工作者。

王小平（1961—）

祖籍河南南阳，生于湖南长沙。2004 年 3 月加入中国民主建国会，主任医师。2016 年至 2021 年任中国民主建国会同济大学委员会副主委。

1979 年 9 月至 1982 年 7 月就读于上海铁路卫生学校口腔医士班，1988 年 9 月至 1991 年 7 月就读于湖南医科大学湘雅医院（现中南大学湘雅医学院），获医学硕士学位，2002 年 9 月至 2006 年 7 月在职就读于上海第二医科大学（现上海交通大学医学院），获临床口腔医学博士学位。先后任职于广州铁路局怀化铁路分局医院口腔科（1982 年 9 月至 1986 年 5 月）、湖南医科大学湘雅二医院口腔科（1986 年 6 月至 1988 年 8 月）、上海铁道医学院附属口腔医院（2000 年并入同济大学），历任医师（1991 年 7 月至 1994 年 12 月）、主治医师（1995 年 1 月至 1999 年 12 月）、副主任医师

（2000 年 1 月至 2009 年 11 月）、主任医师（2009 年 12 月至今），曾任口腔内科、特需诊疗科主任及口腔医学院口腔黏膜病学教研室主任。2000 年获硕士导师资格，共指导研究生 19 人。2021 年 8 月退休。1999 年当选为中华口腔医学会口腔黏膜病专业委员会委员，2009 年起任常委，2019 年起任顾问。2004 年当选为中华口腔医学会口腔中西医结合学组成员，2007 年入选常委，2009 年卸任。1999 年入选上海医学分会口腔专业委员会委员兼口腔内科专业组副组长，2007 年卸任。1999 年起受聘为《上海口腔医学》编委，2007 年卸任。2003 年受聘为《口腔医学》编委，2021 年卸任。曾任三届上海市口腔医学会理事及口腔黏膜病专业委员会副主委。

从事临床口腔医学工作 40 年，从事口腔医学教学工作 30 余年，在国内外学术期刊上发表《氯化镧药理作用》《白色海绵症发病机理》《麦芽糖醇防龋作用研究》等系列论文 80 余篇，参编专著及全国统编教材 10 余部，参与制订口腔黏膜扁平苔藓、复发性阿弗它溃疡、口腔黏膜白斑、口腔黏膜念珠菌病等多部黏膜病之国家临床诊疗指南。现任中华口腔医学会口腔黏膜病专业委员会顾问、民建上海市委医卫委员会委员、上海市口腔医学会荣誉理事、上海交通大学口腔医学院校友会理事。

卞永明（1965—）

江苏泰州人，2003 年 4 月加入中国民主建国会。1983 年至 1991 年在同济大学机械系学习，先后获工学学士、硕士学位，1991 年留校任教，历任助教、讲师、副教授、教授。1994 年至 1999 年攻读同济大学－澳大利亚墨尔本大学联合培养博士，获工学博士学位。2009 年 12 月至今，任同济大学国家土建结构预制装配化工程技术研究中心副主任；2012 年 5 月至 2017 年 1 月，任同济大学机械与能源工程学院副院长；2013 年 4 月至今，任重大工程施工技术与装备教育部工程研究中心主任；2017 年 1 月至今，任国家级机械实验教学示范中心（同济大学）主任；2017 年 10 月至今，任同济大学机械与能源工程学院院长；兼任中国工程机械学会理事长、国务院学位委员会第八届学科评议组成员、中国科学技术协会第十届全国委员会委员、《同济大学学报（自然科学版）》编委。长期从事教学科研，完成了世界最大口径射电望远镜贵州天文台 500 米射电望远镜钢结构安装、港珠澳大桥九洲航道桥竖转提升等一批具有世界影响力的超级工程等，发表论文100余篇、出版专著2部，编制国家标准1部，获得国家发明专利40余项，获得国家科技进步二等奖1项、省部级发明一等奖2项、省部级科技进步一等奖3项、省部级发明二等奖2项、省部级科技进步二等奖4项、省部级科技进步三等奖5项。

徐晓蓉（1972—）

女，江苏江阴人，1998年毕业于中国协和医科大学（8年制）、医学博士、主任医师、副教授。2019年7月加入中国民主建国会，现任民建同济大学第五届委员会委员，同济大学附属第十人民医院消化内科副主任。曾任职于上海长海医院消化内科，2007年转业至同济大学，曾参与中德友好医院筹建。2008年8月至2010年8月以国家公派博士后身份在德国柏林Charité医科大学Mitte医院学习进修，并承担大量临床及消化内镜诊疗工作。回国后在同济大学附属第十人民医院工作，2014年7月担任消化内科行政副主任至今。主持国家自然科学基金面上项目1项，主持省部级项目1项，主持其他科研项目3项，参与国家自然科学基金重点项目1项、国家自然基金项目数项；以主要参与人完成多个多中心临床研究。参编10余部学术专著；发表SCI或核心期刊论文60余篇。历任上海市内镜质控中心委员、上海市消化内镜专科分会委员、上海市消化系病专科分会动力学组委员、上海市肿瘤防治联盟结直肠癌专业委员会委员、上海市抗癌协会内镜专业委员、中国医药教育协会盆腔肿瘤专委委员、上海市科学技术普及志愿者协会健康科普分会理事等。曾获第二军医大学教学先进个人奖，多次获得第十人民医院优秀中层干部、“三八”红旗手等荣誉称号。

大事记

2012年10月14日

全国人大常委会原副委员长、民建中央主席、同济大学经济与管理学院名誉院长成思危在同济大学举行讲座：中国经济面临的挑战与对策。同济大学党委书记周祖翼、副校长董琦会见了成思危以及一同前来的世新大学董事长成嘉玲一行。

2012年

民建同济大学委员会获民建市委参政议政工作三等奖。

2015年8月

民建同济大学委员会副主委汪世龙出席杨浦区委与共建高校区域组织联合活动。

2015年12月

民建同济大学委员会支部完成换届工作，由原5个支部调整为3个支部，换届后每个支部人数均超过20名。

2016年1月23日

上海市政协十二届四次会议预备会议举行，表彰优秀提案特别奖和市政协2015年优秀提案。来自同济大学的廖宗廷委员联名汪亮、朱建高、许珊燕、李军民、陈启刚、陈其、唐祖潮、郑安国、谢毓敏、陈琪、孙敏卿的提案“关于重点扶持原始创新的互联网金融模式发展”的建议荣获优秀提案奖。

2016年3月25日

中国民主建国会同济大学委员会换届大会在同济大学中法中心召开。大会通过无记名投票方式选举产生了民建同济大学第四届委员会。生命科学与技术学院副院长汪世龙当选为新一届主委；校审计处副处长袁卫，同济大学医学院教授、附属口腔医院主任王小平当选为副主委；校招生办副主任张勤，同济大学附属同济医院药剂科主任祝德秋，设计创意学院教师宋善威当选为委员。

2016年12月2日

为增强同济民建会员对上海古文化的了解，促进会员之间的相互交流，民建同济大学一、二支部在民建同济大学委员会主委汪世龙的组织带领下，一行15人参观学习松江广富林古文化遗址。

2016年

民建同济大学委员会获民建市委参政议政工作三等奖。

2017年1月14日

市政协十二届五次会议预备会议在世博中心大会堂举行，市政协主席吴志明主持会议，57件2016年优秀提案受到表彰。会员汪亮、尹京苑、朱建高、刘俊敏、江宪、许珊燕、李军民、陈启刚、陈其、钱雨晴、唐祖潮、谢毓敏、廖宗廷、郑安国等联名的提案《关于“十三五”开局要让本市存量土地激活的好政策尽快落地实施的建议》获得优秀提案奖。

2017年3月28日至30日

中国民主建国会上海市第十三次代表大会在上海展览中心友谊会堂召开，同济出席代表有钱君律、廖宗廷、汪世龙、袁卫，廖宗廷为主席团成员。

2017年3月30日

汪世龙当选为中国民主建国会上海市第十三次代表大会常务委员、委员。

2017年5月23日

同济大学民建一支部、二支部成员28人赴崇明世界级生态岛考察学习。主委汪世龙带队、校党委统战部部长岳继光受邀参加。中共崇明区统战部部长薛红、副部长倪卫东，崇明区民建主委施志琴等陪同。

2017年7月24日

民建同济大学委员会组织部分会员参观学习同济大学各民主党派开展“坚持和发展中国特色社会主义学习实践活动”成果展，并召开专题会议，讨论下半年“学习实践活动”计划。

2017年11月14日

民建同济大学委员会组织会员赴嘉定参观考察位于安亭汽车三厂的总装车间、上海市嘉定工业园区上海大众动力总成有限公司。

2018年1月12日

为进一步推动学习贯彻中国共产党十九大精神，深入开展“不忘初心，牢记使命”主题活动，民建同济大学委员会、上海大学委员会和上海师范大学委员会联合举办学习十九大精神交流会，同济大学委员会主委汪世龙、上海大学委员会主委刘俊敏、上海师范大学委员会主委石文龙出席会议。同济大学党委统战部部长岳继光应邀出席。

2018年10月18日

为庆祝改革开放40周年，深入学习习近平新时代中国特色社会主义思想和党的十九大精神，民建同济大学委员会组织会员赴上海展览中心参观“勇立潮头——上海市庆祝改革开放四十周年主题展览”。

2018 年 11 月 23 日

民建同济大学委员会主委汪世龙带领 24 名会员赴中国商飞上海飞机制造有限公司考察学习。在中国商飞相关负责人及技术人员的等陪同下，他们先后登上运十机舱、观摩大飞机装配车间、在指挥室观看首飞录像。

2019 年 7 月 25 日

民建同济大学委员会召开工作会议，并举行参政议政学习会。民建同济大学委员会主委汪世龙主持会议，民建上海市委调研部部长叶君易参加会议并发言。民建同济大学第三届委员会主委廖宗廷参加会议，参加会议的还有袁卫、王小平、蒋凤瑛、宋善威、汪洁琼及汪洪涛。

2019 年 8 月 31 日

民建同济大学委员会汪洁琼在民建上海市委员会主办的《调研建言》发表社情民意文章：《中美留学教育“逆差”视角下重视加强中国高等教育供需匹配的建议》。

2019 年 10 月 25 日

校党委统战部在学校教师发展中心举办民主党派建设（中国民主促进会专场）调研会暨第 22 期同济同心微论坛。调研会邀请了民建上海市委常委、民建同济大学委员会主委汪世龙、副主委袁卫以及宋善威、汪洪涛、叶奋、李昂、杨易、肖英华等部分会员参加。校党委统战部部长岳继光、副部长江静以及统战部李芳等参加调研会。

2019 年 12 月 12 日

为深入挖掘中华优秀传统文化蕴含的思想观念、人文精神、道德规范，结合时代要求继承创新，民建同济大学委员会副主委袁卫带领 20 多名会员赴震旦集团考察学习并参观震旦博物馆。

2020 年 1 月 28 日

同济大学新闻网和民建市委网站报道同济大学民建人积极投身抗疫，驰援武汉。截至 1 月 27 日，有 38 人捐款 7170 元。同期，占会员数 1/3 的医务工作者会员始终坚守在抗疫第一线。

2020 年 2 月 21 日

民建同济大学委员会主委汪世龙“关于上海市医废、固废、危废的分类和处理能力亟待提高”的建议提案，被作为民建建言专报报送市委，获副市长汤志平的批示，汪世龙也被评为 2020 年民建上海市委优秀会员。

2020 年 11 月 26 日

民建同济大学委员会 3 个支部分别召开线上会议，选举产生新一届班子成员：第一支部主委张勤、副主委余野；第二支部主委蒋风瑛、副主委李昂；第三支部主委肖英华、副主委王晓虹。

2021 年 4 月 30 日

陈秀刚参加 2021 年度民建市委参政议政课题选题：关于环同济大学周边道路城市景观的优化建议，并顺利结题。

2021 年 5 月 21 日

民建同济大学委员会召开委员会扩大会议，制定学四史等工作方案。汪世龙、钱君律、袁卫、汪洁琼、宋善威、蒋凤瑛、肖英华、王晓虹、徐晓蓉、余野、唐吉吉、娄文赉等参加会议。

2021年5月26日

为庆祝中国共产党成立100周年，民建同济大学委员会组织会员在同济大学瑞安楼参观“百年回望　建筑回响——上海高校建筑故事主题展”。

2021年6月1日

民建同济大学委员会和同济大学建筑与城市规划学院教工第八党支部组织党员开展“行走苏州河，寻访红色印记”主题活动。共计34人参加了本次主题活动。本次活动先后参观了中国石化第一加油站、原划船俱乐部、上海邮政博物馆、上海总商会、衍庆里、银行仓库群、四行仓库、九子公园等一系列红色遗产和城市历史遗迹。

2021年7月8日

民建同济大学委员会召开全体会议，讨论民建同济大学第五届委员会组成人员事宜。会议建议：主委汪世龙，副主委袁卫、汪洁琼，委员：宋善威、徐晓蓉。原主委钱君律、廖宗廷应邀出席。

2021年9月24日

民建同济大学委员会召开第五次代表大会。民建中央副主席、上海市政协副主席、民建上海市委主委周汉民，同济大学校长陈杰出席会议并讲话，民建市委副主委谈兵出席会议。民进同济大学委员会主委蔡永洁代表同济大学各民主党派致贺词。经选举，汪世龙、汪洁琼、宋善威、袁卫、徐晓蓉等当选为民建同济大学委员会新一届委员，汪世龙为主任委员，袁卫、汪洁琼为副主任委员。

2022 年 7 月 11 日

中国民主建国会上海市第十四次代表大会在上海展览中心友谊会堂举行。民建同济大学委员会主委、生命科学与技术学院汪世龙与民建同济大学委员会副主委、学校采购与招标管理办公室副主任袁卫出席会议。会上，汪世龙教授当选民建上海市第十四届委员会委员、内部监督委员会委员和上海市出席中国民主建国会第十二次全国代表大会代表。

第五章

中国民主促进会同济大学委员会概况

一、历史沿革

中国民主促进会（简称“民进”）是以从事教育文化出版传媒以及相关的科学技术领域工作的高、中级知识分子为主、具有政治联盟性质的政党，是接受中国共产党领导、同中国共产党通力合作的中国特色社会主义参政党。

民进创始人是抗日战争时期留居上海的部分文化教育出版界进步知识分子和工商界爱国人士，主要有马叙伦、王绍鏊、周建人、许广平、林汉达、徐伯昕、赵朴初、雷洁琼、郑振铎、柯灵等著名爱国民主人士。在抗战时期，他们与中国共产党人一起，坚持抗日救亡斗争。抗战胜利后，他们积极参加反内战、争和平，反独裁、争民主的爱国民主运动，于1945年12月30日在上海正式成立了一个以“发扬民主精神，推进中国民主政治之实践”为宗旨的政治组织，定名为中国民主促进会。

1949年4月2日，民进总部在北京召开理事会，决定成立上海分会。1949年6月19日，上海民进第一次会员大会召开，宣告民进上海市分会成立。1956年11月1日，根据民进中央《关于本会地方各级组织更改名称的通知》，中国民主促进会上海市分会更名为中国民主促进会上海市委员会。1977年，中共中央统战部向各民主党派传达了民主党派活动的新指示，民主党派发展成为改革开放的重要组成。其后，上海市民进组织逐步恢复活动，在工作重点向社会主义现代化建设转移的同时，也迎来了基层组织发展的新篇章，并在此后的20年里逐步形成格局。

20世纪90年代初，民进市委开始在同济大学发展会员。这时期会员均参加民进上海市高等教育联合支部活动，同济大学的民进会员丁文魁曾任民进上海市高等教育联合支部主任。

1996年，同济大学会员人数达到单独成立支部的条件，经民进市委同意，组建民进同济大学支部。1996年11月19日，民进同济支部筹备组推选丁文魁为主任，丁文魁、殷永达、徐根新3人为委员。1996年12月10日，民进同济大学支部召开成立大会，民进中央副主席邓伟志到会祝贺。1996年上海城建学院、上海建材学院并入同济，包括由凌云宝任支部主任的民进上海建材学院支部随即并入民进同济大学支部。1997年7月18日，在民进上海市第八次代表大会及民进上海市第十二届委员会第一次全体会上，丁文魁当选民进市委常委。1997年11月7日，经民进上海市委审批同意，殷永达增补为民进同济大学支部副主任。2000年上海铁道大学和同济大学合并成立新的同济大学，由王志艺任支部主任的民进上海铁道大学支部并入民进同济大学支部。合并后的民进同济大学支部会员人数达39名。

2001年3月12日，民进同济大学支部召开换届大会，选举新一届支部委员会，吴长福任支部主委，余绍锋、殷永达为支部副主委，涂之远、徐根新为支部委员，有会员39人。

2005年10月，同济民进会员达52人，民进上海市委同意成立民进同济大学委员会。10月21日，民进同济大学委员会成立大会召开，时任上海市副市长、民进上海市委主委严隽琪，中共同济大学党委书记周家伦出席会议并发表讲话。大会选举吴长福、涂之远、王玉新、王开明、张洛先、徐根新、余绍锋、蔡永洁、彭怒为民进同济大学委员会委员。委员会第一次全体会议选举吴长福为主任委员，涂之远、王玉新为副主任委员，任命彭怒兼任秘书，殷永达为顾问。委员会下设3个支部。

2011年7月6日，民进同济大学委员会第二次会员大会召开。同济大学党委副书记姜富明、民进上海市委副主委胡卫等受邀出席会议。会议选举吴长福、张洛先、林杰、涂之远、徐根新、鲁星燧、卢伟华、彭怒、蔡永洁等9人为民进同济大学第二届委员会委员。第二届委员会第一次会议选举吴长福为主任委员，涂之远、张洛先为副主任委员，彭怒兼任秘书（2014 年 6 月起由俞蕴洁任秘书）。委员会下设 3 个支部，会员 59 人。

2016 年 6 月 14 日，民进同济大学委员会第三次代表大会召开。同济大学党委常务副书记方守恩、民进上海市委副秘书长兼组织部长何少华等受邀出席会议并讲话。会议选举产生民进同济大学第三届委员会：主任委员吴长福，副主任委员张洛先、蔡永洁、鲁星燧，委员卢伟华、林杰、彭怒、金泽刚、姬舒荣和赵颖，俞蕴洁任秘书。委员会下设 3 个支部，有会员 65 人。

2020 年 11 月 28 日，民进同济大学委员会召开 2020 年度第二次会议，进行届中调整，选举蔡永洁为民进同济大学委员会主委，增补任捷为委员。调整后的委员会成员 10 人，蔡永洁任主委，张洛先、鲁星燧任副主委，卢伟华、任捷、林杰、金泽刚、赵颖、姬舒荣、彭怒任委员。民进市委何少华专职副主委以及秘书长兼组织部长蒋碧艳莅临会议，同济大学党委统战部副部长江静应邀出席会议。会议委员会下设 3 个支部，会员 77 人。

2021 年 6 月 28 日，民进同济大学委员会第四次代表大会召开。民进上海市委副主委张辰、秘书长兼组织部长蒋碧艳出席会议，同济大学党委常务副书记冯身洪、校党委统战部常务副部长安娜、副部长江静等应邀出席会议。会议选举左琰、卢伟华、任捷、林杰、金泽刚、赵颖、姬舒荣、梁建、鲁星燧、蔡永洁、潘朝辉 11 人为民进同济大学第四届委员会委员。第四届委员会第一次会议选举蔡永洁继续任主任委员，鲁星燧、赵颖、任捷为副主任委员，李薇任秘书长。委员会下设 3 个支部，会员 79 人。

民进同济大学委员会是一个以城市建设和医学领域为专业特长的高校基层组织，在现有的 79 名会员中，在职人员 51 名，退休人员 28 名；男性 49 人，女性 30 人；拥有高级职称人员 65 人，其中包括中组部青年千人教授 1 名；具有研究生学历者 47 名，其中拥有博士学位者 23 名。会员主要集中分布在同济医院、建筑与城市规划学院、建筑设计研究院。

表 5–1　民进同济大学第四届委员会成员

（副主委、委员按姓氏笔画排序）

序号	职务	姓名	性别	工作单位及职务、职称	分工
1	主委	蔡永洁	男	建筑与城市规划学院教授	全面负责、组织与发展
2	副主委	任捷	男	物理科学与工程学院教授	组织建设、联系三支部
3	副主委	赵颖	女	建筑设计研究院总裁助理 / 集团副总建筑师 / 教授级高工	活动组织、联系二支部
4	副主委	鲁星燧	男	同济医院医生、副主任医师	参政议政、联系一支部
5	委员	左琰	女	建筑与城市规划学院教授	学习宣传
6	委员	卢伟华	男	体育部副教授	组织建设
7	秘书	李薇	女	建筑与城市规划学院院办副主任	日常、联络、经费、档案
8	委 员	林杰	男	经济与管理学院教授	学习宣传
9	委员	金泽刚	男	法学院教授	参政议政
10	委员	姬舒棠	男	同济医院医生、副主任医师	活动组织
11	委员	梁建	男	管理高等研究院副院长、教授	社会服务
12	委员	潘朝辉	男	建筑设计研究院四院副总建筑师	社会服务

委员会所属三个支部与委员会同步成立于 2005 年，于 2020 年全部顺利完成换届工作。为方便工作开展，支部设立之初按照会员所属学院、系、所进行支部划分。其中，以同济大学附属同济医院为会员主体的第一支部主委张磊，支委刘晓虹、黄飞飞，目前会员共 19 人；第二支部主要由建筑与城市规划学院以及建筑设计研究院两个机构人员组成，张志强任主委，支委陈镌、季跃、袁媛，目前会员共 36 人；第三支部是综合支部，会员来自学校多个部门，主委卢伟华，支委花虹、赵起，目前会员共 24 人。

二、主 要 工 作

（一）思想政治建设

民进同济大学委员会始终将思想政治建设作为首要任务。委员会成立 17 年来，切实加强思想建设、作风建设，努力提高会员素质和参政议政水平。

每年在制定年度工作计划时，都认真遵照学校党委和民进市委的整体部署，做好学习计划的制定、组织和落实，积极引导基层支部及会员学习贯彻全国和上海市两会精神，准确理解并把握发展主题。在定期召开的委员会会议、全体会员活动及各支部活动中，及时组织相关学习活动，并结合实际组织展开讨论。如举办中共中央（89）14 号文发表二十周年纪念活动、中共中央发表“五一口号”六十周年纪念活动或相关征文，中国民主促进会成立纪念活动，学习习近平总书记在庆祝中国共产党成立 100 周年大会上的重要讲话，传达、学习全国和上海市两会精神，传达、学习民进中央、民进上海市委全会精神等。

委员会班子成员与骨干会员通过学校党外人士专题研讨班、统战人士青年骨干培训班和民进市委与市社院联合举办的民进区县及直属组织主委班子成员学习培训班、主委班子成员学习活动研修班、民进市委举办的专家学者参政议政履职研修班、民进市委中青学习班以及学校党委统战部举办的双月座谈会等学习活动，以身作则，自觉投身社会主义核心价值体系的学习教育活动，努力提高思想认识和政治素养。2017 年 6 月 2 日，“2017 年民进上海市委机关与民进同济大学委员会联合学习交流暨民进上海市委机关第五届艺术节”在同济举行，同济大学党委常务副书记方守恩、民进市委专职副主委黄山明出席并发表讲话。2019 年 4 月 20 日，委员会班子成员在主委吴长福带领下与民进静安区委员会举行学习交流活动，会后一同参观考察上海张园城市旧区改造情况。2019 年 4 月 24 日，民进大同市委主委一行来校交流，主委吴长福，副主委张洛先、蔡永洁出席并与大同民进客人进行学习与工作经验交流。2020 年 12 月 16 日，副主委任捷赴北京参加民进全国中青年会员培训班暨民进中央青年工作委员会成立大会。民进中央主席蔡达峰出席并讲话，任捷作为民进中央青工委委员代表作交流发言。

结合专业优势，组织考察相关城市建设，是同济民进的传统。每次考察前，委员会都要就主题内容、行程安排、联系接待等作出具体安排。活动中利用难得的会员集中机会，总结委员会年度工作，研讨下阶段工作，已成为活动的一项常设内容。如2013年考察宝山区闻道园、2014年参观青浦区练塘镇陈云纪念馆、2015年考察浦东召稼楼古镇、2016年考察太仓沙溪古镇、2017年赴浙江嘉兴参观南湖革命纪念馆、2018年实地考察崇明现代农业发展与“美丽乡村”建设、生态环境保护等情况，2019年与民进静安区委员会联合举行学习交流活动过程中，一同参观考察了上海中心城区张园城市旧区改造。2021年赴奉贤海沈村参观新农村建设，考察乡村振兴工作情况并参观民进成立旧址，等等。

（二）组织建设、制度建设

同济民进的成立、发展与成长离不开初期老一代主要会员的积极推动。民进同济大学支部成立前，早期会员丁文魁等均参加民进上海市高等教育联合支部活动。早年担任民进高等教育联合支部主任的丁文魁于1996年组建民进同济大学支部，并于1997年当选为民进市委常委。两次并校进一步加强了班子建设。2000年由王志艺任支部主任的民进上海铁道大学支部并入民进同济大学支部。2001年吴长福担任支部主委后，会员数量进一步增加，于2005年成立民进同济大学委员会。委员会的成立推动同济民进在组织建设和制度建设方面上了一个新台阶。

党派的自身组织建设是履行党派职能以及优质开展一系列工作的基础。委员会始终将组织建设放在一个极其重要的位置。首先，按委员会的工作职能对委员会成员在组织发展、学习工作、参政议政、合作交流、活动组织、会员服务以及宣传工作等作了明确的分工。考虑到组织运作的特殊性，每一方面均实行双人负责制。其次，委员会十分强调工作的制度化、常态化建设，坚持做好每年度的工作计划，对年度的学习、发展、活动及其工作重点都事先进行统筹，并在年初的委员会会议上进行审议通过后，作为当年的任务进行实施推进。委员会还定期召开会议对各项工作的落实情况进行讨论与部署，对执行过程中随时出现的新情况及时调整工作方案。

委员会制定了以“力争发展德才兼备、热心党派工作的高素质青年人才；力争发展会员空白的基层单位会员”为主的发展工作策略，把组织发展与基层组织建设工作具体分解、落实到三个支部，并取得了一定的进展。2011年以来新发展会员22人，占到整个会员总数的27.8%。中组部千人计划教授、物理科学与工程学院任捷加入委员会（2018），并成为最年轻委员；赵起的入会加强了艺术与传媒学院会员阵容（2018）；羌宁的加入拓展了环境学院的民进工作（2019）。会员发展较好的部门继续吸纳新成员，如建筑设计研究院四院副院长张杨（2016）、一院副总工程师张艳（2017）、技术质量管理部主管尤嘉（2020）、建筑与城市规划学院外事办主任、院办副主任李薇（2021）。此外，新会员入会年龄也有所降低。除1983年出生的任捷外，1980年出生的上海同济城市规划设计研究院规划师方豪杰（2018），1981年出生的同济医院心内科医师黄飞飞（2016），1981年出生的职业技术教育学院副教授李俊（2017），1977年出生的高等研究院副研究员王韬（2019），1975年出生的管理高等研究院副院长梁建，1974年出生的同济医院副主任医师谭华桥分别加入同济民进。随着年轻会员的加入，会员的学历与职称结构也有了新的提升，现有会员中具有高级职称的有65人，占会员总数的82.2%。

2005年委员会成立时下设三个支部，委员会的活动部分在支部层面进行，与委员会全体会员的活动形成互补。委员会鼓励各个支部开展形式多样的支部生活与活动。按照民进市委《2014年上海民进基层支部结对联动工作方案》的安排，第三支部与杨浦区中教二联支部、第二支部与进华中学支部签订了结对联动协议并开展了交流活动。跨单位的组织交流为丰富支部生活的形式与内容走出了新路。针对委员会退休会员逐年增多的情况，2015年起，为弘扬民进尊师敬老的优良传统、体现民进的组织关怀与温暖，委员会决定每年以支部为单位在春节前期开展新春慰问活动，慰问对象以本支部75岁以上的退休会员为主。活动得到了各个支部的积极响应，支部委员以及部分新会员踊跃参与，在新年之际营造了“爱满民进”的温馨氛围。

2004年，委员会创办了内部半年刊《民声》，以此扩大组织宣传与交流渠道，传播“民主之声、民众之声、民进之声”，增加支部之间、会员之间的相互沟通。除以图文形式报道同济民进活动外，《民声》还刊登了学习体会、提案建议及工作通告。在

“会员风采”栏目，迄今已对委员会中的45名会员作了介绍。2015年在纪念中国人民抗日战争暨世界反法西斯战争胜利70周年之际，《民声》开设了同济民进会员美术作品专版，以作品表达了同济民进会员“铭记历史、鉴往知来”的信念。

（三）参政议政、建言献策

同济民进会员积极关心国家与上海的建设与发展。他们结合各自专业特长，通过所担任的市、区政协委员等途径，以提案、会议发言、专题调研等多种形式，为城市及地区的各项工作发表了意见与建议，认真履行着参政党的职责。

主委吴长福长期担任第十届、十一届和十二届市政协委员（2002—2017），他的多项提案得到了相关部门的肯定和采纳。其中《关于加强本市高校学科发展整体规划的建议》，得到市教委的重视与采纳。他在上海“11・15”特大火灾十个月之前所提交的《关于注重居住安全，落实住宅应急指导措施的建议》提案，从专业上对高层住宅存在的消防隐患提出了针对性的建议，提出从预防灾害、关爱每一个生命的角度出发，应该建立一种全民参与、全面覆盖的应急指导措施。“11・15”事故后，因提案中所切中的要害问题没有及时落实，引起各方的强烈反响。2015年以来，他又提交了《关于加强超大城市公共空间治理的建议》《关于加强对住宅底层汽车维修店的监管，消除重大火灾隐患的建议》等关乎城市公共领域建设与发展的提案。他的政协意见建议案《创造可持续的大学与城市互动关系、激发城市发展的新的源动力》，也从专业的角度，对城市发展进行了认真思考。

蔡永洁曾任杨浦区第十三、十四届政协委员（2011—2017）及上海市第十三政协委员（2018—）。作为杨浦区政协委员，蔡永洁在区两会上提出多项提案，如2009年《关于进行公租房建设的建议》，2010年《关于进一步推进三区融合的建议》，2011年《关于开展低碳城区建设指标研究的建议》，2012年《关于推进和落实垃圾分类、建设生态环境城区的建议》，2013年《关于打造杨浦区职业教育基地的建议》以及2015年《关于建设杨浦低碳排放城区的建议》等。在杨浦区域“高校政协委员沙龙”等场合，他还多次建议应进一步明确区域商业发展的目标和战略，合理做好规模控制。作为市政协委员，蔡永洁持续关注上海的城市建设与发展，持续以城市建设为中心献计献策，提交了系列相关提案，如《关于城市精细化更新与改造的两点建议》(2018)，《关于建设上海市高校精品通识课程平台的建议》(2018)，《关于推动自下而上的城市精细化建设的建议》(2019)及《关于规范和优化高校应届毕业生管理的建议》(2019)。《关于加强黄浦江公共空间文化休闲服务设施建设的建议》(2020)，《关于回归产城一体传统，推动精细化城市建设的建议》(2021)；并在专题会上多次发言，如2020年杨浦区政协十三届三次会议上的“关于国际文化大都市建设的三点思考”专题发言。

鲁星燧是普陀区第十二、十三届政协委员。在日常工作中，鲁星燧以高度的责任感和敏锐的观察力，关注社会热点问题，并能身体力行进行实地考察，进而提出建设性的治理建议。他聚焦健康事业发展，提交了《关于普陀区东西部医疗联合体建设》(2018)，《关于建议人社局在本区开展对残疾人支持性就业服务》(2018)，《关于进一步提高家庭医生签约后续服务质量的提案》(2019)，《关于争创普陀区垃圾分类示范区的》(2020)等提案。通过参加“双月谈”和每年的两会以及年末社会基层考察活动的平台持续发声。他独立撰写的《关于流动摊贩管理问题的一些建议》，普陀区城管大队、商务委和工商分局高度重视，回复“很到位，也很实际”，还向鲁星燧详尽通报了具体落实措施。这些措施得到落实后，区域性条块有明显改观。2015年，鲁星燧被评为普陀区优秀政协委员，后又获民进全国参政议政先进个人光荣称号。2022年启任捷和赵颖分别当选为杨浦区和宝山区政协委员，同济民进在更广阔的领域为城市发展献计献策。

2020年6月30日与7月8日，受中共上海市委委托，民进上海市委分别对青浦区和长宁区就“抓好政务服务‘一网通办’、城市运行‘一网统管’，提升超大城市治理的现代化水平”进行专项民主监督调研；吴长福参加视察并在调研座谈会上就相关问题作交流发言。2020年7月17日，吴长福被任命为新成立的民进市委城市治理委员会主任，继续为城市治理体系与治理能力现代化建净言。2018年蔡永洁负责的参政议政调研投标课题“关于加强社区‘文化休闲空间’建设的建议”，针对当下我国经济社会发展阶段中出现的重要问题提出应对建议，展现了同济民进会员的大局意识。委员们连续在民进上海市委的研究课题中中标，2017年完成课题“创新社会治理背景下上海老旧社区更新问题分析与对策研究”，2018 年“创新土地整治模式开拓大都市郊野地区乡村振兴城乡一体化新机制研究”，2020 年“建立健全公共卫生应急体系和机制研究”。此外，蔡永洁作为课题组副组长完成的市政协重点课题“上海老城厢历史风貌保护与旧区改造对策研究”（2018）获 2020 年上海市决策咨询成果二等奖，并获市领导批示。赵颖、潘朝辉带领团队完成上海市规划和自然资源局与设计院的合作课题“城市第五立面规划建设品质提升”（2021）。

在基础教育方面，2019 年李俊主持完成民进上海市委的研究课题“关于探索在中小学课程教育中重视劳动技术教育工作实施途径的研究”，卢伟华完成参政议政调研投标课题“学生阳光体育运动环境状况的分析和改进措施”，潘朝辉完成的课题“学生培训机构普遍开设在高层商办楼应注重消防安全”获市领导批示。《关于优化中小学阶段劳动技术教学的建议》获民进上海市委参政议政成果一等奖（2020）。

为了推进参政议政，民进同济大学委员会颁布了《关于加强会员反映社情民意信息撰写工作的通知》，并提供格式样表与方便报送的渠道，得到了广大会员的积极响应。陈维连、蔡永洁、涂之远、吴承照、徐念祖、彭怒、俞蕴洁、张洛先、左琰、张志强、刘晓鸿、林杰等会员先后向民进市委提供多条信息，如针对城市建设与发展的《关于建立若干上海旅游纪念品设计创意产业园的建议》《关于改善城市道路夜间标识的建议》，针对社会热点问题的《关于中小学教育的几点建议》《关于开征房产税的建议》《重视冠心病一级预防刻不容缓》以及针对具体生活问题的《建议接通平利路——大华怡华路之间的断头路》《对优化沪太支路交通组织的建议》等。会员吴承照提供的信息《关于加快发展上海都市休闲度假业的意见》，对加快发展上海休闲度假旅游业提出了建设性的建议，切中特大城市健康发展旅游业要点，得到有关部门的重视；法学教授金泽刚多篇社情民意稿被参政议政部选中。在民进同济委员会的重视与会员的努力下，社情民意信息的上报数量与质量不断上升，如 2015 年下半年委员会提交社情民意稿 9 篇，且全部被民进市委录用。

（四）爱岗敬业、服务社会

在校党委的倡议与校工会的组织下，2005 年，委员会以集体名义捐款帮助甘肃省定西市西关小学的6名六年级学生完成学业，受助学生与委员会的书信互动成为同济民进的一段佳话。2015年，在民进上海市委组织的第二届“开明书屋”慈善公益活动中，第二支部、第三支部会员积极认捐，分别资助了贵州省金沙县后山乡长林学校（小学教学点）、金沙县沙土镇观堂小学和金沙县沙土镇第二小学的图书建设与读书活动。会员们希望能更多地参与“微公益”活动，为和谐社会的建设奉献一份爱心。

第一支部会员依托专业优势积极开展义诊活动。2011年在上海市医务工会组织的“寻访红色足迹，践行神圣职责——向中国共产党建党九十周年献礼”活动中，鲁星遂会员作为7名非党员专家之一，参加了卫生系统劳模专家赴湖南韶山义诊，还将当地一名病人带回上海治疗。2013年5月，部分会员与普陀区委医卫联合支部前往真如养老院进行咨询、义诊。2014年4月，涂之远、鲁星燧、姬舒荣等会员前往江西抚州参加由江西抚州市卫生局、江西抚州上海医学会共同举办的“回馈家乡，服务老区大型公益义诊活动”。2015年4月，会员鲁星燧参加同济医院专家帮扶对口支援医疗队，前往云南省大理州云龙县人民医院开展医疗咨询、手术与门诊义诊，还为当地县级和乡级医院外科医生作了题为“ERCP在胆胰疾病中的意义”讲座。

2020年，在新冠肺炎疫情突然来袭之际，同济医院的民进人义无反顾地冲在抗击疫情的一线。当支援武汉的集结号吹响时，外科重症医学主任张磊第一时间报名，副主任鲁星燧及副主任张景涛作为第一批支援者参加完短暂培训后又立即参与“发热门诊”工作，副主任姬舒荣也主动请缨支援一线发热门诊。建筑与城市规划学院教授阴佳两个多月不间断工作，创作完成《2020不能遗忘的瞬间》抗疫组画，用150多张木板真诚表达对抗疫人员的敬意。该作品入选2020上海抗疫美术作品展和2020年度上海版画精品展，并被上海图书馆收藏，获教育部“共抗疫情、爱国力行”主题宣传教育和网络文化成果征集展示活动书画设计类二等奖。法学院教授金泽刚针对疫情带来的社会问题，为疫情防控献计献策，连续在上海市法学会网站连续发表相关论文，如《战“疫”精神将在多方面推动中国前行》《如何理解与适用妨害传染病防治罪》等。2020年3月中旬，金泽刚主持民进上海市委参政议政课题“建立健全公共卫生应急体系和机制研究”，后在最高人民法院主办的《刑事审判参考》（总第121集，“依法惩治妨害疫情防控犯罪”专刊）发表《以危险方法妨害公共安全罪在抗击疫情期间的理解与适用》，在最高人民检察院《人民检察》杂志 2020 年第 6 期（下）发表《妨害传染病防治罪的司法认定要点》等文。建筑设计研究院总建筑师潘朝辉参与教育部学校规划建设发展中心与同济设计院共同编写的《校园建筑与环境疫情防控手册》于 2020 年 3 月出版，相关成果《基于疫情安全防控的校园建筑及环境研究与应用》（2020）获得上海市建筑学会科技进步奖二等奖。

“5・12”汶川特大地震发生后，同济民进会员即以各种方式捐助赈灾。其中除个人捐款外，三个支部还以民进组织名义进行捐款。委员会在捐款活动中还制作了有纪念意义的“捐款感谢卡”，对捐款会员表示感谢。与此同时，会员王丽琴带领声乐系学生在两天之内赶排出节目《共和国之恋》，参加上海市文化名人赈灾义演，全力为灾区募捐。附属同济医院民进会员通过医疗服务为救灾贡献力量，多名会员报名参加救灾医疗队，两名会员光荣入选救灾医疗队。在收治四川转移来沪伤员的工作中，会员们也全力以赴，努力奉献。

受四川省绵阳市委托，上海市承担北川地震遗址博物馆规划策划工作，吴长福任专家组组长，全面负责项目的开展。针对地震遗址博物馆的策划与整体设计工作的综合性与复杂性，由多学科、多专业方向人员组成的工作团队多次前往北川及周边地区进行现场踏勘，完成了《永恒北川——北川国家地震遗址博物馆策划与整体方案设计》编制。该项目引起了社会各界的广泛关注，并分别获得全国、上海市和四川省优秀城乡规划设计一等奖。在其后的“5・12 汶川特大地震纪念馆”建筑方案征集中，蔡永洁的方案在层层比选后中选。方案以“裂缝”为主题，通过嵌入地下空间与不规则的地景式建筑，展现地震给人带来的震撼力。该设计荣获 2015 年亚洲建筑师协会建筑奖金奖以及 2018 年中国建筑学会设计金奖。此外，建筑系教授阴佳为都江堰等地震灾区的重建创作了许多城市公共雕塑作品，两件城市雕塑《母亲》《记忆》都已经竖立在都江堰市街头，受到当地的广泛好评。

作为全国著名的大型设计咨询集团主要技术负责人之一，张洛先为同济设计的质量品牌提升与发展壮大作出了开拓性贡献。他的建筑作品屡获国家、教育部和上海市优秀工程设计奖。结合国家需求关注大型综合医院建筑设计，张洛先主持编制了《综合医院建筑设计导则》，完成了一系列医院项目设计。2012 年荣获中国建筑学会“当代中国百名建筑师”称号，2015 年被评为民进全国先进个人。建筑设计院四院副院长赵颖作为项目负责人，累计完成的 70 余项工程项目中国家、行业及省部优秀工程项目共 12 项。其中，泉州行政管理服务中心项目积极探索采用多种先进节能科技手法和尝试在地域条件下的转化运用，获得国家优质工程奖，并被评为住房与城乡建设部建筑工程类科技示范工程。

法学教授金泽刚于 2013 年出版了 66 万字的《抢劫罪详论》，是我国刑法学界研究具体犯罪的力作。该书在《法制日报》（即《法治日报》前身）“法学院”版面作宣传后，被人民网、中国社科网、搜狐网等多家新闻媒体转载，获得法学界广泛好评。同济医院副主任医师姬舒荣在消化道肿瘤诊治领域积极探索、取得诸多成果的同时，参与医院临床医师规范化培养基地建设，被学生评为“心目中的好老师”。

2018 年，为完成民进中央主席蔡达峰率民进中央调研组赴黔西南州开展定点扶贫专题调研期间确立的任务，委员会参与了民进上海市委组织的黔西南教育帮扶项目启动工作，承担了黔西南协和双语学校的建筑设计工作。吴长福、蔡永洁分别赴兴义进行现场调研，赵颖、潘朝辉等会员依托同济大学设计院强大的技术优势，完成了学校的概念设计方案，并得到民进中央副主席王刚、民进上海市委专职副主委胡卫等民进组织领导与当地州、市领导的充分好评。蔡永洁还利用随上海民进讲师团赴贵州支教的机会现场指导安龙县调研指导旧城改造与古建筑保护。2020 年，吴长福、蔡永洁荣获民进上海市委“助力脱贫攻坚先进个人”称号。

人物风采

丁文魁（1936—2000）

祖籍浙江，同济大学建筑与城市规划学院教授。1989 年加入民进后参加民进上海市高等教育联合支部活动，曾任民进高等教育联合支部主任。1996 年 11 月民进同济支部成立，任主任，1997 年 7 月当选民进市委常委，1998 年当选上海市第十一届人大代表[①]。1956 年 9 月至 1961 年 9 月就读于同济大学建筑系城市规划专业，1961 年 9 月至 1975 年 12 月在武汉城建学院任教。1976 年起在同济大学城规教研室任教，1979 转至建筑系园林教研室。1988 年至 1990 任同济大学风景旅游研究中心主任，1990 年至 1992 年任同济大学风景科学研究所首任所长，1992 年至 1996 年任同济大学建筑与城市规划学院风景科学与旅游系首任系主任。同济大学风景科学与旅游系（现建筑与城市规划学院景观学系）创始人。1988 年至 1992 年期间相继创立同济大学风景旅游研究中心、同济大学风景科学研究所、同济大学风景科学与旅游系，创办《风景科学》学刊以及“上海中景科教实业公司”，开办“风景区建设与旅游管理”专业证书班，建立起基于多学科交叉的集研究、教学、规划实践于一体的风景园林现代学科完整体系，为中国现代风景园林学和中国风景区管理人才培养作出了开拓性贡献。代表性论著有《风景科学导论》《风景名胜研究》及中国第一部全国统编教材《风景名胜区规划》(《城市绿地系统规划章节》)。完成西双版纳、庐山等国家重点风景名胜区总体规划及海南省旅游发展战略及风景区域等规划 30 余项，两次获国家教委科技进步二等奖（1988 年、1990 年）。曾任建设部与国家林业总局专家顾问、中国风景名胜区协会常务理事、中国园林学会风景名胜学术委员会副主任。

① 参见：周箴主编，贝晓曦副主编，《同济大学 1998 年鉴》，第 36 页。

吴长福（1959—）

上海市人，同济大学建筑与城市规划学院教授、博士生导师、建筑学学科专业委员会主任。2000 年 1 月加入民进，2006 至 2020 年任同济民进主委，2017 年至 2022 年任民进上海市委第十五届常委。1978 年 7 月至 1983 年 7 月就读于同济大学建筑系建筑学专业，毕业后留校任教，曾任建筑与城市规划学院院长。1986 年 10 月至 1987 年 10 月赴德国慕尼黑应用技术大学进修。主讲的“建筑设计”与“公共建筑设计”课程被评为上海市精品课程，主持的教学研究项目 1998 年、2001 年、2004 年、2008 年和 2013 年连续获得上海市优秀教学成果一、二等奖。宝钢教育奖、上海市育才奖获得者。主编专业著作 8 本，发表学术论文 40 余篇。主持完成国家科技支撑计划项目、国家自然科学基金项目及上海市政府决策咨询研究项目、重要建筑工程设计项目数十项，并多次获奖，其中“北川国家地震遗址博物馆策划与整体方案设计”获 2010 年全国优秀城乡规划设计一等奖。2014 年获中国建筑教育最高荣誉奖——中国建筑学会建筑教育奖。兼任同济大学建筑设计研究院（集团）有限公司董事、副总裁、都市建筑设计院院长，《中国建筑教育》《建筑教育》《时代建筑》《城市环境设计（UED）》等学术期刊编委。曾兼任全国高等学校建筑学专业指导委员会副主任、全国高等学校建筑学专业评估委员会委员、中国建筑学会建筑教育评估分会常务理事、中国美术家协会建筑艺术委员会副主任等。上海市第十、十一、十二届政协委员。

蔡永洁（1964—）

四川简阳人，教授。2002 年加入民进同济大学委员会，2011 年起先后任民进同济大学委员会委员、副主委，2020 年届中调整任民进同济大学委员会主委，2021 起任民进同济大学委员会第四届主委。2012 年起任民进上海市教育委员会副主任，2017 年起任民进上海市委委员。1981 年至 1986 年在同济大学建筑系建筑学专业学习，1986 年 10 月至 2000 年 6 月赴德国科堡及慕尼黑应用技术大学、多特蒙德大学学习，获多特蒙德大学建筑学硕士、博士学位，曾任职于慕尼黑冯布塞尔教授建筑事务所、多特蒙德格尔伯教授建筑事务所。2000 年 7 月回国后任职于同济大学，曾任建筑与城市规划学院建筑系主任、研究生院副院长。主持完成国家和上海市级教研课题及上海市政府决策咨询研究项目。出版学术专著4部，主编专业著作2部、译著1部，发表学术论文80余篇。主持设计的“5·12汶川特大地震纪念馆”获2015年亚洲建筑师协会设计金奖、2015年国家优质工程奖、2018年中国建筑学会建筑创作金奖、2019年全国优秀勘察设计一等奖。参与上海市决策咨询委员会及市政协重点课题“上海老城厢历史风貌保护与旧区改造对策研究”获2020年上海市决策咨询研究成果奖二等奖。兼任教育部全国高等学校建筑学专业教学指导委员会副主任委员，中国建筑学会城市设计学术委员会副主任委员、地下空间分会副理事长、建筑文化学术委员会委员，上海市城市科学研究会城市规划与建筑设计专业委员会主任，《城市设计》学术期刊编委等职。曾任上海市杨浦区第十一、十二届政协委员，2017年起上海市第十三届政协委员。

蔡达峰（1960—）

浙江宁波人，教授，2018年起任全国人大第十三届常委会副委员长。1995年2月加入民进，1996年起任民进复旦大学支部委员，2002年起任民进上海市委副主委，2007年起任民进上海市委主委、民进中央副主席，2016年任民进中央常务副主席，2017起年任民进中央主席。1978年9月至1985年7月在同济大学建筑系建筑学专业学习，先后获学士、硕士学位。1985年9月至1987年8月任职于上海市文物管理委员会。1987年9月至1990年7月在同济大学建筑系建筑学专业学习，获博士学位。1990年至1993年任同济大学建筑系讲师。1993年至2015年调至复旦大学文博系，历任讲师、副教授、教授，系副主任、系主任。2000年起任复旦大学教务处处长，2003年起任复旦大学副校长。2016年至2017年，任同济大学副校长。曾主持多项全国重点文物保护单位与上海市级文物保护单位的建筑修复项目与上海市社科项目，完成一系列全国及上海市重点文物保护单位文物建筑的保护与修复方面的设计研究工作。1995年被评为上海市高校优秀青年教师，1997年获“宝钢教育奖”，1999年获上海市育才奖。长期关注教育和社会诚信，历年提案包括高考改革、大学自主选拔、教师评价体系改革、公民素质教育等，对高考和高校办学有着长期的思考和建言。2008年起任上海市人大常委会副主任，第十届全国人大代表，第十一届、十二届全国政协常务委员。

大事记

1990 年代初

民进上海市委开始在同济大学发展会员，丁文魁加入民进，后曾任民进高等教育联合支部主任。

1996 年

11 月 19 日，民进同济大学支部成立，民进同济大学第一届支部委员会由丁文魁、殷永达、徐根新组成，丁文魁为支部主委。12 月 10 日，民进同济大学支部召开成立大会，民进中央副主席邓伟志到会祝贺。

1996 年

上海建材学院并入同济大学，由凌云宝任支部主委的民进上海建材学院支部并入民进同济大学支部。

1997 年 7 月 18 日

民进同济大学支部主委丁文魁当选民进市委常委。

1997 年 11 月 7 日

增补殷永达为民进同济大学支部副主委。

2000 年

同济大学与上海铁道大学合并，由王志艺任支部主委的民进上海铁道大学支部和民进同济大学支部合并，合并后会员达到 39 名。

2001 年 3 月 12 日

民进同济大学支部召开换届大会，选举吴长福为支部主委，余绍锋、殷永达为支部副主委，涂之远、徐根新为支部委员。

2002 年 9 月 20 日

全国人大常委会副委员长、民进中央主席许嘉璐访问同济大学，与校党委书记周家伦、校长吴启迪、副校长陈小龙等交流，并参观建筑与城市规划学院。

2004 年 6 月 9 日

全国人大常委会副委员长、民进中央主席许嘉璐再次访问同济大学，与校党委书记周家伦、校长吴启迪等交流；并参观建筑与城市规划学院，该院副院长吴长福向许嘉璐汇报学院工作。

2004 年 11 月 27 日

支部召开会议，总结年度工作，考察七宝古镇城市建设。

2004 年 12 月

民进同济大学委员会内部刊物《民声》创刊，刊名取意于“民主之声”“民众之声”，办刊目的在于记载、宣传、交流和工作推进。

2005 年 10 月 21 日

民进同济大学委员会举行成立大会，上海市副市长、民进上海市委主委严隽琪，中共同济大学党委书记周家伦出席会议并发表讲话。大会选举产生民进同济大学第一届委员会，吴长福为主任委员，涂之远、王玉新为副主任委员，王开明、张洛先、徐根新、余绍锋、蔡永洁、彭怒为委员，彭怒兼任秘书，殷永达为顾问；委员会下设 3 个支部，有会员数 52 人。

2005 年 11 月 11 日

委员会第二次会议在同济大学建筑与城市规划学院召开，民进上海市委组织部部长熊衍元和严惠莉同志参会指导工作。会议主要讨论了委员的具体分工：主委吴长福负责委员会各项工作的全面统筹与协调；副主委涂之远负责组织工作（组织建设、会员发展）；副主委王玉新负责学习工作（学习计划、内容、方式、效果）；张洛先负责会务活动（专题活动策划、落实）；徐根新负责内勤工作（工作机制、经费预算、会费管理）；余绍锋负责外联工作（社会合作与交流）；蔡永洁负责参政议政工作（课题调研、专业咨询、校情民意）；王开明负责社会服务工作（公益活动组织与开展、退休会员工作）；彭怒负责宣传、妇女工作（《民声》编辑、女会员工作）。

2005 年 12 月 24 日

民进同济大学委员会成立后的第一次组织生活会在江苏水乡同里镇举行，民进市委组织部副部长黄山明和严惠莉参会指导。

2005 年

在校党委的倡议与校工会的组织下，委员会捐款帮助甘肃省定西市西关小学的 6 名六年级学生完成学业，受助学生与委员会的书信互动成为同济民进的一段佳话；蔡永洁获上海市教学成果二等奖（排名 2）。

2006 年 3 月 22 日

委员会在同济大学建筑与城市规划学院召开会议。主委吴长福主持会议，民进市委组织部严惠莉到会指导。

2006 年

民进会员林杰入选 2006 年教育部“新世纪人才计划”。

2007 年 4 月 12 日

委员会在同济大学建筑与城市规划学院召开会议。会议主要讨论了年度工作计划。包括制度建设（各支部活动计划、委员会会议安排、全体会员活动计划），近期工作安排，学习与组织发展计划等。民进市委组织部严惠莉到会指导。

2007 年 6 月 28 日

为贯彻民进中央和上海市委关于政治交接学习教育活动的工作部署，委员会召开会议，研究制定以“坚持走中国特色政治发展道路”为主题的政治交接学习教育活动的学习计划。

2007 年 6 月

民进同济大学委员会出版内部交流刊物《民声》百年校庆特刊。

2007 年

蔡永洁获上海市决策咨询成果二等奖。

2008 年 4 月 1 日

委员会在同济大学建筑与城市规划学院召开会议。会议传达了民进第十次全国代表大会情况和市政协十一届一次会议精神，介绍了吴长福主委关于城市特色和中心城区和谐居住的政协提案内容，通报了学校近期工作安排，讨论了民进同济大学委员会 2008 年年度工作计划。

2008 年 5 月

“5 · 12”汶川特大地震发生后，同济民进成员通过单位、居住地居委会、红十字会等捐款 35250 元；响应民进中央定向捐助灾区学校的倡议，再次捐款 10700 元（其中除个人捐款外，3 个支部还以集体名义各捐款 1000 元）。

2008 年 8 月

吴长福任专家组组长主持《永恒北川——北川国家地震遗址博物馆策划与整体方案设计》编制。2010 年 8 月，蔡永洁主持的“5 · 12 汶川特大地震纪念馆”建筑设计方案在36个应征方案中胜出，被选定为实施方案。

2009年11月6日 委员会召开会议，总结年度工作，考察上海新场古镇。

2009年 吴长福“永恒北川——北川地震遗址博物馆策划与整体方案设计”获全国、上海市和四川省城乡规划一等奖；蔡永洁指导毕业设计获全国高等学校建筑学专业指导委员会大学生建筑设计作业观摩优秀设计指导教师奖。

2010年3月28日 同济民进召开会议，主委吴长福传达民进上海市委直属委员会主任会议精神并动员部署基层3个支部的换届改选工作。

2010年 蔡永洁获2010年度上海市优秀住宅小区设计一等奖。

2010年8月 同济民进刊物《民声》（总第8期）以“坚持不渝　硕果累累——同济民进会员积极参与四川地震灾后重建工作纪实”为主题，全面介绍同济民进会员为灾后重建作出的重大贡献。

2011年1月 鲁星燧当选普陀区第十二届政协委员。

2011年2月25日 同济民进第二支部到宜兴召开组织生活会，并与民进锡山区总支进行联谊活动。民进无锡市委李主委应邀介绍无锡民进的组织构成、发展建设和参政议政情况，民进锡山总支朱主委介绍了成员特点和活动开展经验。同济民进主委吴长福、第二支部主委张洛先分别介绍了委员会和支部情况。

2011年4月27日

同济民进召开委员会扩大会议，讨论委员会换届计划、年度工作安排；各支部主委交流了当前工作。

2011年5月

同济医院民进会员与普陀区委医卫联合支部前往真如养老院进行咨询义诊活动。

2011年7月6日

同济民进第二次会员大会召开，同济大学党委副书记姜富明、民进上海市委副主委胡卫等应邀出席会议并讲话。会议选举产生民进同济大学第二届委员会，吴长福连任主任委员，涂之远、张洛先为副主任委员，卢伟华、林杰、徐根新、鲁星燧、彭怒、蔡永洁为委员，彭怒兼任秘书（2014年6月起由俞蕴洁接任）。委员会下设3个支部，有会员59人。

2012年8月

蔡永洁当选民进上海市委教育委员会副主任。

2012年10月20日

同济民进召开会议，总结年度工作，考察辰山植物园。

2012年

张洛先获中国建筑学会“当代中国百名建筑师”称号。

2013年5月11日

同济民进召开会议，总结年度工作，考察宝山区闻道园。

2013年

吴长福获上海市教学成果一等奖；蔡永洁获教育部优秀勘查工程设计奖三等奖、上海市教学成果二等奖、上海市建筑学会第五届建筑创作奖佳作奖；左琰获第十一届中国环境设计学年奖优秀指导教师奖。

2014 年 5 月 17 日 民进同济大学委员会召开工作总结会议，并参观了陈云纪念馆及馆址所在的江南古镇青浦区练塘镇。

2015 年 5 月 9 日 民进同济大学委员会召开工作总结会议，考察浦东召稼楼古镇建设。

2015 年 蔡永洁主持设计的“5 · 12 汶川特大地震纪念馆”获亚洲建协建筑设计金奖，张洛先获“民进全国先进个人”称号，吴长福获第六届中国建筑学教育奖，鲁星燧被评选为普陀区优秀政协委员。在民进上海市委组织的第二届“开明书屋”慈善公益活动中，第二、三支部会员分别资助了贵州省金沙县后山乡长林学校、金沙县沙土镇观堂小学和金沙县沙土镇第二小学的图书建设与读书活动。

2016 年 1 月 11 日 民进市委专职副主委许政涛、副秘书长兼组织部部长何少华一行来同济调研。

2016 年 5 月 4 日 民进中央副主席、民进上海市委主委蔡达峰，在就任同济大学副校长后首次参加民进同济大学委员会 2016 年第一次扩大会议并讲话。

2016 年 6 月 14 日 民进同济大学委员会第三次会员大会召开。同济大学党委常务副书记方守恩、民进上海市委副秘书长兼组织部部长何少华等应邀出席会议并讲话。会议选举产生民进同济大学第三届委员会：主任委员吴长福，副主任委员张洛先、蔡永洁、鲁星燧，委员卢伟华、林杰、彭怒、金泽刚、姬舒荣和赵颖，俞蕴洁任秘书。委员会下设 3 个支部，有会员 65 人。

2016 年 7 月 1 日

《同济报》刊登民进同济大学委员会文章《凝聚共识，团结进取》，整体介绍同济民进组织近年来的建设与发展。

2016 年 11 月 5 日

委员会召开年度工作总结会议，并考察太仓沙溪古镇。

2016 年

第二支部被评为民进上海市委 2016—2018 年创先争优活动先进基层支部，第一、三支部获进步奖；张洛先获“民进全国先进个人”称号；鲁星燧获“民进全国参政议政工作先进个人”称号；蔡永洁获中国学位与研究生教育学会研究生教育成果二等奖（排名 5）；左琰获第 16 届中国室内设计大奖赛（2013—2014）铜奖。

2017 年 4 月

蔡永洁主持的“风貌保护、旧城更新、新城优化三位一体发展策略”课题在民进市委参政议政调研课题投标中中标。

2017 年 4 月 25 日

民进上海市第十二次代表大会召开，吴长福当选民进上海市委常委，蔡永洁当选民进上海市委委员。

2017 年 6 月 2 日

“2017 年民进上海市委机关与民进同济大学委员会联合学习交流暨民进上海市委机关第五届艺术节”在同济大学举行，同济大学党委常务副书记方守恩、民进市委专职副主委黄山明出席并讲话。

2017年10月22日 委员会召开年度工作总结会议，并参观嘉兴南湖革命纪念馆、同济大学浙江学院。

2017年12月 蔡永洁当选上海市第十三届政协委员。

2017年 民进同济委员会被评为“民进上海市委2016年度宣传报道工作先进单位”“民进上海市委2016年度反映社情民意工作先进单位”；吴长福获民进上海市委“四十年·双岗建功四十人”称号，蔡永洁获“民进上海市委2016年度宣传报道工作先进个人”称号。

2018年3月 在民进市委参政议政课题招标中，吴承照领衔的“创新土地整治模式开拓大都市郊野地区乡村振兴城乡一体化新机制研究”项目中标。

2018年4月11日 中共中央政治局常委、国务院总理李克强一行来上海智能云科信息科技有限公司调研。民进会员、智能云科公司智能制造与产城融合课题负责人方豪杰向总理一行汇报课题组在新型城镇化背景下长三角城市群智能制造的实践探索。

2018年6月28日 吴长福参加民进市委对上海市建设交通工作党委贯彻落实“科创中心人才政策”情况的专项民主监督视察。

2018年7月23日至24日 响应民进中央主席蔡达峰率民进中央调研组赴黔西南州开展定点扶贫专题调研期间确立的任务，蔡永洁参加由民进市委专职副主委胡卫带队的民进上海市委赴贵州安龙县支教活动，并实地指导当地城市更新与古建筑保护工作，接受黔西南协和双语学校的建筑设计任务。

2018 年 10 月 16 日

吴长福在贵州省兴义市召开的“上海民进教育帮扶协调会”上汇报由赵颖、潘朝辉等人设计的协和双语学校建筑方案，得到民进上海市委专职副主委胡卫等民进领导以及黔西南州、兴义市领导的充分肯定。

2018 年 10 月 27 日

委员会召开年度工作总结会议，实地考察崇明世界级生态岛现代农业发展与“美丽乡村”建设情况。

2018 年

金泽刚撰写的 5 篇社情民意稿被民进市委参政议政部采用；吴长福获“上海市统一战线（工作）先进个人”称号；蔡永洁主持设计的“5 · 12 汶川特大地震纪念馆”获中国建筑学会建筑创作金奖。

2018 年

潘朝晖撰写的《学生培训机构普遍开设在高层商办楼应注重消防安全》被市政协采用并获市领导批示。

2019 年 1 月

在各支部安排下，鲁星燧、刘晓红、张志强、赵颖、卢伟华、林杰、张洛先、吴长福、陈镌、潘朝晖、张扬等代表民进组织分别看望了沈昭在、徐高昌、王志艺和郑金莎、吴为廉、朱义禄、范庆天、殷永达、高永和、凌云宝、姜士荣、杨桂兰等老会员。

2019 年 1 月 14 日至 17 日

鲁星燧参加普陀区政协十四届三次会议，提交《关于进一步提高家庭医生签约后续服务质量的提案》提案，并在专题会议上发言。

2019年1月26日至30日

蔡永洁出席上海市政协十三届二次会议，提交“关于规范和优化高校应届毕业生管理的建议”和“关于推动自下而上的城市精细化建设的建议”两份提案，并在专题会议上发言。

2019年4月20日

同济民进与民进静安区委员会举行学习交流活动，并一同考察了上海中心城区张园城市旧区改造情况。

2019年4月24日

民进大同市委主委周谋一行来校交流，吴长福、张洛先、蔡永洁代表同济民进与周谋一行交流。

2019年5月14日

任捷应邀参加民进上海市委在上海民主党派大厦举行的2019年第一次欢迎新会员大会，并作为新会员代表发言。

2019年9月27日

吴长福参加民进上海市委庆祝新中国成立70周年、多党合作制度确立70周年座谈会，并在会上作了题为“同发展、共命运”的交流发言。

2019年10月15日

民进同济大学委员会与统战部在同济建筑设计院共同举办第20期同济同心微论坛。民进上海市委常委、同济大学委员会主委吴长福以及俞蕴洁、张艳、任捷、卢伟华、蔡珊瑜、张志强等部分会员与同济大学统战部领导就“不忘合作初心，继续携手前进”主题教育活动进行座谈交流。

2019年10月19日

“华夏掠影——庆祝中华人民共和国成立70周年同济大学民进会员摄影展”在上海城市规划展示馆开幕。同日，民进同济大学委员会全体会员会议在上海城市规划展示馆举行。

2019 年 10 月 29 日

为庆祝新中国成立 70 周年，民进同济大学委员会编辑出版《民声》2019 年国庆专刊。

2019 年

民进同济大学委员会被评为“民进上海市委 2018 年度反映社情民意信息工作先进单位”；第二支部被评为“民进上海市委2016—2018年创先争优活动”先进基层支部，第一、三支部被评为进步奖支部；张艳获“我与上海民进——庆祝上海民进成立 70 周年”主题征文三等奖；蔡永洁的“5 · 12 汶川特大地震纪念馆”获全国优秀勘察设计奖优秀（公共）建筑设计奖一等奖；蔡珊瑜的“兰州中川枢纽项目”获教育部优秀勘察设计奖建筑环境与能源应用专业项目一等奖；羌宁的“超大型固废处置基地资源循环利用和污染协同防控关键技术及应用”获上海市科技进步一等奖（排名 7）、“工业挥发性有机物排放监管与治理关键技术研发与应用”获上海市科技进步二等奖（排名 7）。

2020 年 2 月

新冠肺炎疫情暴发后，建筑与城市规划学院教授阴佳创作完成《2020 不能遗忘的瞬间》抗疫组画，用 150 多张木板表达对所有抗疫人员真诚的敬意和感恩。该作品入选 2020 上海抗疫美术作品展和 2020 年度上海版画精品展，被上海图书馆收藏，并获教育部“共抗疫情、爱国力行”主题宣传教育和网络文化成果征集展示活动书画设计类二等奖；潘朝辉主持的课题“基于疫情安全防控的校园建筑及环境研究与应用”（2020）获得上海市建筑学会科技进步奖二等奖。

2020 年 2 月

针对疫情带来的社会问题，金泽刚积极为疫情防控献计献策，连续在上海市法学会网站发表相关论文，如《战“疫”精神将在多方面推动中国前行》《如何理解与适用妨害传染病防治罪》等。

2020 年 3 月

潘朝辉参与的由教育部学校规划建设发展中心与同济设计院共同主编的《校园建筑与环境疫情防控手册》出版；金泽刚主持民进上海市委参政议政课题“建立健全公共卫生应急体系和机制研究”，后在最高人民法院主办的《刑事审判参考》（总第 121 集）（“依法惩治妨害疫情防控犯罪”专刊）发表《以危险方法妨害公共安全罪在抗击疫情期间的理解与适用》，在最高人民检察院《人民检察》杂志 2020 年第 6 期（下）发表《妨害传染病防治罪的司法认定要点》。

2020 年 6 月 30 日、7 月 8 日

吴长福分别参加民进上海市委对青浦区、长宁区就“抓好政务服务‘一网通办’、城市运行‘一网统管’，提升超大城市治理的现代化水平”组织的专项民主监督调研，并在座谈会上作交流发言。

2020 年 7 月 17 日

吴长福被任命为民进市委新成立的城市治理委员会主任。

2020 年 9 月

民进同济大学委员会所属三个支部委员会换届工作顺利完成。

2020 年 9—12 月

阴佳应邀为上海民进成立旧址纪念馆创作民进历史主题油画。

2020 年 11 月 28 日

民进同济大学委员会召开年度第二次会议，进行届中调整。民进市委专职副主委何少华以及秘书长兼组织部长蒋碧艳、同济大学党委统战部副部长江静出席并讲话。会议宣读了给离任主委吴长福的致敬信，选举蔡永洁为民进同济大学委员会主委，增补任捷为委员。

2020 年 12 月 16 日

任捷赴中央社会主义学院参加民进全国中青年会员培训班暨民进中央青年工作委员会成立大会。民进中央主席蔡达峰出席并讲话，任捷作为民进中央青工委委员代表作交流发言。

2020 年

民进同济大学委员会《关于优化中小学阶段劳动技术教学的建议》获民进上海市委参政议政成果一等奖；吴长福、蔡永洁获民进上海市委“助力脱贫攻坚先进个人”称号；蔡永洁的“上海老城厢历史风貌保护与旧区改造对策研究”获上海市决策咨询研究成果奖二等奖（排名 3）；潘朝辉的课题成果“学生培训机构普遍开设在高层商办楼应注重消防安全”获市领导批示。

2021 年 6 月 1 日

任捷应邀赴京参加民进科技界会员座谈会，并作题为“重视基础研究，弘扬科学家精神”的发言。民进中央主席蔡达峰出席座谈会并讲话。

2021 年 6 月 28 日

民进同济大学委员会第四次会员大会召开，同济大学党委常务副书记冯身洪、民进上海市委副主委张辰等应邀出席并讲话。会议选举产生民进同济大学第四届委员会：主任委员蔡永洁，副主任委员鲁星燧、赵颖、任捷，委员卢伟华、林杰、左琰、金泽刚、姬舒荣、梁建、潘朝辉，李薇任秘书。委员会下设 3 个支部，有会员 77 人。

2021 年 8 月 23 日

任捷参加民进上海市委第 38 期中青年会员学习班，并在结业仪式上，作为临时总支部主委，代表全班学员作交流发言。

2021 年 11 月 23 日

委员会召开年度工作总结会议，并实地考察奉贤海沈村，学习了解“美丽乡村”建设情况并赴民进旧址参观。

2021 年

金泽刚获民进中央“民进全国反映社情民意信息工作先进个人”称号；任捷获民进中央青年工作委员会 2021 年度履职尽责风范奖；第二支部被评为“民进上海市委 2019—2021 年创先争优活动”先进基层支部，第一、三支部被评为进步支部；李茂全获国家科学技术进步奖二等奖、第五届中国出版政府奖图书奖、英国皇家化学学会生物材料科学奖；梁建被评为爱思唯尔工商管理领域“中国高被引学者”；李俊获全国教育科学研究优秀成果奖（教育部）；左琰获 2021 第十九届亚洲设计学年奖优秀指导教师奖，吴长福获中国产学研学会“中国产学研合作创新与促进奖”。

第六章

中国农工民主党同济大学委员会概况

一、历 史 沿 革

中国农工民主党（简称“农工党”）于1930年8月成立于上海，是以医药卫生、人口资源和生态环境以及相关的科学技术、教育领域高、中级知识分子为主，具有政治联盟特点的中国特色社会主义参政党，是接受中国共产党领导、同中国共产党通力合作的亲密友党。农工党是目前八个民主党派中成立较早的、具有较长历史的民主党派，曾几次易名，经历了中华革命党、中国国民党临时行动委员会、中华民族解放行动委员会、中国农工民主党四个阶段。

1928年在酝酿建党的“中华革命党”时期，上海就有了本党的组织活动。1930年中国国民党临时行动委员会时期成立了市级组织，1933年后上海组织活动中断。1935年改党名为中华民族解放行动委员会，恢复了上海市组织，抗日战争期间基本停止活动。1947年易名为中国农工民主党后，成立了上海市党部委员会，1949年后历经上海市整理党务工作委员会、上海市临时工作委员会、上海市工作委员会，于1954年成立了农工党上海市委员会。党员主要分布在医药卫生、人口和环境资源、科技、教育、文艺以及新社会阶层。

1949 年前，就有少数同济校友加入中国农工民主党，如章师明。①

1982 年，同济大学有农工党员 2 人：王魏軏、王汝鹏②。因人数少，所以未成立组织。1987 年，农工党同济大学学习小组成立。1988 年，成员增加到 10 名，农工党同济－城建支部成立，郑瑞芬为主任，王汝鹏为副主任。

由于同济城建学院支部队伍进一步壮大，经农工党上海市委批准，1990 年 2 月拆分为农工党同济大学支部和农工党城建学院支部。同济大学支部主任委员为郑瑞芬，副主任委员为郭学宝。城建学院支部主任委员为王汝鹏，副主任委员为谷耕莘。

1995 年 12 月，农工党铁道医学院支部更名为农工党上海铁道大学支部。1996 年 11 月，由于上海城市建设学院并入同济大学，新的农工党同济大学支部成立，谷耕莘任主任委员，韩生廉、朱立明任副主任委员。

由于上海铁道大学与同济大学合并，农工党同济大学支部与上海铁道大学支部合并，成立农工党同济大学总支委员会，并于 2001 年 11 月 22 日召开成立大会。农工党市委副主委李根渊、副秘书长兼组织部部长杨建猷，同济大学党委副书记虞丽娟、统战部部长何丰来到会祝贺。新组建的同济大学总支委员会主委由电子与信息工程学院教授、博士生导师韩生廉担任，副主委由工程力学系副教授朱立明、附属同济医院眼科副主任医师仇许玲担任。

2006 年 10 月 31 日，农工党同济大学委员会成立大会在同济大学四平路校区图书馆报告厅召开，委员会下设同济大学支部和同济医院支部。农工党上海市委主委左焕琛、副主委朱冰玲，同济大学党委副书记周祖翼参加会议并讲话。会议审议通过了农

① 章师明（1922—2018），曾用名章克欧，安徽枞阳人。1941 年至 1947 年在同济大学机械系学习。1947 年 7 月加入中国农工民主党。1949 年后，历任南京市劳动局副局长，江苏省青联副主席，南京市人大常委会副主任、市政协副主席，农工民主党中央常委、江苏省委副主委、南京市委主委。1983 年任农工民主党中央执行局副主任兼组织部部长。曾任农工民主党第八届中央常委，第九、十、十一、十二届农工党中央副主席，第十三届农工党中央名誉副主席，是第六届全国政协常委、第七届全国人大常委会委员。见宋德慈等主编《二十世纪中华爱国名人辞典》吉林大学出版社，1990 年 12 月出版，第 479-480 页。

② 王汝鹏，曾为上海城市建设学院、同济大学教授；曾任上海市政协委员、农工同济支部顾问。1989 年上海市劳动模范。

工党同济大学第一届总支委员会工作报告，听取了农工党同济大学委员会成立筹备过程的汇报，宣读了农工党上海市委关于同意成立农工党同济大学委员会的有关批复。会议选举产生了农工党同济大学第一届委员会，童晓文当选为主委，仇许玲、许维胜、朱立明当选为副主委。当时有党员 69 名。

2011 年 12 月 20 日，农工党同济大学委员会在同济医院教学楼学术报告厅召开第二次代表大会。校党委副书记方守恩、农工党上海市委副主委兼秘书长金如颖出席会议并讲话。童晓文当选为主委，仇许玲、许维胜、朱立明当选为副主委。

2016 年 7 月 13 日，农工党同济大学第三次代表大会在同济医院教学楼学术报告厅召开。农工党中央副主席、上海市政协副主席、农工党上海市委主委蔡威，农工党上海市委秘书长王晓东、组织部长王琴出席会议，同济大学党委常务副书记方守恩出席会议并发表讲话；同济大学党委统战部部长岳继光，同济医院书记许树长、院长艾开兴等应邀参加会议。童晓文代表农工党同济大学第二届委员会作工作报告。大会选举产生了农工党同济大学第三届委员会。在随后召开的新一届委员会第一次会议上，童晓文当选为主委，尹大强、朱立明、许维胜、杨长青当选为副主委。

2021 年 9 月 29 日，农工党同济大学第四次代表大会在同济大学附属同济医院教学楼学术报告厅召开。农工党中央副主席、上海市人大常委会副主任、农工党上海市委主委蔡威，同济大学党委常务副书记冯身洪，农工党市委专职副主委陈芳源，同济大学附属同济医院党委书记许树长，农工党市委副秘书长、组织部部长王琴，同济大学党委统战部常务副部长安娜、副部长江静，民建同济大学委员会主委汪世龙等出席会议。会议审议并通过了童晓文代表农工党同济大学第三届委员会作的工作报告，选举产生了农工党同济大学第四届委员会，许维胜、孙雅洁、杨长青、吴志根、沈爱群、张皓、庞维海、赵海鹏、盛闻超当选为第四届委员会委员。在随后召开的农工党同济大学第四届委员会第一次会议上，许维胜当选为主任委员，杨长青、赵海鹏、张皓、盛闻超当选为副主任委员。

在农工党上海市委和中共同济大学党委的领导下，农工党同济大学委员会突出医药卫生、生态环境领域界别特色，认真履行参政党职能，围绕中心服务大局，为服务上海城市发展，推动同济大学世界一流大学建设作出了积极贡献。

农工党同济大学委员会现有党员86名，其中在职党员47名，退休党员39名；男性49人，女性37人；国家级人才4人（许维胜、张皓、盛文超、徐鉴）、省市级人才6人（童晓文、杨长青、赵海鹏、尹大强、汪浩、余晨）；拥有高级职称人员60人，具有研究生学历者30名，其中拥有博士学位者20名。

委员会下设同济大学支部和同济医院支部，于2020年全部顺利完成支部委员会换届工作。其中，以同济大学附属同济医院为党员主体的同济医院支部，主委杨长青，副主委赵海鹏，委员沈爱群，党员共36人；以同济大学党员为主体的同济大学支部，主委许维胜，副主委张皓，委员吴志根，党员共50人。

表6-1　农工党同济大学第四届委员会成员

（副主委、委员按姓氏笔画排序）

序号	职务	姓名	性别	工作单位职务、职称	分工
1	主委	许维胜	男	同济大学电子与信息工程学院教授，同济大学信息化办公室主任	全面统筹主持工作
2	副主委	杨长青	男	同济大学附属同济医院　大内科主任，消化科主任	组织
3	副主委	张　皓	女	同济大学电子与信息工程学院、副院长，教授	组织
4	副主委	赵海鹏	男	上海市同济医院，副院长	社会服务
5	副主委	盛闻超	女	同济大学环境科学与工程学院，教授	宣传
6	委员	孙雅洁	女	同济大学环境科学与工程学院，教师	参政议政
7	委员	吴志根	男	同济大学环境科学与工程学院，教授	参政议政
8	委员	沈爱群	女	同济大学附属同济医院，医师	社会服务
9	委员	庞维海	男	同济大学环境科学与工程学院，教师	党史学习

二、主 要 工 作

（一）思想建设、组织建设

针对不同层面的党员群体开展形式多样的学习教育活动。近年来，组织广大党员认真学习和深刻领会习近平总书记系列重要讲话精神和中央统战工作会议精神；认真学习《关于加强社会主义协商民主建设的意见》《中国共产党统一战线工作条例（试行）》等文件精神。先后组织开展了以“树立和践行社会主义核心价值观”“坚持和发展中国特色社会主义”等为主题的一系列学习、教育、实践活动，并将学习、教育、实践活动与切实加强党派自身建设紧密结合，增强了党员的责任感和使命感。坚持把树立和践行社会主义核心价值观、坚持和发展中国特色社会主义学习实践活动等作为提高领导班子成员政治素质和政治把握能力、参政议政能力、组织领导能力、合作共事能力和解决自身问题能力的主要任务，做到领导班子带头学，联系实践学。积极组织骨干党员参加上海市社会主义学院、农工党上海市委、同济大学党委统战部等举办的培训班，提高了党派工作能力和水平。组织党员参观农工党第一次全国干部会议会址，接受革命传统教育。结合中国共产党建党 90 周年、辛亥革命 100 周年、中共中央“五一口号”发布 65 周年开展丰富多彩的党员交流研讨活动。围绕庆祝新中国成立 65 周年、抗日战争胜利 70 周年等重大事件开展纪念活动，以共同回顾历史，缅怀先烈，展望未来，提升党员历史责任感。组织开展党史学习教育，深刻认识中国共产党百年奋斗的光辉历程，提高了党员对农工党与中国共产党同舟共济光荣历史的认识。围绕中心工作，还开展了一系列关爱党员、温暖人心、提升组织凝聚力的活动。如在敬老节、教师节组织开展形式多样的庆祝活动，高温天慰问一线医卫党员，春节期间走访、看望老领导、生病党员等。通过学习和举办系列活动，领导班子成员的综合能力得到进一步提升；党员的与共产党同向同行的政治意识不断增强，组织的凝聚力和向心力明显提升，党派工作不断扎实推进。

农工党同济大学委员会认真贯彻落实农工党中央和农工党市委组织工作会议精神，长期以来将组织建设作为重要任务，在班子建设、支部建设、青年后备干部队伍建设、人才吸纳及服务做了许多工作。在农工党市委的领导下和中共同济大学党委统战部的指导下，在广大党员的积极参与下，及时完成下属2个支部的换届工作，增强了基层组织的整体素质和凝聚力。

积极联系党外优秀人士，进行培养与考察，将符合条件的优秀同志吸收入党，尤其是在农工党新增的环境领域加大发展力度。十年来共发展新党员13名，一批高学历高职称的70后、80后加入了农工党组织。

着力做好后备干部的发现、培养、使用、管理工作，努力建设高素质的后备干部队伍。同时，每年积极推荐优秀后备干部参加各级思想政治学习培训活动。

（二）参政议政、建言献策

农工党同济大学委员会注重发挥高校优势、专业优势，充分发挥参政议政、民主监督的作用。在学校制定“十三五”“十四五”发展规划，推进教育改革、医疗改革的工作中，农工党党员积极参与建言献策。担任市、区政协委员和人大代表农工党党员和其他广大党员围绕上海市以及学校的中心工作，充分发挥自身专业优势，积极进行课题调研，撰写提案和课题报告，反映社情民意。在校党委统战部举行的“双月座谈会”上积极建言献策。他们在岗位上尽心尽责尽力，认真履行政治协商、民主监督、参政议政职能，树立了良好的党派形象。

2012年，尹大强牵头农工党上海市委调研课题完成了《建立上海市环境与健康工作协调机制，完善监控网络与管理体系建设——上海市环境与健康工作现状调查与对策建议》调查报告。该报告后被列为2013年上海市政协全会农工党上海市委的集体提案受到有关部门的重视，上海市卫计委、上海市环保局等还组织了专题研讨，上海市环保局于2014年设立科研专项资金开展环境与健康调研工作。尹大强牵头完成的农工党上海市委另一调研课题“加强全市二次供水改造，保障居民饮用水安全——上海市二次供水改造现状、问题及建议”，后被农工党上海市委以“关于加强全市二次供水改造的建议”为题列为向市政协十三届二次会议的集体提案，并在政协专题会上作了题为“关于直饮水现状及建议分析”的发言，后提交至农工党中央参政议政部。

委员仇许玲《重视医务人员岗位科技创新能力，促进科技成果转化》的提案，建议重视区域内高等院校、科研院所以及医院的科技创新力量，打造校区、园区、院区、社区联动机制，制定相应政策，促成科技成果转化与应用。许维胜委员的《关于促进同济大学校园文化与嘉定文化融合的建议》《关于加强基层社区治理数字化转型执行力的建议》、汪浩委员的《建议加强沪港交流，促进社会治安管理》提案都得到了相关部门的充分肯定，有效提升了建言献策参政议政的实效。吴志根牵头农工市委调研课题“上海生活垃圾分类处置现状调研及建议”，形成调研报告获农工党中央优秀调研课题二等奖；撰写的《关于解决国产化环保新技术、新装备开发及产业化困局的对策建议》社情民意信息被农工党中央《信息专报》采用上报全国政协。

（三）爱岗敬业、服务社会

农工党同济大学委员会注重发挥本党在医药卫生、资源环境界别的人才优势和党员骨干带头作用，积极参与农工党上海市委“国际科学与和平周”以及“环境与健康”系列义诊活动，弘扬科学精神，传播健康理念。党员利用业余时间进社区街道以及养老院开展健康讲座，为居民提供医疗咨询服务，深受社区居民的好评，扩大了党派社会影响力，树立了良好的社会形象。

党员积极报名参与援外医疗队的工作，高阗（妇产科，2008 年 10 月—2010 年 10 月）、沈爱群（妇产科，2015 年 10 月—2017 年 10 月）参与援外医疗队远赴摩洛哥，姜启全（泌尿外科，2010 年 4 月—9 月）、沈爱群（妇产科，2011 年 4 月—9 月）、王秀芹（血液科，2016 年 4 月—9 月）曾赴云南文山州开展医疗服务。

在 2020 年以来的新冠肺炎疫情期间，尤其 2022 年 3 月以来的“大上海保卫战”期间，同济农工党党员响应上级号召，积极参与疫情防控。以农工党同济大学副主委、同济医院副院长赵海鹏，医务处处长王飞，农工党同济大学副主委、同济医院支部主委、消化内科主任杨长青，肾内科主任余晨，农工党同济大学副主委、全科医学科主任汪浩，同济医院支部副主委、同济医院分院副院长潘菊萍、肿瘤内科主治医师张岩，妇产科副主任医师夏红、高阗、沈爱群，血液内科副主任医师傅建菲、王秀芹，眼科副主任医师仇许玲等为代表的同济农工党员一边坚守医疗一线工作，一边参与核酸检测、做社区志愿者，服务广大在校同学和广大患者，同时不忘对党内退休老同志的关怀，积极为抗击疫情捐款，展现了当代农工党党员的担当和风采。作为信息办主任，农工党同济大学委员会主委许维胜，疫情期间连续3个月驻守四平校区，组织力量紧急扩容和升级云课堂、云视频会议、CANVAS等线上教学平台和会议系统，组建3个微信群为全校1000多名一线授课教师提供技术咨询服务和技术支持，与三大运营商协调免费提升教师家庭宽带带宽和为师生赠送手机流量，全面保障疫情期间全校正常教学和办公工作的顺利进行。同时积极参与和支持核酸现场网络部署、人员统计分析、密接流调、场所码部署、大数据中心核酸数据交换等工作，组织开发线上订餐、线上生活物资订购、可认证学生电子成绩单服务等系统，保障师生封闭期间生活、就业申请等。张皓是农工党同济大学委员会副主委，电子与信息工程学院副院长，为了给封闭管理期间的同学送上精神食粮，她积极组织开展16场智信讲堂抗疫特别讲座，给校内外师生送上一份特别的关心与学术盛宴。农工党同济支部委员、环境学院教师吴志根，是研究生班主任和硕士导师。他每天向班级传达疫情信息和任务指示，叮嘱同学们做好个人防护，稳定学生们情绪的同时指导硕士生做好科研工作。同时，根据社区各种实际情况，撰写了三篇社情民意，一篇直通市政府的高校毕业生就业问题及建议的报告，向政府反馈一些问题和提出相应的建议。他还代表支部电话慰问党员，了解他们的实际困难和需求，并克服困难将紧缺的蔬菜水果送上门。

人物风采

郑瑞芬（1939—）

女，浙江黄岩人，1959 年毕业于同济大学后任教于同济大学应用力学教研室。曾任系科研秘书。1963 年和施蛰存之子施迈结婚③，1983 年 1 月由王魏軏（yuè）、王汝鹏介绍加入农工党，组织关系属杨浦区委员会。1988—1990 年任农工党同济城建支部主任委员，1990—1996 年任农工党同济大学支部主任委员。

谷耕莘（1939—）

曾用名谷畊莘，上海市人，1962 年毕业于同济大学岩土工程系水文工程地质专业。1962—1969 年在总字 344 部队任教员，1969 年在总字 352 部队任技术员，1970—1974 年在上钢一厂轧钢车间任修理工，1975—1981 在上钢一厂职工大学任教，1981 年起在同济大学城建分校（后改组为上海城市建设学院，1996 年并入同济大学）任教。1985 年 6 月加入农工党，组织关系属农工党同济大学小组。1996 年 11 月，上海城市建设学院并入同济大学，新的农工党同济大学支部成立，任主任委员。

韩生廉（1943—2017）

北京市人。1995 年 12 月加入农工党，曾任农工党上海市委委员、农工党同济大学主委、上海市侨联委员、上海市政协委员。1960 年从哈尔滨市科协附中毕业后考入黑龙江技术专科学校，1969 年毕业于东北大学矿建专业，1969 年 9 月至 1977 年 11 月在辽宁鞍钢氧气厂工作，1977 年 11 月至 1983 年 12 月在鞍钢钢铁学院任教。1983 年 3 月至 1992 年 3 月在日本横滨国立大学工学部电子情报工学科攻读硕士、博士和博士

③ 参见：张剑，江文君，《现代中国与世界》第 1 辑，上海书店出版社，2018 年版，第 75 页。

后课程，获工学硕士、工学博士（甲）学位。1992年3月至1994年2月任日本横滨国立大学工学研究科研究员、日本积善会看护专科学校情报科学教授。1994年3月任同济大学电气工程系教授、博士生导师，兼任日本横滨国立大学客座教授。毕生致力于智能控制理论教学和科研，承担多项国家自然科学基金、上海市科委项目的研究工作，公开发表论文60余篇，出版译著1部、专著1部。

童晓文（1964—）

湖北武汉人，2005年2月加入农工党，2006年10月至2021年9月任农工党同济大学委员会第一、二、三届主委，教授，博士生导师，同济大学附属同济医院主任医师。1987年6月、1990年6月先后获同济医科大学（现华中科技大学同济医学院）医学学士、妇科肿瘤专业医学硕士学位，1992年9月任该大学附属医院妇产科主治医师。1994年8月获德国乌尔姆大学妇产医院医学博士学位。1994年至1998年应邀在美国贝勒大学医学院妇产科工作。1998年至2003年在德国弗莱堡大学妇产医院工作，任肿瘤基因课题组负责人，2004年回国。在国际上发表有关学术论文70余篇，获两项美国专利，美国总统SGI奖获得者。2012年获上海市医学科技奖三等奖、上海市自然科学奖三等奖，2015年获上海市医学科技奖成果推广奖、全国妇幼健康奖等科技成果奖。先后数次担任国际研讨会特约报告人和会议主席，系2000年美国妇产科丛书特邀的外国撰稿人之一，任德国妇产科期刊 *Archives of Gynecology and Obstetrics* 副主编。持有中国、美国和德国的医师执照。现任中华医学会妇产科学盆底组委员、中华医师协会委员，上海市医学会康复医学学会主任委员，妇产科学会常务委员，盆底学组组长。

许维胜（1966—）

山东临邑人，同济大学电子与信息工程学院教授，博士生导师。2013年5月起任同济大学信息化办公室主任，兼任同济大学大数据与网络安全研究中心主任、社区信息化与智能建筑研究中心副主任。2003年6月加入农工党，2021年9月起任农工党同济大学委员会第四届主委。1984年9月至1989年8月就读于同济大学电气工程系工业自动化专业，获学士学位；1989年9月至1992年4月就读于同济大学电气工程系工业自动化专业，获工业自动化专业硕士学位；1992年9月至1996年3月就读于同济大学经济与管理学院，获管理工程博士学位。1996年4月留校任教，曾任同济大学电气工程系副主任、信息与控制工程系副主任、控制科学与工程系副主任、主任。主要研究领域为应急物流、教育信息化、智能自动化理论与工程等。先后主持和参与完成包括多项国家“863”和国家自然科学基金项目在内的科研项目近20项。2000年入选教育部首批优秀青年骨干教师。2007年获国家科技进步二等奖，2006—2008年度同济大学师德师风十佳教师，2019年获华夏建设科学技术三等奖。是中国自动化学会理事、中国高等教育学会教育信息化分会常务理事、上海市信息学会会长、上海市高等教育学会信息管理专委会副主任、上海市教育技术协会高等教育专委会副主任。

尹大强（1962—）

江苏金坛人，2009年3月加入农工党，农工党第十六届中央生态环境工作委员会委员。1979年考入南京大学生物学系，1983年、1988年、2002年先后获得南京大学学士、硕士、博士学位。1983年至2001年任职于南京大学环境科学系，1994年至1995年美国杜克大学高级访问学者，1998年至1999年英国国家水研究中心合作研究员，2001年至2006年任南京大学环境学院教授、副院长。2006年至今任同济大学环境科学与工程学院教授，其间曾兼任环境科学与工程学院副院长。先后入选教育部优秀青年教师基金获得者（2000）、江苏省“青蓝工程”中青年学科带头人（2002）、江苏省“六大高峰人才”（A类，2003）、上海领军人才（2016）、宝钢教育优秀教师奖（2018）、消除持久性有机污染物特殊贡献奖（2020）。在国际主流学术期刊上发表SCI论文300余篇，总被引次数超过10 000次。申请或授权国家发明专利10余项，出版教材与专著8部，获国家自然科学二等奖1项、省部级自然科学一等奖3项、省部级自然科学二等奖2项。2012年被评为中国环境科学学会第九届优秀环境科技工作者。现任同济大学长江水环境研究教育部重点实验室主任。兼任国家水体污染控制与治理重大科技专项饮用水主题专家、科技部P3实验室生物安全评审专家委员会委员、中国化学会环境化学专业委员会委员和中国环境科学学会持久性有机污染物专业委员会等。上海市第十三届政协委员、上海市杨浦区第十五届人大代表。

徐鉴（1961— ）

浙江余姚人，博士，同济大学特聘教授，博士生导师，2008 年 3 月加入农工党。国家杰出青年基金、上海市领军人才、优秀学科带头人、国务院政府津贴获得者、爱思唯尔中国高倍引学者、上海市优秀模范教师。完成国家自然科学基金委重点项目 2 项、国际合作与交流项目 1 项和多项面上项目。出版专著 1 部、教材 1 部，发表研究论文 200 余篇，其中 SCI 论文 140 余篇，多篇论文获得高影响力、最佳论文等奖项。2009 年、2013 年和 2015 年被评为上海市博士研究生优秀论文指导教师。1998 年获教育部科技进步二等奖，主持的“理论力学”和“工程力学”获得国家精品课程（2008，2009），“工程力学”获得国家精品课程资源共享课程（2014）。现任同济大学校务委员会委员、上海市科协委员、国家自然科学基金委员会重大研究计划“共融机器人基础理论与关键技术”专家指导组成员、上海市力学学会监事长、中国力学学会常务理事、中国机械工程学会机器人分会常务委员、华东基础力学与工程应用协会副理事长、《力学学报》《力学季刊》副主编以及 *Acta Mechanica Sinica*，*Cognitive Neurodynamics* 等多种期刊编委。曾任同济大学航空航天与力学学院副长，中国力学学会动力学与控制专业委员会主任、上海市力学学会理事长、教育部基础力学课程指导委员会委员、中国科协九大代表、*Theoretical and Applied Mechanics Letters*，《力学（季刊）》《动力学与控制学报》副主编。

汪浩（1962— ）

浙江宁波人，医学博士、主任医师、硕士生导师。2001 年 4 月加入农工党，农工党同济大学委员会委员。同济大学附属同济医院特需医疗科主任、全科医学科主任、全科医学规范化培训基地主任、体检与健康管理医学中心主任、全科医学教研室主任、医学英语教研室主任。1984 年毕业于南京铁道医学院（今东南大学医学院），获医学学士学位；1990 年毕业于上海第二医科大学（今上海交通大学医学院），获医学硕士学位；2012 年毕业于同济大学，获医学博士学位。曾在德国弗莱堡大学附属医院作为高级访问学者和客座医生。在国内外学术杂志发表论文 20 余篇，其中 SCI 收录 9 篇。主编和参编著作 7 部。2006 年获同济大学教学成果二等奖；2003 获同济大学教学奖励金教学系列三等奖；2010 年获同济大学教学奖励金教学系列二等奖。2009 年获上海市侨联优秀联络员；2010 年获上海市归侨侨眷先进个人；2011 年获普陀区政协委员先进个人；2015 年上海市归侨侨眷先进个人、区政协委员先进个人。上海市普陀区第十二、十三届政治协商委员会委员，上海市普陀区海联会常务理事，上海市普陀区香港联合会副主席，上海宝山欧美同学会副会长，上海市侨界知识分子联谊会理事。中国医疗保健国际交流促进会基层卫生分会常务委员，海峡两岸医药卫生交流协会全科医学分会委员，中华医学会上海市全科医学专业委员会委员。主持和参与多项省部级课题项目。

杨长青（1965—）

江苏淮安人，1997 年 7 月加入农工党，农工党同济大学副主委及同济医院主委。同济大学二级教授，博士，博士生导师。附属同济医院主任医师、大内科主任、内科教研室主任、内科培训基地主任、消化内科主任。毕业于中南大学湘雅医学院，获医学博士学位。曾留学于美国哈佛大学医学院附属 Beth Israel Deaconess 医院。主持国家自然科学基金项目 8 项（包括重点项目 2 项）以及上海市联合攻关重大项目、海外高层次留学回国人员专项资助等课题，发表中英文论文 260 余篇，获上海市优秀学科带头人、上海领军人才、上海市科技进步奖、上海市自然科学奖、湖南省科技进步奖、首届同济名医（2016 年）、中华医学科技奖、上海市育才奖、上海市教学成果奖、同济大学教学成果奖、中国医师协会“全国百名住院医师心中的好老师”（2015 年）、上海市卫健系统先进个人等荣誉称号或奖励。兼任上海市医学会肝病分会候任主委，上海市中西医结合学会消化分会主委，上海市康复医学会消化分会主委，上海市医学会消化分会常委兼肝胆学组组长，中国老年医学学会理事兼消化分会副会长，中国医促会消化分会常委兼内镜学组委员，中国研究型医院学会肝病分会常委兼门脉高压学组副组长，美国胃肠病协会（AGA）会员，美国肝病研究协会（AASLD）会员。兼任宝山区欧美同学会会长，曾任普陀区人大代表和政协委员。

张皓（1979—）

女，湖北荆州人，教授、博士生导师，教育部青年长江学者。2018年3月加入农工党。电子与信息工程学院副院长。2001年本科毕业于武汉理工大学自动控制专业，2002年9月至2007年6月就读于华中科技大学控制理论与控制工程专业，2007年6月获工学博士学位，湖北省优秀博士论文获得者。2007年9月任教于同济大学电子与信息工程学院控制科学与工程系，2010年被评为副教授、硕士生导师，2015年评为教授、博士生导师。2011年至2013在香港城市大学机械生物工程系进行博士后研究工作。主持包括国家自然科学基金项目3项在内的10余项国家级省部级项目，在国际有影响的杂志和会议上发表相关论文70余篇，其中30余篇论文被SCI收录。发表*Automatica*、*IEEE*会刊33篇论文，其中1篇论文入选“2013年中国百篇最具影响国际学术论文”，11篇论文入选ESI高被引论文。入选香江学者计划、上海市晨光人才计划、浦江人才计划、曙光人才计划等，国家优秀青年科学基金获得者。获教育部自然科学奖二等奖1项、上海市自然科学奖一等奖1项、上海市科技进步奖一等奖2项及中国自动化学会青年科学家奖。兼任中国自动化学会青年工作委员会委员、中国自动化学会会员。

余晨（1963—）

女，广东台山人，博士，美国布朗大学博士后，主任医师，教授，博士生导师，同济大学附属同济医院肾脏内科主任。1999年4月加入农工党。上海市浦江人才。从医30余年，主攻方向：危重症肾脏病血液净化治疗以及原发性肾脏疾病、糖尿病肾病、狼疮性肾病。主持国家级、省部级等课题十余项，发表中英文论文100余篇，SCI论文50余篇（包括肾脏顶级杂志*JASN*等），专利一项，主编、参编专著/教材7部，获上海市医学科技三等奖。学术兼职有：上海市医师协会肾脏医师分会副会长、上海市康复医学会肾脏专委会主任委员、中国康复医学会肾脏专委会副主任委员，中国医师协会肾脏内科分会委员、中国生理学会肾脏专业委员会委员、中国病理生理学会肾脏专业委员会委员、中华医学会上海肾脏病专业委员会委员、上海市中西医结合肾脏专业委员会委员、上海市肾脏病质控专家，上海市血液透析质控专家。2022年在上海抗击新冠疫情期间，作为国家联防联控专家组成员参加临床一线抗疫。上海市三八红旗手，首届上海市医师协会“仁心医者——杰出专科医师”奖，同济大学泰禾卓越医学教育教授奖。

盛闻超（1977— ）

女，安徽合肥人，2020 年 10 月加入农工党。同济大学环境科学与工程学院环境科学系教授，博士生导师。2010 年获得美国麻省理工学院物理化学博士学位。2010 年至 2017 年在美国特拉华大学和哥伦比亚大学从事研究工作，2017 年 5 月加入同济大学工作至今。主要从事可再生能源的电化学存储与转化的研究，内容涉及燃料电池、电解池等电化学器件的电极反应过程，如 HOR/HER、ORR/OER、MOR、CO_2 电化学还原等。相关的研究工作发表在 *Energy & Environmental Science*，*Nature Communications*，*Journal of the Electrochemical Society* 等国际专业杂志。

大事记

1988年1月

农工党同济城建支部成立，郑瑞芬为主任委员，王汝鹏为副主任委员。

1990年2月

经农工党上海市委批准，农工党同济－城建支部拆分为农工党同济大学支部和农工党城建学院支部。同济大学支部主任委员为郑瑞芬，副主任委员为郭学宝。城建学院支部主任委员为王汝鹏，副主任委员为谷耕莘。

1995年12月

农工党铁道医学院支部更名为农工党上海铁道大学支部。

1996年11月

由于上海城市建设学院并入同济大学，新的农工党同济大学支部成立，谷耕莘任主任委员，韩生廉、朱立明任副主任委员。

1998年1月16日

农工党同济大学支部召开迎新大会④。

1998年1月

韩生廉当选上海市第九届政协委员会委员⑤。

④ 同济大学党委统战部编，《同济统战通讯》1999年第4期（总第三十六期），1999年3月15日。
⑤ 同济大学党委统战部编，《同济统战通讯》讯1999年第4期（总第三十六期），1999年3月15日。

1999年4月6日

我校各民主党派成员汇聚校工会俱乐部，听取出席全国和上海市人大政协两会的代表委员们传达两会精神，探讨如何贯彻落实两会精神，做好民主党派工作。大会由校党委统战部和民盟同济大学委员会共同组织，党委副书记刘润海出席大会并作了重要讲话。市政协委员、农工党同济副主委韩生廉介绍了他在今年的市政协会议上关于医疗保险和素质教育方面的提案和发言[⑥]。

2001年

市政协会议上，韩生廉作为农工同济大学主委、市政协委员提交了《上海应率先在中小学开设情感教育课》的提案。

2001年11月22日

农工党同济大学总支委员会成立，电子与信息工程学院教授、博士生导师韩生廉任主委，工程力学系副教授朱立明、附属同济医院眼科副主任医师仇许玲任副主委。

2006年10月31日

农工党同济大学委员会成立，有党员69名。会议选举产生了农工党同济大学第一届委员会，童晓文任主委，仇许玲、许维胜、朱立明任副主委。

2008年10月

高阆参与援外医疗队远赴摩洛哥。

2010年4月

姜启全赴云南文山州开展医疗服务。

2011年4月

沈爱群赴云南文山州开展医疗服务。

⑥ 同济大学党委统战部编，《同济统战通讯》1999年第6期（总第三十八期），1999年4月9日。

2011年12月20日 农工党同济大学委员会召开第二次代表大会，童晓文当选主委，仇许玲、许维胜、朱立明当选副主委。

2012年 尹大强牵头农工党上海市委调研课题完成《建立上海市环境与健康工作协调机制，完善监控网络与管理体系建设——上海市环境与健康工作现状调查与对策建议》调查报告。该报告被列为2013年上海市政协全会农工党上海市委集体提案，受到上海市政府有关部门的高度重视。上海市卫计委、上海市环保局等组织专题研讨，上海市环保局于2014年设立科研专项资金，开展环境与健康调研工作。

2010—2012年 仇许玲荣获农工党社会服务工作先进个人称号。

2013年 重阳节期间在同济大学举办敬老爱老活动，同济医院养生专家应邀介绍老年养生之道，受到老同志们的好评。

2013年 高頔参加上海援外医疗50周年主题活动，荣获2013年上海市援外先进个人称号。

2015年10月 农工党同济大学委员会顺利完成了2个支部的换届工作，增强了基层组织的整体素质和凝聚力。

2015年11月 农工党同济大学委员会积极参加农工党上海市委组织的“国际科学与和平周”以及“环境与健康”系列义诊活动。

2015年10月 沈爱群参与援外医疗队远赴摩洛哥。

2015 年

仇许玲获杨浦区政协委员先进个人称号。

2016 年 4 月

赵海鹏、庞维海参加中共上海市委党校、上海市社会主义院等处举办的培训班、学习班。

2016 年 4 月

王秀芹赴云南文山州开展医疗服务。

2016 年 7 月 13 日

农工党同济大学第三次代表大会在同济医院教学楼学术报告厅举行。大会选举产生了农工党同济大学第三届委员会。在随后召开的新一届委员会第一次会议上，童晓文当选主委，尹大强、朱立明、许维胜、杨长青当选副主委。

2016 年

沈爱群报名参加援外医疗队，远赴摩洛哥开展医疗服务。

2017 年 4 月 26 日

农工党上海市第十三次代表大会召开，农工党同济大学委员会主委童晓文当选为农工党上海市委常委，农工党同济大学委员会副主委尹大强当选农工党上海市委委员。

2017 年 11 月 3 日

农工党同济大学委员会在同济医院职工之家举行党员学习十九大报告交流会。委员会班子成员及党员代表共 22 人围绕中共十九大报告交流学习体会，表示要在今后的工作中不断学习、宣传、贯彻和落实。

2017 年

赵海鹏获中国医院建设匠心奖、教育部科技进步一等奖。

2018年4月25日至26日

仇许玲参加上海市第十五次妇女代表大会。

2018年5月22日至24日

仇许玲参加上海市总工会第十四次代表大会。

2018年10月22日至26日

仇许玲参加全国总工会第十七次全国代表大会。

2018年10月23日至26日

沈爱群参加农工党上海市委第二十四期中青年骨干学习班。

2018年12月11日

农工党同济大学委员会召开学习党的十九大精神交流座谈会。

2018年

吴志根牵头的农工党上海市委调研课题“上海生活垃圾分类处置现状调研及建议”获农工党中央优秀调研课题二等奖。仇许玲获2017—2018年度上海市卫生健康系统院务公开民主管理先进个人称号。

2019年

余晨获上海市三八红旗手称号、上海市医师协会“仁心医者——杰出专科医师奖”；吴志根获“农工党上海市委参政议政先进个人”称号。

2020年

吴志根撰写的《关于解决国产化环保新技术、新装备开发及产业化困局的对策建议》社情民意信息被农工党中央《信息专报》采用，并上报全国政协。

2021 年 6 月 22 日

张皓、吴志根、庞维海、孙雅洁等参加同济大学统一战线庆祝建党 100 周年“红色百年，同舟共济”龙舟赛，获第一名。

2021 年 9 月 29 日

农工党同济大学第四次代表大会在同济大学附属同济医院召开。会议审议并通过了童晓文代表农工党同济大学第三届委员会作的工作报告，选举产生了农工党同济大学第四届委员会，许维胜当选主任委员，杨长青、赵海鹏、张皓、盛闻超当选副主任委员。

2021 年

农工党同济大学委员会在纪念农工党成立 90 周年暨“四史”学习教育表彰活动中，荣获社会服务工作“先进基层组织”称号，朱立明、仇许玲、潘菊萍在纪念农工党成立 90 周年暨“四史”学习教育表彰活动中荣获“先进个人”称号。

2021 年 12 月

许维胜、吴志根当选上海市杨浦区政协委员，赵海鹏当选上海市普陀区政协委员，张皓当选上海市嘉定区人大代表。

第七章

中国致公党同济大学支部委员会概况

一、历史沿革

中国致公党（简称“致公党”）于1925年10月10日在美国旧金山成立，是以归侨、侨眷中的中上层人士为主和其他有海外关系的代表性人士为主组成的、具有政治联盟特点的政党，是中国共产党领导的多党合作和政治协商制度中的中国特色社会主义参政党。

1980年12月4日，上海市致公党党员大会在上海市侨联会议室（上海延安西路129号）举行，中国致公党上海市支部委员会正式成立。

中国致公党同济大学支部委员会成立于2006年12月6日，是致公党上海市委直属支部。成立初期，支部有党员13名。从历史沿革来说，委员会迄今已经换届四次，第一、第二届委员会主委陈玲，第三、第四届委员会主委李麟学。主要沿革情况如下。

2006年12月6日，中国致公党同济大学支部成立大会在同济大学四平路校区逸夫楼召开。中共上海市委统战部副部长周箴、致公党上海市委常务副主委吴幼英、致公党上海市委副主委蔡建国，中共杨浦区委常委、统战部长张慧珠，致公党杨浦区委原主委、区侨联副主席方里和同济大学党委书记周家伦、校长万钢、党委副书记周祖翼参加会议，中国致公党同济大学支部主委陈玲主持会议。会上，同济大学党委统战部部长李祖望汇报致公党同济大学支部成立的筹备经过，致公党市委副秘书长兼组织部部长蔡沫西宣读了致公党上海市委同意成立致公党同济支部的批复，致公党上海市委常务副主委吴幼英向致公党同济大学支部授印。周家伦同志代表学校党委对中国致公党同济大学支部成立表示热烈祝贺。陈玲当选第一届支部委员主委，崔志鹰、陈皓当选委员。

2011 年 10 月 21 日，致公党同济大学支部委员会第二次党员大会召开。同济大学党委书记周家伦、副书记马锦明会见莅临会议的致公党上海市副主委、上海市侨办副主任蔡建国、杨浦区委统战部部长张慧珠等领导，并对致公党同济大学支部委员会召开第二次党员大会表示祝贺。民革同济大学委员会主委于雪梅代表同济大学各民主党派向大会致贺词。大会选举产生了致公党同济大学第二届支部委员会，陈玲任主委，李麟学、陈皓任副主委。

2016 年 10 月 18 日，致公党同济大学支部委员会召开第三次党员大会。同济大学党委副书记马锦明、党委统战部部长岳继光，以及致公党上海市委副主委蔡建国、致公党上海市委组织部部长张女欢、民建同济大学主委汪世龙、致公党杨浦区委副主委黄惠敏等出席。大会选举产生了致公党同济大学第三届支部委员会班子，李麟学任主委，尹学锋、陈皓任副主委，吴玲玲、赵守政任委员。

2021 年 6 月 18 日，致公党同济大学支部委员会第四次党员大会召开。同济大学党委常务副书记冯身洪、致公党上海市委专职副主委兼秘书长马进出席大会并讲话。校党委统战部常务副部长安娜、副部长江静，民建同济大学委员会主委汪世龙、致公党杨浦区委副主委赵婕等出席会议。大会选举产生了致公党同济大学支部委员会第四届委员会，李麟学任主委，林思劼、黄震任副主委，费泓涵、沈佳琦任委员。

表 7–1　致公党同济大学第一至四届委员会成员

（副主委、委员按照姓氏笔画顺序排列）

序号	职务	姓名	性别	工作单位职务、职称	分工
1	主委	李麟学	男	同济大学艺术与传媒学院院长、建筑与城市规划学院教授	主持全面工作、财务管理和思想建设
2	副主委	林思劼	男	同济大学研究生院副院长、环境科学与工程学院教授	组织建设和社会服务
3	副主委	黄震	男	上海同济城市规划设计研究院成都分院常务副院长、高级工程师	参政议政和宣传联络

续表

序号	职务	姓名	性别	工作单位职务、职称	分工
4	委员	沈佳琦	女	联合国环境规划署－同济大学环境与可持续发展学院教学综合管理岗主任科员	辅助财务管理、思想建设和组织建设
5	委员	费泓涵	男	同济大学化学科学与工程学院教授、博士生导师	辅助参政议政、社会服务和宣传联络

截至2021年10月，中国致公党同济大学支部党员共计34人，其中退休党员5人，在职党员29人。党员皆具有中高级职称，主要来自环境科学与工程学院、建筑与城市规划学院、电子与信息工程学院、艺术与传媒学院和同济大学建筑设计研究院等，其中两位新党员入选国家海外高层次人才计划。

致公党同济大学支部从成立伊始就“嵌入”属地——致公党杨浦区委员会，两任支部主委同时担任了致公党杨浦区委主委，探索“区校全面合作”模式。支部成立以来，在致公市委、学校党委和党委统战部、杨浦区委和统战部的支持、指导下，坚持以中国特色社会主义理论尤其是习近平新时代中国特色社会主义思想为指导，努力践行社会主义核心价值体系，牢牢把握“致力为公侨海报国”宗旨，紧紧围绕学校的教学和科研中心工作，发挥自身特色和优势，服务学校和上海发展大局，结合各个时期的目标任务，切实加强基层组织建设，认真履行参政党职能；同时积极探索工作方法，不断提高参政议政的意识和能力，积极建言献策，求真务实，为学校发展、上海城市建设做出了积极贡献。

二、主 要 工 作

（一）思想政治建设

思想建设是民主党派自身建设的基础性工作。15年来，致公党同济支部始终把政治理论学习放在首位，每年围绕一个主题，通过专题报告、辅导讲座、座谈交流、考察调研、课题研究等形式多样的学习活动，努力探索符合党派实际的思想教育方式方法，不断夯实思想建设基础，提高政治思想觉悟和理论水平。

同济支部始终把加强政治理论学习作为思想建设工作的重点，坚持以习近平新时代中国特色社会主义思想为指导，带领全体党员认真学习贯彻习近平系列重要讲话及每年全国两会精神，认真学习贯彻中共中央统战工作会议精神和致公党中央会议精神。通过学习文件、座谈交流、专题培训等多种形式，支部党员深刻体会“不忘合作初心，继续携手前进”宗旨，牢记“致力为公、侨海报国”致公精神，提升党员政治素养。通过强化学习培训、深化主题教育、讲好“致公故事”等举措，不断夯实多党合作共同思想政治基础。

致公党同济大学支部以提升自身建设水平为目标，有重点、分步骤，有序开展了系列主题学习实践活动；组织学习新修订的《中国致公党章程》，深刻领会党章的精神实质和丰富内涵，进一步统一思想；在庆祝中国共产党成立 100 周年、新中国和人民政协成立 70 周年、“五一口号”发布 70 周年、改革开放 40 周年等重要时间节点，通过专题讲座、集中研讨和参观学习等多种方式开展“不忘合作初心、继续携手前进”“学四史、知党史”等主题教育系列活动，进一步激发党员的爱国热情，增强守初心、担使命的思想自觉和行动自觉，引导广大党员特别是新党员及年轻骨干党员统一思想认识，不断增强思想自觉和行动自觉。

15 年来，致公党同济支部开展了包括支部组织生活、座谈会、外出考察调研、主题参观等各种内容丰富、行之有效的实践学习活动，理论联系实际，加深党员们对理论知识的理解，在实践中增强“四个意识”、坚定“四个自信”、做到“两个维护”，切实把思想和行动统一到习近平总书记重要讲话精神上来。

通过坚持开展把政治交接教育活动与“进一步提高思想政治觉悟相结合、与履行职能相结合、与加强组织自身建设相结合”的“三结合”活动，党员们对高举中国特色社会主义伟大旗帜和中国特色社会主义政治发展道路的理解更加深刻，更坚定了接受中国共产党领导的自觉性和坚定性。通过组织党员参观“风雨同舟，继往开来”学习教育图片展和致公党党史党章，党员们更进一步感受到中国共产党与各民主党派、爱国人士风雨同舟、肝胆相照的赤诚情怀，更明确了时代赋予的历史责任。

依托致公党中央、市委、各级党委统战部和社会主义学院，积极选送中青年骨干参加党派干部培训班等，加强后备干部培养，多名党员参加“中央社会主义学院民主党党派干部进修班”、致公党上海市委“中青年干部培训班”等多层次培养。

连续与贵州毕节和遵义展开卓有成效的“扶贫共建”工作，深入贫困乡村开展主题教育活动；先后组织考察创意知识经济园区、杨浦图书馆与滨江“人民城市”贯通段、长三角一体化示范区等活动，在实践调研中提升思想认识高度，为服务学校与社会奠定了坚实基础。

（二）组织建设、制度建设

组织发展工作是自身建设的基础。为促进建设高素质参政党，支部把组织发展和后备干部队伍建设作为各项工作的重中之重，15 年来始终坚持“积极稳妥、重在质量、改善结构、健全组织、增强活力”二十字方针，以组织发展和后备干部队伍建设为重点，组织建设各项工作取得了可喜成效。

组织发展工作的好坏直接关系到一个党派是否后继有人和命运前途的问题，关系到与中国共产党合作共事有没有人才的大问题，关系到党派的性质、职能的履行，关系到多党合作的长期共存与发展。按照“重质保量”原则，支部牢牢把握“侨海”特色，以高度政治认同感、综合素质、参政议政能力、专业影响力等作为甄别遴选组织发展对象的主要参考点，积极发现和吸收政治素质高、参政议政能力强的年青优秀党外人士加入组织，呈现出发展速度合理、综合素质突出、年轻化程度高等特点，组织发展工作成效显著。

15 年来，致公党同济支部认真落实组织生活会，并积极参加市委和区委组织的各项活动。与杨浦区委协同，先后组织全体党员前往浙江临安、上海七宝、上海崇明、上海孙桥农业园区、上海陈云故居纪念馆和中国工业博览会以及嘉兴、遵义、重庆等地考察。每逢重阳节，支部专门为年龄逢五或十的老同志集体过生日，祝福老同志们身体健康，感谢他们依然为学校的发展发挥余热；每年暑期，还精心组织看望老党员活动。这些活动增进了党员间的精神传承和友谊，增强了组织的凝聚力。

后备干部队伍建设是领导班子建设和发挥参政党作用的基础，也是自身建设的重点。支部充分发扬民主，广开推荐渠道，扩大选人视野。支部每年都积极举荐骨干年青党员参与学校统战部、致公党上海市委、杨浦区社会主义学院等举办的各类培训班和学习班，通过集中学习培训和交流、考察，使青年骨干进一步明确民主党派在新时期、新阶段的性质、地位、作用，明确了肩负的责任和使命，对树立坚定信念、明确工作定位、增强参政议政能力、提高思想政治水平、增强创新意识等方面都有较大的帮助和提高，为同济支部工作的可持续发展奠定坚实基础。

2010 年，李麟学获得致公党中央委员会“开展树立和践行社会主义核心价值体系推进基层组织建设活动”先进个人称号。

（三）参政议政、建言献策

参政议政是民主党派的重要职能，支部强化专业特长，紧扣社会与政治经济热点痛点，每年提出多项市人大及市政协、区人大及区政协提案，以及多层次的社情民意。

其中，曹伊清的《关于完善后续管理，确保住房保障工作健康有序开展》的提案获得李克强总理批示（2014 年），陈玲的《关于在居民社区鼓励安装新能源汽车充电桩的建议》荣获上海市政协优秀提案奖（2016 年）、在市政协大会上的发言“长江口水域环境治理刻不容缓”得到市有关部门高度重视（2016 年），李麟学的《推进杨浦区校深度合作、促进杨浦双创基地建设》《关于杨浦滨江对标国际城市，打造世界一流滨水区的建议》被选为杨浦区政协重点办理提案（2017 年，2018 年）、《疫情常态化下加强中学生心理应对的建议》被列为市人大常委会副主任重点督办建议（2021 年），陈皓的《建议将健康教育纳入基础教育基本目标》被致公党中央和中央统战部采用（2017 年）。截至 2021 年 10 月，同济大学支部累计提交上海市人大、市政协、区政协等议案、建议、提案与社情民意百余篇。

致公党同济支部成立以来，多名支部党员中担任各级政协委员及人大代表，包括全国政协副主席及常委 2 人（万钢、蔡建国）；市政协委员 1 人（上海市第十一、十二、十三届政协委员陈玲）、市人大代表 1 人（上海市第十五届人大代表李麟学）；区政协副主席、常委及委员 5 人（杨浦区第十届政协常委、第十一届政协常委与副秘书长、第十二与十三届政协常委陈玲，杨浦区第十四届政协常委、第十五届政协副主席李麟学，杨浦区第十三届政协常委许惠平，普陀区第十四届政协委员陈皓，虹口区第十五届政协委员黄震），区人大代表1人（杨浦区第十七届人大代表林思劼）。

多年来，支部在参政议政方面不断提升整体合力，取得了良好的成绩和荣誉。同济大学支部荣获2015年度杨浦区参政议政先进集体，曹伊清获2013年度致公党中央参政议政先进个人，陈玲获2018年致公党中央参政议政工作先进个人称号，许惠平获2012年、2014年杨浦区参政议政先进个人，李麟学获2015年杨浦区参政议政先进个人称号，并获得2019年度同济大学参政议政表彰等。

（四）爱岗敬业、服务社会

依托“区校共建、社区共建、扶贫共建、结对共建”构成的“四个共建工作法”，致公党同济支部积极展开多层次的社会服务工作。

致公党同济支部依托杨浦区委，走出“区校共建”的民主党派基层建设之路。陈玲与李麟学主委先后兼任致公党杨浦区委主委，带领党员紧扣杨浦发展热点、难点与痛点，展开以高校专业知识为依托的共建工作；2016年致公党杨浦区委成立城建环境专委会与科技创新专委会，陈继良、林思劼担任主任；支部成员深入社区一线，积极参加了致公党杨浦区委与新江湾街道共建、致公党杨浦区委与江浦街道共建、致公党杨浦区委与杨浦区环保局共建以及虹口区“五违四必”专项监督、“创全国文明城区”专项监督工作等各项活动。社区文化是参与社区共建的重要载体，多年来参与区委和新江湾城街道的“文艺演出进社区活动”，获得广泛赞誉。

积极参与致公党市委、杨浦区委发起的西部地区脱贫攻坚及帮扶共建工作。2014年，致公党同济支部与致公党贵州毕节七星关区支部正式签约携手共建，建立对口帮扶教育实训基地和长效帮扶机制，之后又与贵州遵义致公党总支建立“扶贫共建”，连续多年深入当地贫困乡村地区，发挥环境、城乡规划、线上教育等专业优势，积极探索“智力扶贫”特色之路，并结合大学生暑期实践，完成多项专项调研，促进当地文化与产业发展，包括“仡佬族文化遗产发展调研报告”“遵道行义，赤水长流—遵义赤水河调研报告”等。同济大学支部与杨浦区委的扶贫共建得到致公党中央和上海市委的充分肯定，在致公党中央社会发展部调研与致公党中央扶贫工作会议等介绍经验。

发挥专业特长“结对共建”，积极参与国家战略。2020 年 12 月，致公党杨浦区委员会、致公党复旦大学委员会、致公党同济大学支部与致公党吴江支部四方共同签署了《长三角区域一体化发展合作共建协议》，紧密围绕“长三角区域一体化发展”开展实质性调研共建工作。

多年来，支部社会服务工作获得多项表彰。支部获得 2017 年“致公党中央社会服务工作先进集体”，获得 2018 年“致公党上海市委社会服务先进集体”，陈玲获得致公党中央 2017 年“中国致公党社会服务工作先进个人”，李麟学、黄震获得 2021 年“致公党上海市委脱贫攻坚先进个人”称号。2022 年，致公党杨浦区委获得 2017—2022 年致公党中央“中国致公党社会服务优秀集体”，其中同济支部做出了主要贡献。

多年来，支部党员在各自的教学、科研与社会服务的本职工作岗位建功立业。陈玲获得 2017 年上海市教学成果奖一等奖及“2015—2016 年度上海市教育系统三八红旗手”称号；李麟学获得中国建筑学会“青年建筑师奖”（2006）、上海市建筑学会首届“上海市杰出中青年建筑师”奖（2018）、“同济八骏”（2017）等荣誉；林思劼入选国家高层次人才引进计划、2019 年爱思唯尔中国高被引学者、2020 年上海市五四青年奖章；费泓涵入选国家高层次人才引进计划、上海市启明星；陈继良获 2009 年上海市重大项目建设功臣荣誉称号；房殿军获 2019 年青岛市“琴岛奖”等。

人物风采

万钢（1952—）

上海市人，2005年12月加入致公党，曾任十三届全国政协副主席，致公党中央主席（2007—2022），现任中国科学技术协会主席。1969年4月参加工作，德国克劳斯塔尔工业大学机械系毕业，研究生学历，工学博士，教授。1969年吉林省延边朝鲜族自治州下乡知青，1975年至1978年在东北林业学院道桥系学习，毕业后留校任教。1979年至1981年在同济大学结构理论研究所实验力学专业学习，1981年获得硕士学位并留校任教。1985年至1991年赴德国克劳斯塔尔工业大学机械系攻读博士学位。1991年至2001年在德国奥迪汽车公司工作，任德国奥迪汽车公司技术开发部工程师，生产部、总体规划部技术经理；1991年至2001年，任德国奥迪汽车公司技术开发部工程师，生产部、总体规划部技术经理。1994年和1995年先后被德国克劳斯塔尔工业大学和同济大学聘为兼职教授、博士生导师。1999年提出开发清洁能源汽车的建议。2000年被科技部聘为国家“863”计划电动汽车重大专项首席科学家、总体组组长。2001年1月，任同济大学新能源汽车工程中心主任，2001年8月任同济大学校长助理，2003年起当选十届全国政协委员、常委；2003年6月任同济大学副校长（主持工作），2004年7月起任同济大学校长（副部长级）。2006年12月任中国致公党中央副主席。2007年至2018年任科学技术部部长。2006年任中国致公党中央副主席，2007年12月任中国致公党中央主席。第十届全国政协委员、常委，2008年起任十一、十二、十三届全国政协副主席。

蔡建国（1953—）

浙江绍兴人，博士、教授、博士生导师。历任第十一、十二届全国政协委员、全国政协外事委员会委员，中国致公党第十二、十三、十四届中央委员会常务委员、第

五、六、七届上海市委副主委，中国侨联第九届委员会常务委员，曾任上海市人民政府侨务办公室副主任、上海市侨联副主席、上海市欧美同学会副会长，现任上海市人民政府参事。此外，他还担任上海市人民政府侨务办公室副主任、同济大学亚洲太平洋研究中心主任，十一届全国政协委员，全国政协外事委员会委员等职。1980 年至 1987 年在上海社会科学院历史研究所工作，1987 年起留学日本。曾在日本早稻田大学任教 15 年，任日本新潟国际信息大学专任教授，2001 年辞去日本专任教授职务回国工作。历任同济大学校务委员会委员、校学术委员会委员、校发展委员会委员、国际文化交流学院院长，兼任日本樱美林大学客座教授、孔子学院中方理事长、中方院长。研究专业和领域为历史学、国际关系（侧重于中日关系）。

陈玲（1958—）

女，河南开封人，1997 年 12 月加入致公党，同济大学环境科学与工程学院教授、博士生导师。致公党上海市生态环境保护与建设委员会主任，上海市政协委员。曾任致公党同济大学支部委员会第一、二届主委（2006—2016），致公党上海市委委员，致公党杨浦区委副主委、主委，杨浦区政协委员、常委，致公党中央环境与城市建设专委会副主任。1986 年于西安交通大学获工学硕士学位，1992 年法国巴黎高等物理化学学院环境分析化学实验室访问学者。长期从事环境监测、环境分析与评价、污染物迁移转化及其环境行为等教学科研工作，主持国家自然科学基金项目、国家科技支撑计划和重点研发计划和省部级科研项目 10 余项，国际合作项目 2 项，发表学术论文 200 余篇，获国家级教学成果和上海市教学成果奖多项，省部级科技进步奖 3 项，获国家发明专利 20 余项。主编教材 2 部，其中《环境监测》获上海普通高校优秀教材奖。曾获同济大学卓越女性导师奖和师德师风优秀教师、上海市育才奖，上海市和上海教育系统、杨浦区、同济大学“三八红旗手”称号，上海市区局级环境保护先进个人称号。10 余件提案相继荣获上海市政协优秀提案。曾荣获致公党上海市优秀党员、杨浦区统一战线先进个人、致公党中央参政议政工作先进个人等称号。

李麟学（1970—）

山东东营人，2009年1月加入致公党，致公党上海市委第九届委员会副主委，政协杨浦区第十五届委员会副主席，致公党杨浦区委与同济大学支部主委。同济大学艺术与传媒学院院长，同济大学建筑与城市规划学院一流交叉学科“低碳城市与绿色建筑”联合教授、“能量与热力学建筑”分实验中心主任、博士生导师，上海市第十五届人民代表大会代表，中国致公党第十五、十六次全国代表大会代表。1993年、1996年先后获同济大学建筑学学士、硕士学位，1996年起留校工作，2004年获同济大学工学博士学位。2000年入选法国总统项目“50位建筑师在法国”在巴黎建筑学院学习交流，2014年哈佛大学设计研究生院高级访问学者。主持国家自然科学基金资助项目等重要课题，在国内外核心刊物发表论文120余篇。主持建成杭州市市民中心、2010中国上海世博会城市最佳实践区B3馆、四川国际网球中心、中国商贸博物馆、河南科技馆新馆、陕西文化艺术博物院等多项有影响力的建筑作品，参与汶川地震灾后重建、雄安新区城市设计等国家重大项目。近年提交各类提案与建议20余项，曾获致公党中央委员会“开展树立和践行社会主义核心价值体系推进基层组织建设活动”先进个人、致公党上海市委“脱贫攻坚先进个人”、致公党杨浦区委“参政议政先进个人”等。主要从事热力学生态建筑、公共建筑集群、当代建筑实践等，获中国建筑学会“青年建筑师奖”（2006），是“同济八骏”中生代建筑师（2017），上海建筑学会首届“上海市杰出中青年建筑师”（2018），上海市建筑学会理事会建筑创作学术部委员。主持获得上海市科技进步奖二等奖（2020）、华夏建筑科学技术奖二等奖（2021）、上海建筑学会科技进步奖一等奖（2020）以及国内外各类专业设计奖项60余项。

郑大同（1915—1986）

天津市人，同济大学岩土工程教授，博士生导师。1984年加入致公党。1937年毕业于交通大学唐山工程学院。1938、1939年先后在美国伊利诺斯大学和哈佛大学获土木工程硕士学位，曾任之江大学、沪江大学教授。新中国成立后曾任国际土力学与基础工程协会会员，中国力学学会岩土力学专业委员会第一、二届副主任委员，上海宝山钢铁总厂工程顾问。专长土力学与地基基础工程，著有《地基极限承载力计算》等，合著有《软土地基与地下工程》等。“钢筋混凝土多用平台可行性研究”获1985年国家教委科学技术一等奖。

崔志鹰（1953—）

上海市人，2003年加入致公党。历任同济大学亚太研究中心朝鲜半岛研究室主任、上海市世界史学会理事、上海市华侨历史学会理事、上海市台湾研究会理事、中国社会科学院朝鲜半岛研究中心特约研究员、上海复旦大学韩国研究中心兼职研究员；曾任上海社会科学院东欧中西亚研究所担任周边国家研究室主任、副研究员。长期致力于韩国和朝鲜半岛的研究工作，1997年曾赴韩国参加国际学术研讨会，并在会上作题为“环黄海经济圈国际合作与沪韩经济交流”的发言；出版专著《大国与朝鲜半岛》（香港卓越出版社出版），在各类报纸、杂志上发表专业论文和各类文章500余篇，其中有关韩国和朝鲜半岛的论文及文章200余篇，累计接受各种媒体和电视台采访百余次。

曹伊清（1962—）

浙江宁波人，2004年加入致公党。2006年毕业于南京师范大学，获法学博士学位。2006年至今历任同济大学法学院副教授、教授，博士生导师。从事房地产法律和房地产政策研究，承担多项国家、地方的科研项目，发表各类学术论文40余篇，参与多项房地产地方法规与政策的制定。积极参加社会调研和参政议政，进言献策，2011年执笔撰写《保障性住房售（租）后动态管理规范化机制研究》，在此基础上形成《关于完善后续管理，确保住房保障工作健康有序开展的提案》（全国政协提案），得到李克强总理的批示。获致公党中央2011年度参政议政优秀成果和先进个人。

陈继良（1967—）

安徽合肥人，2016年加入致公党。1992年毕业于东南大学，获工学硕士学位。1992年至今历任同济大学建筑设计研究院（集团）有限公司建筑设计师、副总建筑师、设计所副所长、总裁助理、副总裁。长期致力于建筑设计实践工作，参与完成了包括上海中心、前滩中心、上海迪士尼主题乐园、北京环球主题乐园等多项地标性建筑，为同济大学在建筑设计方面的产学研工作做出了杰出贡献。主持设计的上海中心大厦项目，是目前世界落成的第二高度、国内最高的超高层建筑，获2009年度上海市重大项目建设功臣荣誉称号、2018年上海科技进步特等奖、2016年CTBUH世界最佳高层建筑大奖、2018年詹天佑奖、2019年上海市优秀工程勘察设计项目一等奖、2019年度中国勘察设计协会优秀勘察设计奖优秀（公共）建筑设计一等奖、中国建筑学会建筑创作大奖、新中国成立70周年优秀勘察设计项目。主持完成上海迪士尼主题乐园、北京环球主题乐园、浙江六旗主题乐园、深圳及上海乐高主题乐园等项目，获得2016年度上海市国际旅游度假区建设标兵荣誉称号。

尹学锋（1973—）

河北武安人，2015年加入致公党，现任致公党普陀区委副主委，普陀区第十五届政协常务委员会委员，同济大学发展规划与学科建设部副部长。2006年毕业于丹麦奥尔堡大学，获博士学位；2008年至今历任同济大学电子与信息工程学院讲师、副教授、教授；2016—2021年任电子与信息工程学院副院长；2016—2021年任致公党同济大学支部副主委。长期致力于电波传播领域的教学科研工作，研究领域包括无线通信、信道建模与仿真、雷达信号处理等；参数估计算法SAGE的发明人，被动信道测量技术的开创者，传播图信道仿真理论与算法的创建人，迄今发表研究论文150余篇，中英文著作3部，国际专利与中国发明专利30余项，以及2项信道国际标准。担任普陀区政协常委期间，关注普陀区数字化产业、社会治理数字化及生命健康产业的发展，积极建言献策，承担了多项政协调研课题，相关提案得到立项。担任同济大学电子与信息工程学院副院长期间，组织建立了微电子科学与工程、数据科学与大数据技术、人工智能新工科本科专业，推动了微电子学院和智能科学与技术一级交叉学科博士授权点的建立，组织建立了服务全校及其他学科的“人工智能”公共课程和相关交叉课程，推动学科交叉发展。

陈皓（1974—）

浙江开化人，2003 年加入致公党。2006 年毕业于同济大学，获工学博士学位；1998 年至今历任同济大学高等技术学院讲师、同济大学环境科学与工程学院讲师、高级工程师；2011 年至今历任致公党同济大学支部第二届支部委员会委员、第三届支部委员会副主委、政协上海市普陀区第十四届委员会委员、普陀区政协专家库专家，致公党上海市委生态环境保护与建设专委会成员。长期致力于环境分析领域的教学、科研工作，主讲课程 4 门，主编及参编教材 3 本，主持及参与各类教改项目及精品实验建设项目 7 项，在国内外学术及教学刊物上发表各类论文三十余篇，获上海市教学成果奖一等奖、上海市科技进步二等奖、同济大学教学成果奖特等奖等各类奖项近十项。近年来通过各种渠道提交提案及社情民意近 20 篇，内容涉及环保、教育、交通、安全、抗疫等多个方面，其中《建议将健康教育纳入基础教育基本目标》获致公党上海市委、致公党中央、中央统战部采用；《普陀生态城区建设与“土十条”对接的几点建议》入选普陀区政协重点实施建议。

黄震（1977—）

江苏扬州人，2016 年加入致公党。现任虹口区第十五届政协委员、致公党同济大学支部副主委、上海同济城市规划设计研究院有限公司西南（成都）分院常务副院长、总规划师。2004 年毕业于同济大学，获工学硕士学位。主要从事城市规划设计与实践工作，主持和参与八十多项各级项目，其中获得国家级一等奖一项、省部级一等奖三项、省部级三等奖两项、院内获奖十三项。“5·12”汶川特大地震后作为抗震救灾安置规划专家组成员第一时间赴川，从紧急板房安置到恢复重建全面投入规划工作（2008）；带领团队积极投身雅安芦山地震的震后规划设计工作（2013）；宜宾地震后作为同济专家组成员赴现场开展相关救灾规划工作（2019）。作为工作组主要成员积极参与国家战略——雄安容东片区的规划项目，负责街道导则设计的相关统筹（2017）。2016—2019 年积极参与上海市委和杨浦区委的各项共建活动，参加贵州毕节的对口帮扶工作，根据致公党中央的统一部署，牵头致公党规划专家组，持续服务七星关区朱昌镇双堰村的脱贫工作和乡村振兴。获得城乡规划国家级一等奖 1 项、省部级一等奖 3

项、省部级三等奖2项。

林思劼（1982—）

福建福州人，2019年加入致公党，现任中国致公党中央生态环境与可持续发展委员会委员、致公党杨浦区委委员，同济大学支部副主委。2010年毕业于克莱姆森大学，获博士学位；2010—2015年在加州大学洛杉矶分校从事博士后研究工作；2016年至今历任同济大学环境科学与工程学院教授、环境科学系副系主任、系主任、同济大学研究生院副院长。长期致力于环境科学与工程领域的教学科研工作，聚焦环境化学、环境健康及环境纳米科学与技术等交叉领域，重点关注环境污染与环境健康效应及其机制，研发高效、低成本的纳米催化剂及其应用，主持多项国家及上海市科研项目，入选国家海外高层次人才引进计划，爱思唯尔中国高被引学者，曾获上海市五四青年奖章。积极参与党派相关工作，在建言献策、集体提案方面贡献力量，通过多种渠道以多种方式提升中国致公党的社会贡献与影响力。

费泓涵（1985—）

浙江慈溪人，2019年加入致公党，现任致公党同济大学支部委员。2007年毕业于复旦大学，获学士学位；2012年毕业于美国加州大学圣克鲁斯分校，获博士学位。2015年至今任同济大学大学化学科学与工程学院教授、博士生导师。长期致力于无机化学领域的教学科研工作，主要研究方向为阴离子配位稳化有机金属卤化物，以第一或通讯作者在自然－催化和自然－通讯等国际期刊发表学术论文60余篇，主持国家自然科学基金四项，先后入选国家海外高层次人才引进计划和上海市青年科技启明星，荣获国际衍射数据中心的Ludo Frevel晶体学奖，受邀在国内外学术大会作特邀学术报告10余次，担任包括芬兰科学院C1 Value项目在内的多个国家基金项目会评专家。

大事记

2006年12月6日

中国致公党同济大学支部成立大会在同济大学逸夫楼召开。上海市委统战部副部长周箴，致公党上海市委常务副主委吴幼英，致公党上海市委副主委蔡建国，杨浦区委常委、统战部部长张慧珠，致公党杨浦区委原主委、区侨联副主席方里和同济大学党委书记周家伦、校长万钢、党委副书记周祖翼参加会议，中国致公党同济大学支部主委陈玲主持会议。致公党上海市委常务副主委吴幼英向致公党同济大学支部授印。周家伦代表学校党委对中国致公党同济大学支部成立表示热烈祝贺。

2007年4月27日

十届全国人大常委会经表决决定，任命中国致公党中央副主席、第十届全国政协常务委员、同济大学校长万钢为科学技术部部长。

2007年12月21日

中国致公党十三届一中全会在北京举行，同济大学原校长、科技部部长万钢当选致公党中央主席。同济大学国际文化交流学院院长、亚太研究中心主任蔡建国当选为中国致公党第十三届中央常务委员会委员。

2008年4月29日

为纪念各民主党派响应中国共产党发布“五一口号”60周年，致公党同济大学支部组织党员参观由本市8个民主党派在上海中国画院联合主办的“风雨同舟、继往开来——上海市各民主党派纪念响应中共中央‘五一口号’60 周年暨政治交接学习教育活动图片展巡展”。

2008 年 5 月 12 日 四川省汶川县发生里氏 7.8 级特大地震。致公党同济支部集中捐款以及其他途径的捐助总计约 7850 元。

2010 年 1 月 13 日 致公党同济支部召开辞旧迎新组织生活会，全国政协委员、上海市政协常委、致公党上海市委副主委蔡建国到会并讲话。陈玲总结了致公党同济支部一年来的工作情况。

2010 年 1 月 29 日 杨浦区区长金兴明，杨浦区委常委、统战部长张慧珠一行，到同济大学环境科学与工程学院亲切拜访了杨浦区政协常委、致公党杨浦区委主委、同济大学支部主委陈玲教授，感谢致公党杨浦区委、同济支部长期以来对杨浦区工作的关心、帮助和支持。

2011 年 10 月 21 日 致公党同济大学第二次全体党员大会隆重举行。大会审议通过了主委陈玲代表同济大学第一届委员会所做的工作报告，选举产生了第二届委员会。同济大学党委书记周家伦、副书记马锦明会见了前来祝贺的致公党上海市副主委、上海市侨办副主任蔡建国。民革同济大学主委于雪梅代表同济大学各民主党派致贺词。大会选举产生了致公党同济大学第二届支部委员会，陈玲连任主委，李麟学、陈皓任副主委。

2012 年 5 月 14 日 致公党同济大学支部副主委、建筑与城市规划学院教授李麟学专程赴都江堰，为四川震后重建中致公党捐助的重要项目安龙镇学校“致公科普中心”的同学们举办题为“建筑之路”讲座。

2012 年 10 月 22 日

致公党同济支部召开与杨浦区区校合作工作总结会。致公党同济支部近 10 年来一直与江浦街道、新江湾城街道共建，共建活动受到各级主管部门以及社区居民广泛好评。

2013 年 9 月 27 日

致公党同济支部主委陈玲专程前往致公党上海市委援建的贵州省毕节实验学校，围绕二氧化碳排放、温室气体和气候变化对人类健康的影响等内容作了题为“低碳校园行”的科普讲座。

2013 年 3 月 27 日

致公党杨浦区委邀请致公党上海市委副主委蔡建国为全体区委党员、江浦街道、新江湾城街道部分机关干部、社区居民代表作传达全国两会精神的精彩报告，同时邀请市委副主委张立军结合新《党章》为全体党员作了辅导学习和解读。

2014 年 5 月 26 日

致公党同济大学支部和致公党贵州省毕节市七星关区支部合作共建签约仪式举行。致公党同济大学支部主委陈玲、致公党杨浦区委员许惠平、致公党贵州省毕节市七星关区支部主委周明以及七星关区委常委、统战部部长安旺及同济大学统战部负责人等出席。仪式结束后，致公党党员许惠平到毕节七星关区实验学校举行了海洋科普知识讲座。

2014 年 6 月 17 日

致公党中央主席万钢一行赴杨浦区新江湾文化中心，考察致公党杨浦区委会以“共建为抓手”开展学习实践活动的情况。致公党杨浦区委主委、同济大学支部主委陈玲汇报了致公党杨浦区委开展坚持和发展中国特色社会主义学习实践活动，以及与新江湾城街道开展合作共建的有关情况，还特别介绍了致公党同济大学支部相关工作。万钢对致公党杨浦区委和同济支部所取得的成绩给予充分肯定。

2014 年 7 月 31 日至 8 月 6 日

依托致公党同济大学支部和致公党毕节市七星关区支部合作共建的平台，由环境、经管及城市规划等专业博士生组成暑期实践团，围绕“毕节赤水河流域上游生态屏障构建”和“毕节七星关区生态旅游规划”两个专题开展美丽乡村实践调研，此次实践调研专题是由致公党毕节市七星关区支部商统战部确定，并获得团中央暑期社会实践项目立项。

2014 年

曹伊清荣获致公党中央参政议政先进个人称号，许惠平荣获致公党上海市参政议政先进个人称号。

2015 年 5 月 25 日

致公党同济支部接待致公党遵义市工委副主委陈乔一行 5 人，共同探讨对口帮扶事宜。此后的 2015 年 9 月 24 日由致公党遵义市工委专职副主委陈乔和致公党杨浦区委主委陈玲代表双方签订了结对共建协议。

2015 年 6 月 10 日

致公党同济支部部分成员考察“风语筑”创意中心。致公党团队希望双方充分发挥各自科研和设计优势，在产品规划设计、创新驱动、科技攻坚、产业支撑、项目孵化等方面建立起多层次、全方位的战略合作关系。

2015 年 12 月 23 日

为更好履行参政党职能，提高党员提案、社情民意撰写水平，致公党上海杨浦区委邀请致公党上海市委秘书长凤懋伦为区委党员作专题辅导报告。致公党同济大学支部党员认真学习，深刻领会报告精神。

2015 年

李麟学、陈皓等荣获致公党杨浦区委“参政议政先进个人”。

2016 年 8 月 27 日至 30 日

致公党杨浦区委主委李麟学、区委副主委黄惠敏率领区委委员和骨干党员代表等一行 9 人，赴遵义开展扶贫交流暨重走长征路活动。

2016 年 10 月 18 日

致公党同济大学第三次党员大会在同济大学逸夫楼召开。同济大学党委副书记马锦明，致公党上海市委副主委蔡建国，致公党上海市委组织部部长张女欢，民建同济大学主委汪世龙，致公党杨浦区委副主委黄惠敏，同济大学党委统战部部长岳继光等出席。主委陈玲代表致公党同济大学第二届支部做工作报告。马锦明代表同济大学党委、蔡建国代表致公党上海市委向大会的召开表示祝贺。大会以无记名投票方式选举产生了新一届致公党同济支部委员，召开了第三届支部第一次会议。李麟学当选新一届致公党同济大学支部主委，尹学锋、陈皓当选副主委，吴玲玲、赵守政当选委员。

2017 年 4 月 22 日至 24 日

致公党上海市第八次代表大会在上海展览中心隆重开幕。开幕式由致公党上海市副主委、同济大学教授蔡建国主持。会上，致公党同济大学主委李麟学当选为第八届中国致公党上海市委委员、中国致公党第十五次代表大会代表。

2017年7月30日至8月1日

主委李麟学带队赴遵义市开展“携手共建、精准扶贫”调研考察。

2017年9月27日至28日

致公党社会服务工作会议在北京举行，致公党同济大学支部被授予2017年“致公党中央社会服务工作先进集体”称号，陈玲被授予“致公党中央社会服务工作先进个人”称号。

2017年10月12日

致公党精准扶贫工作交流会于贵州毕节召开，致公党同济大学支部应邀参加并做题为“沪遵携手共建、智力精准扶贫”的经验交流。

2017年11月6日

致公党同济大学支部举行了十九大文件学习与考察活动。针对十九大提出的教育创新和“双一流”高校建设，支部党员考察了同济大学建筑与城市规划学院“数字创新实验室”。

2017年12月8号

主委李麟学参加致公党第十五次全国代表大会。

2017年

致公党同济大学支部被致公党中央授予社会服务工作先进集体称号，陈玲被致公党中央授予“社会服务先进个人”称号，被致公党上海市委授予“2018年度参政议政工作先进个人”称号。

2018 年 3 月 28 日

致公党同济大学支部在四平路校区召开组织生活会议。致公党市委委员、同济大学支部主委李麟学主持会议，会议总结了支部一年来的工作，并围绕全国两会精神以及有关文件，进行了专题学习和研讨。

2018 年 7 月 27 日

陈玲率领的课题调研组一行 10 人赴苏州吴江区对太浦河流域水资源情况、太湖浦江源水源地情况进行专题调研。调研中，调研组与致公党吴江支部进行了交流座谈，双方就吴江区对参与长三角一体化发展中的环境联防联动的思考以及就对水资源采取的保护对策及水源地保护等进行了深入探讨。

2018 年 11 月 3 日

在新江湾城街道社区文化中心，同济大学支部成员参加由致公党杨浦区委、杨浦区归国华侨联合会、杨浦区新江湾城街道党工委、同济大学艺术与传媒学院共同主办的“侨海报国谱新篇 致力为公永向前”庆祝改革开放四十周年“艺术进社区”文艺演出。

2018 年

致公党上海市委授予致公党同济大学支部“2018 年度参政议政工作先进集体”称号。

2019 年 5 月 18 日

主委李麟学，副主委尹学锋等一行赴致公党苏州吴江支部开展调研。双方就深化支部合作进行了深入交流，进一步明确成立跨区域的长三角区校创新创业合作联盟的合作方式和具体内容。

2019 年 5 月 29 日

致公党吴江支部联合致公党杨浦区委员会、同济大学支部赴长三角生态绿色一体化发展示范区执行委员会开展调研，三地党员进行了座谈交流，就 2020 年度联合调研课题进行了充分论证。

2019 年 8 月 16 日

致公党同济大学支部联合同济大学污染控制与资源化研究国家重点实验室、上海市兴华教育扶贫基金会，举办了优秀高中生暑期夏令营科普教育活动。来自六省十余县贫困地区共 90 多名优秀高中生参加了此次活动。

2019 年 9 月 20 日

为庆祝中华人民共和国成立 70 周年，致公党同济大学支部组织党员们开展“不忘合作初心，继续携手前进”主题教育活动。党员们参观了杨浦图书馆，体验新中国成立 70 年来上海城市建设的成就。参观结束后，党员们学习了习近平总书记在“不忘初心、牢记使命”主题教育工作会议上的讲话精神。

2019 年 10 月 11 日

致公党同济大学支部组织党员参加同济大学民主党派建设（致公党专场）暨同济同心微论坛，这也是同济大学支部深入开展“不忘合作初心，继续携手前进”主题教育活动的具体举措之一。

2019 年 12 月 6 日

致公党吴江支部、致公党杨浦区委员会、致公党复旦大学委员会、致公党同济大学支部在同济大学联合签署“长三角区域一体化发展”两区两校合作共建协议。致公党杨浦区委主委、同济大学主委李麟学和致公党吴江区支部主委陆晨分别就此次共建的基本情况以及参与长三角一体化国家战略的情况作了介绍。

2019 年 12 月 8 日

由致公党市委青年工作委员会主办，致公党杨浦区委及致公党同济大学支部协办以及同济大学艺术与传媒学院联合承办的“聚力凝心展风采、扬威追梦勇争先”——2019 年致公党上海市委智趣运动会在同济大学南校区体育馆举行。来自全市 25 个区委及直属组织组成的 23 支参赛队伍参加了本次运动会。

2019 年 10 月 1 日

在新江湾城街道社区文化中心，同济大学支部成员参加由致公党杨浦区委、杨浦区归国华侨联合会、杨浦区新江湾城街道党工委、同济大学艺术与传媒学院共同主办的“侨海报国情赤诚谱华章”庆祝中华人民共和国成立 70 周年“艺术进社区”文艺演出。

2019 年

陈皓荣获致公党上海市委“不忘合作初心，继续携手前进”主题教育活动先进个人，黄震荣被评为 2019 年致公党上海市委优秀党员。

2020 年 1 月

新冠肺炎疫情突发，致公党同济大学支部党员以多种形式，积极参加抗击新冠肺炎疫情活动，共捐款17220余元，提交“制定上班后办公楼宇公共场所防疫卫生预案的建议”等多项建议。主委李麟学协调组织了致公杨浦区委与同济大学支部各项抗疫工作，并结合同济大学艺术与传媒学院抗疫工作，与奋战在武汉一线的东方医院灾难医学研究所共同策划 18 项课题与团队，钱玲燕组织了一批德语专业学生及在德国交流的学生，协助媒体编译整理一些德国在城市疫情应对方面的措施，经澎湃新闻编审后发布。

2020年8月1日

多位党员参加主委李麟学带队的致公党杨浦区委“江浦路街道一网通办民主监督”活动。

2020年8月25日

李麟学主笔的《以“四个共建工作法”促进民主党派基层建设》提交上海市委，之后在《上海致公》发表，系统介绍致公党杨浦区委员会、同济大学支部的社会服务工作经验。

2021年6月18日

中国致公党同济大学第四次党员大会召开。致公党上海市委专职副主委兼秘书长马进，同济大学党委常务副书记冯身洪出席并讲话。同济大学党委统战部常务副部长安娜、副部长江静，民建同济大学委员会主委汪世龙、致公党杨浦区委副主委赵婕等出席会议。大会审议并通过了李麟学代表致公党同济大学第三届支部委员会所作的工作报告，选举产生了致公党同济大学第四届支部委员会，李麟学、沈佳琦、林思劼、费泓涵和黄震当选为新一届致公党同济大学支部委员会委员。经致公党同济大学第四届支部委员会第一次会议选举，李麟学当选主委，林思劼、黄震当选副主委。民建同济大学委员会主要汪世龙代表同济大学各民主党派致贺词。

2021年11月19日

致公党同济大学支部在同济大学旭日楼举行“教育思想大讨论”专题研讨活动。专题研讨在全校开展教育思想大讨论的背景之下，结合支部换届以来各方面的工作展开。

2021年

致公党同济大学支部荣获致公党中央“脱贫攻坚先进集体”称号；李麟学、黄震荣获致公党上海市委“脱贫攻坚先进个人”称号。

第八章

九三学社同济大学委员会概况

一、历 史 沿 革

九三学社是以科学技术界高、中级知识分子为主的具有政治联盟特点的政党，是接受中国共产党领导、同中国共产党通力合作的亲密友党，是中国共产党的好参谋、好帮手、好同事，是中国特色社会主义参政党。

1944 年底，一批进步学者为争取抗战胜利和政治民主，在重庆组成民主科学座谈会。1946 年 5 月，为纪念 1945 年 9 月 3 日抗日战争暨世界反法西斯战争胜利，民主科学座谈会更名为九三座谈会，1946 年 5 月改组为九三学社。1946 年 6 月，九三学社上海分社成立。1951 年，曾任同济大学校长（1944—1946）的爱国教育家和病理学家徐诵明加入九三学社，并于 1954 年当选中国人民政治协商会议第二届全国委员会委员，1989 年当选九三学社中央参议委员会委员①。此外，现任九三学社中央副主席赖明、曾

① 徐诵明（1890—1991），字轼游，号清来，浙江新昌人。1913 年考入日本九州帝国大学医学部，1919 年任北京医学专门学校病理学教授，1928 年任北平大学医学院院长，次年创办国立北平大学医学院附属医院，1932 年任北平大学校长。西北联合大学常委。1943 年作为医学界唯一代表当选中国最高学术机构——教育部学术审议委员会第二届委员。1944 年出任同济大学校长兼医学院院长，1946 年任国立沈阳医学院首任院长兼病理学教授。1949 年当选北京市第一届政协委员，受聘浙江大学教授。中国病理学的开创者和奠基人。

任九三学社中央副主席的冯培恩也都是同济校友[②]。

1953年5月，九三学社上海分社同济大学支社筹建，哈雄文担任召集人。哈雄文于1952年调入同济大学建筑系和卫生工程系，是同济大学第一名九三学社社员。随后，他将同济大学上下水道系主任、市政工程专家杨钦教授，副主任谢光华教授发展成为九三社员。1956年6月，由九三学社上海分社组织处主持，九三学社上海分社同济大学支社成立，有社员30人，主委为谢光华，副主委为哈雄文、侯希忠。至1990年5月，九三学社上海分社同济大学支社先后进行了六次换届，侯希忠、巢庆临、蒋汉文、王季卿先后担任主任委员，社员人数增加至109人。依据《九三学社章程》规定，九三学社上海市委决定将九三学社上海分社同济大学支社改组为九三学社同济大学委员会。1990年5月4日，由九三学社上海市委组织部主持，在同济大学召开了九三学社同济大学委员会成立大会。会议选举产生了第一届委员会，王季卿为主任委员，刘式雍、杨公侠任副主任委员，下设建筑、材料、数理化、机械、外语和综合6个支社。自1990年至今，九三学社同济大学委员会共进行了8次换届，王季卿、徐迪民、吴健生、陈义汉、杨守业先后任主任委员。

1996年7月，因上海城建学院、上海建材学院并入同济大学，原九三学社上海城建学院支社和九三学社上海建材学院支社并入九三学社同济大学委员会，九三学社同济大学基层委员会社员增至210人，设建筑城规、土木经管、材料环境工程、机械工程、电子信息、理学院、外语和文法等7个支社。其中，教授（包括1名中科院院士）80人，副教授89人，讲师41人。2000年4月，上海铁道大学和同济大学合并成立新的同济大学。2001年上海铁道大学5个支社共116名社员加入同济大学委员会，同济九三学社委员会共有12个支社，社员327人。2005年支社调整为11个，但社员总数仍有所增加，计348人。2015年成立经管支社，目前共有12个支社，分别为：外语支

② 赖明（1956—），江苏徐州人，1988年加入九三学社。1985年至1987年在同济大学读研究生，获博士学位，1999年至2007年任建设部科学技术司司长，2007年至今任九三学社中央委员会副主席。曾任九三学社第十、十一届中央委员会委员，第十二、十三届中央委员会副主席。冯培恩（1943—），浙江鄞县人，浙江大学教授，1965年毕业于同济大学，1981—1986联邦德国柏林工业大学机械设计研究所访问学者，1985年获德国工学博士学位，曾任九三学社第十一届中央委员会副主席。

社，主委高旭军；建筑支社，主委杨彬；材环支社，主委王峰；机械支社，主委李翠；综合支社，主委王晓东；文理支社，主委徐象繁；电气支社，主委柳先辉；经管支社，主委马卫民；第一支社，主委董英涛；第二支社，主委雷震宇；第三支社，主委李丽；第四支社，主委袁峰。

2021 年 9 月九三学社同济大学第八届委员会完成换届，目前九三学社同济大学基层委员会共有 440 多名社员，现任主委为杨守业，副主委为马卫民、高旭军和陈素文，委员包括：任晓崧、李颖、杨彬、柳先辉、王峰、马吉伟、李翠、方凡、李丽、胡杰、徐象繁和董英涛。目前，九三学社同济大学委员会社员包括两院院士、国家杰青和长江学者等近 20 人，社员规模和人才总体质量在九三学社上海市 60 多个基层委员会中居于前列。

表 8–1　九三学社同济大学第八届委员会成员

（副主委、委员按照姓氏笔画顺序排列）

序号	职务	姓名	工作单位	工作分工
1	主委	杨守业	海洋学院 / 海洋地质国重室	总负责（组织工作和参政议政）
2	副主委	马卫民	经管学院	宣传工作、组织工作
3	副主委	陈素文	土木工程学院	妇女工作、参政议政（课题）
4	副主委	高旭军	法学院 / 中德学院	参政议政（论坛）
5	委员	马吉伟	材料学院	青年工作、参政议政
6	委员	王　峰	环境科学与工程学院	社会服务、老年工作
7	委员	方　凡	对外联络与发展办公室	妇女工作、青年工作
8	委员	任晓崧	资产处副处长 / 土木工程学院	社会服务、老年工作
9	委员	李　丽	医学院	参政议政、社会服务
10	委员	李　颖	医学院	老年工作、妇女工作
11	委员、秘书长	李　翠	机械与能源工程学院	组织工作、办公室、财务
12	委员	杨　彬	土木工程学院	社会服务、组织工作

续表

序号	职务	姓名	工作单位	工作分工
13	委员	胡　杰	磁浮交通工程技术研究中心	组织工作、社会服务
14	委员	柳先辉	电信学院 /CAD 研究中心	社会服务、青年工作
15	委员	徐象繁	物理科学与工程学院	参政议政、青年工作
16	委员	董英涛	建筑设计研究院	宣传工作、会议记录、妇女工作

二、主 要 工 作

（一）思想政治建设

自九三学社同济大学支社成立以来，各届各级班子以《九三学社章程》为行动纲要，拥护中国共产党领导的多党合作与政治协商制度，以民主、科学、爱国为宗旨，把参政议政、民主监督、参加中国共产党领导的政治协商落实到具体政治思想建设和参政议政、服务社会的行动中。在社中央、社市委和同济大学党委领导下，组织了多项重要活动；委员会定期召开全体会议，集体学习领会中国共产党的治国纲要精神，开展宣传符合国情的九三学社价值意识活动；深入学习习近平总书记系列重要讲话精神，认真贯彻落实中共中央历次重要会议及全国高校思想政治工作会议、全国教育大会精神；加强“不忘初心、牢记使命”教育，及时将全国两会、上海市两会的重要精神传达到基层。

2011 年是中国共产党建党 90 周年和辛亥革命 100 周年，委员会积极组织社员参加社市委的相关纪念活动和社章社史知识竞赛。吴健生主委的文章《坚持党的领导，坚定不移地走中国特色社会主义政治发展道路》在校党委组织的党外人士庆祝中国共产党建党 90 周年活动上作了交流。2012 年中国共产党第十八次全国代表大会刚刚结束不久，九三学社同济大学委员会就举办了“学习贯彻十八大精神”专题活动。2015 年九三学社成立 70 周年之际，委员会在同济大学中法中心会议室召开座谈会，回顾九三历史，畅谈同济发展，社市委原副主委徐迪民、校党委统战部部长肖辉以及60多名社员等出席活动。

2021年，在中国共产党建党百年和九三学社建社76周年之际，委员会组织各支社开展多种形式的培训学习活动，将党史和社史学习教育落到实处，以提高社员的思想共识，强化使命担当。委员会班子带头学习中共十九届六中全会精神和《中国共产党统一战线工作条例》，与民盟同济大学委员会联合邀请同济大学副校长雷星晖作“以史为鉴、开创未来、凝聚共识、开拓新局”的主题报告，组织新社员参加“四史”线上线下学习报告会等活动。响应同济大学2021年教育思想大讨论号召，委员会联合本科生院开展大学教育和创新人才培养系列讨论和座谈会，研讨新时代高等教育培养什么样的人，如何培养人的核心使命任务，并将研讨成果与建议反馈给学校相关管理部门。

九三学社同济大学委员会注重基层组织的思政建设，将社员参政议政能力建设作为委员会健康发展和激发活力的重中之重。建立委员会和支社领导班子成员定期学习制度，每个季度委员会至少召开一次基层扩大会议，每个支社至少组织一次基层活动，每次都安排进行理论学习和思想交流。组织中青年社员学习班，邀请社市委与校党委统战部相关领导、骨干社员和资深专家开展系列思政讲座和报告会，解读时事热点和重大政策。上海和全国两会闭幕后，都会邀请人大代表和政协委员在委员会扩大会上传达两会精神，研讨新形势下的党派工作。

安排社员外出参观、交流学习，尤其组织年轻社员参加系列思政教育和践行社会主义核心价值体系活动，是九三学社开展思政教育的重要形式之一。近年来，除组织基层和支社委员会班子、退休老社员及新入社社员多次参观中共一大会址纪念馆、周培源故居、王淦昌故居（纪念馆）、吴阶平纪念馆、茅以升纪念馆、王选事迹陈列馆、梁希纪念馆、陈从周艺术馆，组织全体基层委员赴龙华烈士陵园扫墓，缅怀革命先烈的先进事迹外，还组织部分社员参观了苏州工业开发区、秦山核电站、上海城市历史发展陈列馆、上海城市规划展示馆、上海博物馆、浦东新区、临港新城、孙桥现代农业区等地。

1997年7月1日，在举国上下欢庆香港回归的日子里，各支社组织社员学习《香港基本法》、观看香港回归电视现场直播外，还积极参加由校党委统战部组织的“香港回归知识竞赛”活动，听取市委统战处处长张癸关于香港回归的专题报告，进一步加深了对“一国两制”理论与成功实践的深刻认识。2019年，在中华人民共和国成立70周年、中国共产党领导的多党合作和政治协商制度确立70周年这个重要时间节点，委员会举办了1970年后出生的中青年社员学习班，策划“不忘合作初心，继续携手前进”主题教育活动，成效显著，在社内外产生了积极影响。

（二）组织建设、制度建设

1. 抓实组织建设，永葆基层委员会青春活力

同济九三学社历届班子成员始终将发展优秀知识分子加入九三学社作为首要任务。1952年，上海九三学社资深社员、资深建筑师哈雄文是同济的第一名九三学社社员，也是九三学社上海分社同济大学支社创始人，曾推荐著名市政工程专家杨钦和谢光华加入九三学社。20世纪50—80年代，委员会主要由土木工程、市政工程与建筑规划的专家学者组成，包括陈从周、俞载道、蒋汉文等众多前辈先贤。20世纪90年代到21世纪初，九三学社同济大学委员会组织发展进入快车道，大量优秀学者加入组织。近十年，九三学社同济大学委员会年平均发展15~20名社员，居于社市委60多个基层委员会前列。一些优秀的年轻社员陆续脱颖而出，目前的第八届委员会有多名80后，包括1988年出生的教授马吉伟。

积极发展政治觉悟高、业务能力精、服务意识强的“高、精、强”中高级知识分子尤其是优秀年轻人才加入九三学社，一直是各届委员会组织建设的头等大事。委员会要求班子成员并倡导所有九三社员都有发展新社员的义务，要通过其自身工作成就和对九三学社组织活动的积极参与和获得感，注重在新的学院、在年轻教师中积极发展社员。教授沈钢长期分管委员会的组织建设工作，通过不断创新基层委员会的组织建设思路，积极吸纳几十名优秀人才尤其是年轻人加入九三学社，并引导他们尽快成长，显著提升了同济九三学社的活力和影响力。他也被社中央和社市委多次评选为组织工作先进个人。2015年才成立的经管支社在马卫民主委带领下，近几年的社员发展工作突出，国家杰青梁哲等一批优秀年轻人才陆续加入九三学社。

新社员加入基层组织后，委员会通过组织社史教育、社会考察、与老社员结对交流等活动，帮助他们深刻认识九三学社的历史使命，提高参政意识和政治敏锐力，以积极态度参政议政、承担更多社会责任。同时为他们搭建平台，激励他们在本职岗位上建功立业，彰显社员的代表性。委员会每年定期召开全体社员迎春茶话会、联谊会、座谈会，介绍老一辈九三学社人坚持科学和真理，敢于讲真话、实话的品德，努力增强班子成员继承和发扬同济九三学社优良传统的自觉性。针对女社员还开展特色专题活动，如："提高职业女性修养论坛""同济九三女社员沙龙"或参观名人故居等。多年来委员会坚持关怀老年社员，对重病大病的老社员发放慰问金，并定期走访前主委领导、退休老社员。此外，还举办了多个主题的科普沙龙，如："如何预防及治疗各类骨质疏松和其他钙磷代谢疾病""上海方言和海派文化""法律在我们身边——继承法律知识讲座"等。

制度建设上，改革组织发展的具体操作流程，方便新社员快速入社和为有入社困难的社员解决各种困难；组织系列活动，引导老社员更好理解九三学社的党派特色和同济九三学社的精神传承，通过他们吸引更多的社员加入；争取多方经费支持，精心组织和宣传各支社的组织活动，提升九三学社在民主党派中的影响力。通过长期贯彻和落实执行这些组织发展的制度，包括思想引领、人文关怀、政治扶持等举措，显著增强九三学社的磁场吸引力。九三学社同济大学委员会和方芳、沈钢等社员分别被社中央和社市委多次评为组织发展先进集体和先进个人。

2. 完善制度建设，夯实基层组织健康发展根基

九三学社同济大学委员会领导班子建设的一个重要原则是贯彻落实民主集中制，健全集体领导和个人分工负责相结合的工作方式，不断改进支社发展和组织工作的各项制度，创造民主党派健康发展的良好氛围。班子成员定期集体学习制度是同济九三学社的一个优良传统。通过学习教育活动，努力提高政治站位和大局意识，继承和发扬九三学社传统，在事关大局和根本原则问题上立场坚定、是非分明，增强政治把握能力。同时，委员会要求班子成员要提升自身综合素质和管理水平，自觉维护领导班子团结和威信，按照委员会的议事规则和决策程序办事，确保工作成效；要求大家对党派工作有较强的事业心、责任感和荣誉感，增强组织领导能力，主动作为，关心社

员成长与发展，关心同济九三的健康发展。

几十年来，九三学社同济大学委员会制度化建设一直与时俱进，逐步完善。2011年9月1日委员会扩大会议深入讨论了“九三学社同济大学委员会工作条例”，增加九三学社的宗旨和委员会委员应热心九三学社社务工作等内容。2013年，建立班子成员联系人制度。通过学习《九三学社上海市委关于落实改进工作作风、密切联系群众的八项规定的实施办法》，结合同济九三学社的实际工作，强调正、副主委和支社的联系制度。同时规定每次扩大会议前在同一地点召开委员会正、副主委会议，形成集体领导、共同议事的正风。2022年1月7日，第八届委员会的年度工作总结会议上审议通过了《九三学社同济大学第八届委员会工作制度》，修订完善委员会及支社基层各项工作，包括社员发展、参政议政、社会服务等工作进行规范化建设。

社员培养和后备干部队伍建设是关系到基层组织健康发展的大事，九三学社同济大学委员会一直注重挖掘优秀人才，加强对后备干部的培养和锻炼。在九三学社中央、社市委和同济大学党委领导下，委员会定期举办中青年骨干及新社员学习培训活动，提升他们参政议政、服务社会和党派工作管理能力，也为上海市委、社中央、社市委、同济九三学社及其各支社等各级组织换届做好人才储备。通过严格的人才培养和推荐选拔，同济九三学社走出了一批旗帜性人物，九三学社中央副主席赵雯以及中国工程院院士郭重庆、中国科学院院士陈义汉等就是杰出代表。

历届委员会换届前后，班子主要领导都会被选派参加多个培训班。近十多年，选派陈义汉、吴健生、杨守业、沈钢、许乾慰、赵小虎、高旭军、马卫民等陆续参加社中央骨干社员培训班、上海市教卫系统党外中青班、社市委基层主委培训班、社市委参政议政培训班和信息骨干培训班等。一些委员和青年社员代表任晓崧、俞惠良、李丽、李翠、马吉伟、王峰、董英涛、侯胡、徐晓娟、李素花、郭孔颖、张玉洁、刘琳、周俊、丁玉强等多次参加中青年社员骨干、参政议政培训、信息工作培训等活动。委员会还选派优秀社员到宝山区等基层挂职锻炼，马卫民脱产赴上海市党外人士挂职锻炼基地，挂职宝山经济委员会副主任一年，柳先辉到金山区创业创新基地挂职锻炼。通过形式多样的培训班系统学习和挂职锻炼等举措，同济九三学社一批优秀的社员快速成长，综合能力显著提高，有力保障了委员会的可持续健康发展；一些优秀社员如吴健生、辜翔等选拔到社市委从事专职管理工作。

为加强自身组织建设，增进社员之间的交流联系，也为广大社员搭建建言献策的平台，九三学社同济大学委员会于1995年4月创设了《同济九三》校内社刊。《同济九三》内容丰富，包涵社务社情、校务校情、国内外时事评论、社会调研考察、社员先进事迹，并设有社员投稿的文学作品、摄影作品、书法作品等专栏。近三十年来，《同济九三》起到上情下达、下情上传、相互交流、沟通信息的积极作用，深受广大社员欢迎。在几代同济九三学社社员的努力下，参与投稿的作者人数逾百人，文章总数超过500篇。2019年底，《同济九三》迎来第100期，委员会隆重召开了《同济九三》百期纪念座谈会，回顾并展望了创刊以来的成就和发展。《同济九三》已成为一个有一定影响力的基层委员会社刊。社市委主委赵雯和钱锋历次到同济大学座谈调研时，都高度肯定了《同济九三》刊物和品牌辐射效应。委员会高度重视社史研究工作。本着“梳理九三历史，书写九三故事，弘扬九三精神”的初衷，特别成立了“九三同济研究会”。由原九三学社市委副主委、同济九三学社主委徐迪民担任研究会的会长，方芳担任常务副会长，杨海真、王元正担任副会长，汪小鸿担任秘书长。2018年6月21日举行了“九三学社同济研究会”成立暨授证仪式。过去几年，“九三学社同济研究会”举办了多次研讨活动，梳理历史资料。

（三）参政议政、建言献策

同济九三学社组织成立60余年来，涌现了一批杰出社员代表，他们通过在全国、上海市和区担任人大代表、政协委员，积极参政议政，履职尽责，不仅代表民主党派建言献策，也作为同济大学高级知识分子的杰出代表，充分发挥专业特长，服务经济社会发展。据不完全统计，同济九三学社社员共有31人在各级人大和政协任职，包括全国政协常委赵雯和全国政协委员陈义汉，任上海市人大代表5人，市政协委员17人，任上海市各区人大代表和政协委员15人等。赵雯等6名社员任九三学社中央委员会委员和常委等职务。

1. 勇于担当，坚定立场，共画最大同心圆

过去几十年，同济九三学社社员积极参加各级政协和人大会议，社中央、社市委

和各级党委统战部等组织的系列活动，包括政党协商和各类情况通报会、意见征求会、专题调研活动等，认真履行参政党职能，增强政治敏锐性、领悟力和鉴别力，增强在错综复杂的矛盾和风浪面前明辨是非的能力，用实际行动彰显多党合作制度的独特优势。同济九三学社社员政治立场坚定，坚决拥护中国共产党领导，他们先后在《上海九三》《浦江同舟》《同济九三》等刊物上，发表了《试论我国民主党派的政党意识》《努力学习邓小平新时期统一战线的基本理论》《痛斥“人权高于主权”的荒谬论点》《中国统一，人心所向——斥李登辉的“两国论”》等几十篇优秀文章。

2018 年 7 月 12 日，九三学社中央副主席、市政协副主席、九三学社上海市委主委赵雯带队到九三学社同济大学委员会调研，充分肯定了主委陈义汉的《不忘初心，奋力前行》的工作汇报，以及同济九三学社过去多年在参政议政和履职尽责等方面取得的成绩。

2. 履职尽责，建言献策，服务社会经济发展

围绕国家、上海市和区政府工作报告、社会经济发展五年规划、地方性法规立法、城市建设、科技发展规划等重大决策和重要事项，同济九三学社社员充分发挥专业特长和人才优势，参与这些决策和条例的酝酿、研讨与执行监督等，以课题调研、提案建议、社情民意等多种方式提出真知灼见和切实可行的意见建议。据不完全统计，同济九三学社过去十多年承担了二十余项市级课题，主要调研内容包括：上海城市规划和建设中“双增双减”问题研究、上海市房地产发展趋势和对策研究、上海郊区农产品质量安全的变动趋势及控制对策、壮大上海文化产业规模和整体实力的研究、新贸易保护主义及其法律应对研究、走向误区的基层维稳、我国传统中医药的知识产权保护研究、信访制度改革研究、关于现代大学制度建设和依法办学的若干建议、上海市多校区高校时空资源配置绩效分析与改进研究、中外科技激励政策与知识产权保护比较研究、调解结案率作为法院评估指标问题研究、“结合上海河道综合治理，建设沿河岸的绿道”“推进应用型高等教育体系改革，创新特色专业人才培养机制”、国内外在线医疗社区发展对比研究、中外货币国际化道路对比研究、关于改革现有高校科研经费管理和报销制度的建议、“依托互联网技术，加快我国高等教育走出去”“以开源软件为抓手，营造开放与共享的创新文化氛围”等。其中，多个课题和提案建议得到各

级重视和批示，十多份提案被评为优秀，近二十人次获得社中央和社市委参政议政先进个人。陈义汉过去十年连续赴京履职参加全国两会。早在 2017 年，他就提出我国需要遴选出能覆盖全国，并能与国际救援能力接轨的灾难急救培训中心，培养卫生应急人才，普及防灾减灾的知识和技能。2018—2020 年全国两会期间，他曾呼吁在全国范围内逐步建立国家级的新生儿血型、DNA 和基因数据库，他建议我国应建立具有中国特色的“5+3 医学博士”医学教育模式，扎根中国大地，培养高素质医学人才，并在一份提案中建议应加强我国极地医疗保障工作，探索和建立比较完备的极地医学技术体系和保障体系。他传递的“同济声音”受到了社会各界的广泛关注。2000 年，徐迪民撰写的《对〈上海市促进高新技术成果转化的若干规定〉的几点建议》被上海市第九届政协评选为优秀提案，吴健生撰写的《关于进一步加强长江口水源地治理和保护的建议》被市政协评选为十届三中全会以来优秀提案。2012 年，在社中央第七届“九三论坛”上，马卫民就结合上海市转型发展的案例，提交“浅议产业低碳发展与资源保护战略”发言，受到社中央领导肯定，也反映同济九三学社社员对于发展低碳经济的超前直觉和敏锐力。2014 年，高旭军提交的《调解在我国司法审判中的异化及其原因探究》得到上海高院院长批示并上报最高人民法院，建议在此基础上作司法解释。2015 年，高旭军撰写的《取消项目作为评估指标的建议》得到市领导的重视并做了批示。2019—2022 年，杨守业在市政协第 13 届历次会议上，陆续提交《整合长三角海洋力量，共建国际海洋中心》《陆海统筹，长三角联动，建设长江口 – 杭州湾 – 近海健康生态》《关于在临港新片区建立碳中和示范区的建议》《建设上海深海馆，打造全球海洋中心城市的海洋文化宣传高地》等多份提案。2018 年的市政协“推进长三角一体化发展”的专题会议上，杨守业作为委员代表向市委书记李强等市领导建言“整合海洋力量、共建海洋中心”。2020 年他提出的“十四五”规划应加强长江口 – 杭州湾 – 近海生态环境系统研究建议被市政协和市生态环境局评为优秀建议。2022 年他提出的“建设上海深海馆”建议受到媒体广泛关注和市科委、上海科技馆的积极响应。

1986 年，同济九三学社联合复旦和交大的九三学社基层组织发起成立九三学社上海高校基层联席会议（高校论坛），每年春秋季分别在各高校轮流召开会议。联席会议以科技界、高教界的重要热点为主题，此联席会议延续至今。围绕高校学科优势与资源融合、大学制度化建设与依法办学、中外合作办学、大学生人文素质培养、大学本科教育与人才培养的关键点、大学教授的历史使命、校企合作新模式、改革僵化的指标化管理模式、人文素养和医德建设、科技创新与国家实验室建设等主题，方芳、杨守业、杨海真、沈钢、马卫民、陈素文、许乾慰、周伟国、林青、尚祥华等近 50 人次，作了多个高质量发言或提交报告。2004 年同济承办以“科教兴市中的教育如何在上海新一轮发展中发挥作用”为主题的第 29 次联席会议。主委徐迪民、副主委吴健生分别就“上海世博会管理人才需求预测”和“上海新一轮发展中，进一步发挥高校作用的思考”作了发言。2007 年和 2013 年委员会成功举办第 37 次和第 49 次“高校论坛”，十多位社员作了主题报告和书面发言。

过去 20 年，同济九三学社积极参加由九三学社杨浦区委发起的“知识杨浦‘九三论坛’”，通过论坛积极地和政府部门、社会各界开展协作，深挖参政履职潜能，提高团结协作能力，服务地方社会经济发展和民生事业。2004 年的“知识杨浦九三论坛”上，郭重庆院士的“转型中的杨浦”的特邀发言激起强烈反响。2011 年，论坛创立十周年之际，杨海真作为论坛负责人之一，围绕“杨浦国家试点创新型城区建设”作了重点发言。2013 年沈钢的“科技成果的孵化、转化和中小企业的形成”主题演讲受到与会者热切关注。2014 年论坛上，高旭军作“调解在我国司法审判中的异化及其原因探究”重点发言；2015—2021 年，围绕“同心协力、科技创新、共谋发展”“谈和谐人文空间论杨浦双创环境”“全球城市创新规划、健康生活”等主题，陈义汉主委和汪小鸿、方芳、杨守业、任晓崧、王晓东、李颖等几十人作了交流发言。

（四）爱岗敬业、服务社会

早在 1985 年，九三学社同济大学支社主委蒋汉文预见到国内改革开放对各地社会发展和城市建设提出迫切需要，率先提议要充分发挥民主党派自身人才的优势和积极作用，为社会发展和经济建设出力。在学校支持下，同济九三学社开设了“九三建筑设计进修班”，面向全国各地招生。开班后的十四年中，“九三建筑设计进修班”共招收学员十四届，学员总数约 490 人，结业 450 人。至 1999 年，因为社会上类似的办班招生越来越多，同济大学也开设了很多类似的培训进修班，“九三建筑设计进修班”停止招生。14 届学员们均来自全国各地生产第一线，经过一年的集中刻苦学习，他们回原单位后，不久都成为各单位的业务骨干。至今，在这些学员中涌现出一批国家一级注册建筑师，有 12 人后又经深造获得研究生学历，2 人获得博士生学历；他们中有设计院院长、规划局副局长和单位总建筑师，服务在全国社会发展和城市建设的第一线，他们对九三学社的“建筑设计进修班”有很深的情感，多数学员迄今还与同济保持密切联系。

从 1990 年春起，委员会设立了“同济大学九三研究生奖学金”，这是当时同济大学第一个为学生设置的奖学金，也是唯一的民主党派奖学金，旨在鼓励同济在读的广大研究生，每年经校务会讨论发放给部分研究生作为项目研究奖金。到 1995 年底，该奖学金已连续评审发放六次，共有 17 名博士生和 34 名硕士生获奖。设立奖学金活动在当时的校内外引起很大反响，不仅提升了学生治学和科研热情，还传播了九三学社“民主、科学、爱国”传统精神。1997 年 10 月，因学校各种奖学金类型越来越多，经全体社员大会讨论，把该研究生奖学金移作为“同济九三老年社员基金”，并为此设立了“同济九三老年社员基金章程”。设立这项基金的目的，主要是针对基层组织老年离退休社员人数逐年增加的实际情况，为弘扬中华民族互助互爱的优良传统，对他们提供每年一定金额的活动经费，并对他们中因病或其他经济特别困难者给予适当的经济补助。该老年基金委员会自 1997 年 10 月启动，经广大社员推荐和本人申请，又经同济九三学社老年基金委员会集体讨论同意，先后资助多名有困难情况的九三学社社员。

对接贫困边远地区，落实智力扶贫工程。在社市委组织下，同济九三学社积极帮扶西部贫困和边远地区，扎实推进对贵州省黔南州的智力帮扶和合作交流。主要做法包括：接收当地医疗、软件、建筑领域师资进修生。2009 年接收黔南州民族医学专科学校 3 人，分别到医学院解剖教研室、诊断教研室和精神医学教研室实习；2014 年响应“同心 · 智力行活动”，接收黔南师范学院毛琴讲师到学校软件工程专业进修；2015 年和 2018 年接收黔南民族师范学院赵文晋、陈丽、王珊到园林建筑设计等专业培训。此外，还克服困难赴当地讲课、培训和指导。2004 年暑假期间，数理化支社莫国端和王莉君赴黔南民族师范学院讲课；2007 年贵州省黔南地区黔南民族医学高等专科学校舒正菊到同济进修学习，除提供临床诊断学理论学习外，还参与教学实施和教学质量管理等方面的实践；2022 年初，杨海真赴新疆喀什大学开展援教和帮困工作。2010 年以来，同济九三学社第四支社主委、附属同济医院骨科主任袁锋，普外科王宝昌、医学影像科的赵小虎等医学专家，多次赴贵州贫困县——威宁县，在该县人民医院进行系统医疗指导和培训工作，扎实推进智力帮扶和合作交流工作，并接收当地医护人员来同济进修实习。

近年来同济九三学社在社中央、社市委和同济大学党委领导下，除在上海城市规划、上海世博会、长三角一体化、上海科创中心及五个新城建设、长江大保护等国家重大战略和上海市社会经济发展中发挥积极作用外，还大力推进“九地合作”，服务地方经济、社会发展。2016 年 4 月 23 日，为推动同济与金山区全方面的交流合作，与九三学社金山区委、金山新城区建设发展有限公司联合主办了“对接金山、服务社会”研讨会；2016—2019 年，在社市委组织下，同济九三学社选派吴健生主委和杨守业、任晓崧等委员，并邀请多位同济大学不同学科领域专家，多次前往安徽省滁州市经济技术开发区，参加“九滁合作”企业技术需求项目对接活动；2019 年 11 月 15—18 日，副主委沈钢带领同济九三学社骨干社员赴宜宾开展“科教帮扶、生态环境建设”主题实践活动，期间前往李庄开展追溯同济抗战历史和合作交流活动；2019 年 10 月和 2021 年 3 月，副主委杨守业代表社市委科技专门委员会与九三学社河南省委员会一行交流，围绕河南省生产力推进中心在人工智能、环境保护、黄河生态可持续发展等领域，达成多项合作意向；2021 年 3 月 16—17 日，社中央社会服务部邀请副主委杨守业参加社中央专家科普行（海南）活动，作为主讲嘉宾做专题讲座，并与九三学社海南省委员会及海南师范大学领导研讨海洋科技合作与学术交流。

开展特色医疗救治和咨询培训，同舟共济抗击新冠肺炎疫情。在上海社区开展义务医疗咨询服务已经成为同济九三学社医学领域专家的传统。相关基层委员会十多次联合校医院成功举办了“脑血管、心血管疾病的防治”等保健知识讲座，附属同济医院的孙斐和王宏保、赵小虎等多次率领医疗咨询小分队在社区举办义务医疗咨询。2020 年以来，面对突如其来的疫情，同济九三学社社员发扬“同舟共济、共克时艰”的精神，结合本职工作积极参加抗疫，充分展现了责任担当。疫情发生后，第四支社社员、附属同济医院感染科副主任卢峪霞在参加了市卫健委紧急召集的新冠肺炎医疗救治工作培训后，带领科室人员迅速投入到各项准备工作中，在整个发热门诊内实现了挂号、就诊、检验、取药等全流程覆盖，迅速建立起一个“迷你医院”。同时，她组织成立线上工作组，展开诊疗方案解读、疑似病例会诊，以及防护知识等各类学习和培训工作，始终奋战在抗击疫情的第一线。除了一线抗疫，委员会在第一时间发动社员在新冠肺炎疫情肆虐期间，以各种方式参加方舱医疗救治、社区志愿者和医学科普教育等工作，撰写多份高质量社情民意，为科学抗疫献计献策；任晓崧等组织社员通过社市委服务部和九三学社市委王选关怀基金会设立的抗击新冠专项基金，为武汉等地的疫情防控、帮困扶贫捐款助力。

同济九三学社几百名社员群心群策、主动作为，66 年来在参政议政、社会服务、组织发展等党派工作上取得不俗成绩，受到社中央、社市委、各级人大和政协、同济大学党委统战部等高度肯定。据不完全统计，1985 年、1989 年、2010 年、2015 年被社市委评为年度社务工作先进集体；1998 年、1999 年被社市委评为年度三八红旗集体；2000 年被社市委评为先进基层组织；2011—2018 年获得社市委参政议政一等奖 1 次、二等奖 4 次、三等奖 2 次，获信息工作先进集体二等奖 3 次、三等奖 2 次；2015 年在纪念九三学社建社 70 周年之际，委员会被社市委授予“九三学社上海市委先进集体组织”称号；2005 年、2019 年被社中央授予“先进集体”称号；2012 年、2021 年被社中央评为学习践行社会主义核心价值体系全国先进集体；2005 年荣获被社市委授予社务工作先进集体；2021 年九三学社同济大学委员会被表彰为“九三学社上海市委员会组织工作先进集体”。

人物风采

哈雄文（1907—1981）

湖北武汉人，教授。1954年开始在同济大学建筑系和卫生工程系发展社员，1955年5月—1956年6月任九三学社同济支社筹委会主任委员。经九三学社上海分社批准，九三学社同济大学支社于1956年成立。1927年毕业于清华大学，1932年毕业于美国宾夕法尼亚大学建筑系。曾任沪江大学教授、建筑学科主任，国民政府内政部营建司司长。新中国成立后，历任复旦大学、上海交通大学、同济大学、哈尔滨工业大学、哈尔滨建筑工程学院教授，曾任中国建筑师学会理事长。长期从事城市规划、建筑设计和建筑教育工作。著有《建筑理论和建筑管理法规》《美国城市规划史》，主编《建筑十年》。

谢光华（1910—1987）

福建闽侯人，1952年加入九三学社，1956年6月至1958年9月任九三学社同济大学支社主任委员，后调任九三学社上海分社秘书长。1953年起历任九三学社上海分社第四届委员，第五届委员、副秘书长，第六、七届常委、秘书长，第八届至第十届副主委、第九届秘书长。1979年起当选为九三学社第六、七届中央常委。曾被选为第二、三、四届上海市人大代表，第四届市政协委员、副秘书长，第五、六届上海市政协常委。1934年毕业于清华大学土木工程系，1935年获美国康乃尔大学研究院硕士学位。1936年年回国，历任河南焦作工学院、陕西西北工学院、上海交通大学教授。新中国成立后任交通大学图书馆馆长，后调任同济大学教授，曾任卫生工程系、上海城建系及水暖系主任，同济大学校务委员会委员。

侯希忠（1914—1976）

曾用名长明，号诚夫，上海金山人。浙江大学数学系毕业后留校任文理学院数学系助教。抗战胜利后在同济大学任教。曾任数学教研室副主任、主任，数学力学系副主任。1952 年被评为副教授。1954 年加入九三学社。1958 年任九三学社同济大学支社主任委员，1963 年加入中国共产党。是樊映川教授领衔的《高等数学讲义》（上、下册）的编写组骨干，是 1964 年人民教育出版社《高等数学讲义》第二版的主要修改者之一。1959 年和王元吉一起初审了西安交通大学高等数学教研室主编的高等数学教材。

巢庆临（1913—2015）

浙江嘉兴人，1980 年 6 月—1983 年 6 月任九三学社同济大学支社主任委员。1936 年毕业于复旦大学土木系，后留校任教。曾任复旦大学助教、讲师、副教授。1952 年高校院系调整后，曾任上海交通大学副教授，1952 年起转入同济大学，任副教授、教授，建筑热能工程系主任，是同济大学暖通专业奠基人之一。1957 年夏至 1959 年冬在前苏联列宁格勒建筑工程学院进修并以副教授职称参加教学工作，1978 年参与创办同济大学分校上海城市建设学院，任副校长，校长，1987 年退休。曾任中国建筑学会暖通空调学术委员会副主任，城乡建设环境保护部暖通专业教材编审委员会副主任；上海建筑学会暖通委员会主任，《暖通空调》第一届编审、委员会顾问，《通风除尘》编委会副主任，《辞海》编委会建筑分科主编，高校通用教材《空气调节》共同主编，《建筑设备》《卫生工程》等译著。

蒋汉文（1913—1998）

江苏江阴人。1983 年 6 月—1986 年 7 月任九三学社同济大学支社主任委员。1936 年毕业于上海交通大学机械系机车专业，曾任南京汽车公司总工程师。新中国成立后历任唐山交通大学教授、同济大学教授兼机电系副主任。“太阳能集热器热水系统效率”的研究获 1978 年上海市重大科技成果奖。1986 年任第一届亚洲热物性会议中方副主席。主持研制出“热线式导热仪和磁力搅拌式水卡计”等。1985 年被评为上海市优秀教育工作者。主编有《工程热力学》《热工学》等。曾任中国建筑科学院建筑物理学会委员、教育部热工教材编审委员、上海市第五届政协委员等。

王季卿（1929—）

上海市人，籍贯江苏苏州，同济大学建筑系教授、博士生导师，声学专家。1956年参加九三学社，1986年7月至1997年1月任九三学社同济大学支社（1990年5月改为基层委员会）三届主任委员。曾任九三学社上海市委委员、九三学社上海市委文教委员会副主委，九三学社中央委员。1951年毕业于之江大学建筑系，1952年随全国院系调整由上海震旦大学来到同济大学建筑系。1982年起任校科研处直属声字研究所首任副所长兼建筑声学研究室主任。曾任全国声学标准化技术委员会委员兼任建筑声学分会副主任委员、中国建筑学会建筑物理技术委员会会长、上海市声学会理事长、上海市建委科技委员会委员。2019年被选为美国声学学会东亚分会首届主席。曾任《声学技术》主编、名誉主编，《声学学报》(含中英文版)、《环境科学学报》、《应用声学》、英国 *Building Acoustics* 等学术刊物编委。

徐迪民（1943—）

上海市人，教授、博士生导师。1990年10月加入九三学社，1997年至2007年任九三学社同济大学委员会主任委员，2002年至2007年任九三学社上海市委员会副主任委员。1961年至1966年就读于复旦大学物理二系，1966—1970年任中国原子能研究所技术员，1970—1978年任浙江杭州民生制药厂技术员。1978—1990年任同济大学环境工程学院教授。1985年10月至1986年10月受教育部选派赴联邦德国鲁尔大学开展合作科研，1993年9—12月接受联邦德国DAAD资助赴德国鲁尔大学开展合作科研。1990—2001年任同济大学科技处副处长、处长，科学技术研究院常务副院长；2001—2002年任同济大学汽车学院（嘉定校区）筹备组组长，2003—2008年任同济大学世博研究中心专职副主任。1993年4月至2008年4月历任八、九、十届上海市政协委员，兼任九届上海市政协科教文卫体委员会副主任、十届上海市政协提案委员会副主任。享受政府特殊津贴。1997年获上海市委统战部“上海统一战线为两个文明建设服务”

先进个人，1998 年获上海市育才奖”，2001 年获“上海市优秀教育工作者”及“教育部全国高等学校科技管理先进个人”。

吴健生（1961— ）

广东普宁人，教授、博士生导师。1994 年 12 月加入九三学社，曾任九三学社同济大学委员会副主委、主委（2006 年 12 月至 2016 年 9 月），九三学社上海市委文教专委会主任（2011 年 3 月至 2016 年 9 月），2016 年 9 月起当选九三学社上海市第十六届委员会专职副主委，九三学社上海市委教育工作委员会副主任（2002—2011）。上海市第十五届人民代表大会代表、常委，农业与农村委员会委员。1982 年 1 月毕业于山东海洋学院海洋地质系，后考取同济大学海洋地质学专业硕士研究生，1984 年获硕士学位并留校任教。1987 年考取同济大学海洋地质学专业在职博士研究生，1991 年获博士学位。1995—1996 年在菲律宾从事地质雷达专题合作科研，1996 年 1 月任教授，1997 年 10 月任博士生导师，曾任同济大学海洋地质与地球物理系综合物探教研室主任、地球物理系主任（2003 年 4 月至 2007 年 10 月）。上海市第五届曙光学者，中国人民政治协商会议上海市第十届委员会委员。社会兼职有：上海市“十五”期间科技发展重点领域技术预见专家，上海市地球物理学会常务理事，上海市石油学会理事。负责或合作完成了近 80 余项科研项目，与他人合作出版了《大陆边缘地质构造演化》《中国典型含油气盆地综合地球物理研究》《珠江口盆地和东海陆架盆地基底结构的综合地球物理研究》等专著。曾获宝钢教育基金优秀教师一等奖、上海市育才奖、九三学社创建 70 周年“全国优秀社员”等荣誉。

陈义汉（1964— ）

江苏射阳人。心脏病学家，中国科学院院士，中国医学科学院学部委员，教育部科技委员会委员。现任同济大学教授、主任医师、博士生导师、副校长兼附属东方医院院长、医学与生命科学部主任。全国政协委员，九三学社中央委员，曾任九三学社上海市委副主委。2016 年 10 月至 2021 年 9 月任九三学社同济委员会主任委员。1987 年和 1993 年在南通大学医学院分获学士和硕士学位；1996 年毕业于上海交通大学医学院，获博士学位。1996年7月起在同济大学附属同济医院工作；2008年后，先后任同济大学医学院副院长、附属东方医院副院长，心律失常教育部重点实验室主任；2017年12月以来，先后任同济大学副校长、医学与生命科学部主任、附属东方医院院长。他长期从事心脏病临床工作和基础研究，在心脏病研究领域取得了一系列重要的科学发现，是世界上第一个人类心房颤动致病基因的发现者。在Science等国际著名刊物发表若干创新成果；他是中国医师奖获得者、中国青年科技奖获得者、卫生部有突出贡献的中青年专家、上海市优秀学科带头人、上海市领军人才、上海市科技精英、上海市自然科学牡丹奖获得者、上海市医学发展杰出贡献奖获得者、上海市劳动模范、全国五一劳动奖章获得者。2004年获教育部自然科学奖一等奖，2005年获国家自然科学奖二等奖，2011年获上海市自然科学奖一等奖，2015年当选中国科学院院士。

杨守业（1971—）

江苏淮阴人。2021年9月至今任九三学社同济大学委员会主任委员。2022年7月至今任九三学社上海市委副主任委员。1992年和1995年在南京大学地球科学系分获学士和硕士学位；1995年7月至1996年8月，任杭州地质研究所助理研究员；1996年9月至1999年7月在同济大学学习并获博士学位；1999年9月至今，任同济大学讲师、副教授、教授。他主要从事海洋地学和环境演变研究，承担国家自然科学重点基金等国家级项目十余项，发表论文220余篇；2012年获国家自然科学基金委员会杰出青年科学基金；2014年获上海市优秀学术带头人计划；2016年入选教育部长江学者特聘教授；2017年入选科技部第3批国家“万人计划”科技创新领军人才。担任《中国科学：地球科学》，*Marine Geology*，*Deep-Sea Research*，*Journal of Asian Earth Science*，*Journal of Geochemical Exploration* 等国内外杂志副主编或编委；曾任同济大学海洋与地球科学学院副院长、海洋地质国家重点实验室主任等职务。

杨钦（1911—1991）

曾用名杨寿祥，广东大埔人，二级教授，博士生导师。1953年加入九三学社，

1956 年 4 月加入中国共产党。1936 年毕业于浙江大学土木系，1937 年获美国密歇根大学硕士学位。1938 年回国任广州自来水厂工程师兼黄埔开埠督办署高级技术专员；1939 年 10 月—1949 年 9 月任中山大学、交通大学等校教授；1949 年 9 月—1952 年 10 月任上海交通大学教授、土木系主任；1952 年 10 月因全国高校院系调整调入同济大学土木工程系。曾任同济大学副教务长、副校长。我国给水排水工程和环境学科著名专家和创始人之一，给水排水计算机应用技术奠基人，学位制度建立后首批博士生导师，同济大学市政工程博士点主要创立者。曾兼任中国建筑学会市政学术委员会委员、上海土木工程学会第四届副理事长兼给排水学术委员会主任、中国成人教育协会理事长等、建工部高等工业学校给排水教材编审委员会主任委员、教育部高等工业学校外语教材编审委员会主任委员。

杨槱（1917—）

出生于北京，船舶设计学家。1956 年加入九三学社，原九三学社上海市委员会主任委员，曾任第五、六届全国人大代表，上海市政协原副主席，九三学社第六届中央委员，第七届中央常委，第八、九届中央委员会副主席，第十届中央委员会名誉副主席。1940 年在英国格拉斯哥大学毕业，荣获一等奖荣誉学士学位。1940 年回国到同济大学造船组任讲师，继入重庆民生机器厂任副工程师，开始从事船舶设计工作。1949 年后，任同济大学的专职教授。1980 年当选为中国科学院院士（学部委员）。杨槱是我国造船科技发展史研究的奠基者，新中国首位船舶院士，主持并领导制定了中国第一个《海船稳性规范》，推动了中国船舶稳定性的研究工作，提出了工程经济学理论。他是中国造船史研究奠基者，国家造船学科和船舶工业发展先驱，为我国现代船舶工业的发展和人才培养作出了卓越贡献。

陈从周（1918—2000）

原名郁文，字从周，晚年别号梓室，自称梓翁，浙江杭州人。中国著名古建筑园林艺术学家，上海市哲学社会科学大师，同济大学教授、博士生导师。擅长文、史，兼工诗词、绘画。著有《说园》等。1938 年至 1942 年就读于之江大学文学系，1950

年至1951年间先后任教于苏州美术专科学校、圣约翰大学、之江大学和苏南工业专门学校。1952年调至同济大学建筑系任教，成为同济大学建筑系建筑历史学科和教研室创立人之一。1956年，在同济大学完成了《苏州园林》的研究，具有划时代的开创性意义，《说园》系列文章成为重要的园林理论文献，被翻译成十多种文字在全球发行。陈从周不仅对于古建筑、古园林理论有着深入的研究、独到的见解，还提倡历史建筑保护与修复，参与了大量实际工程的设计建造，如设计修复了上海的豫园、苏州的拙政园等著名的园林，设计建造了云南的楠园、杭州的西湖郭庄等大量园林建筑，并把苏州网师园以"明轩"的形式移建到了美国纽约大都会博物馆，成为将中国园林艺术推向世界之现代第一人。陈从周是中国古建筑学家、中国园林学家，被人们尊称为"现代中国园林之父"。他的著作全面系统地继承了中国传统的造园理论，而且有所创新。他对造园理论的主要贡献有以下五条：创立了"静观和动观"之说；提出了"为情造景"的造园理论；提出"风景区建筑不能喧宾夺主"的理论；创立"造园之理要和绘画之理与缀文之理相结合"的理论；提倡造园者要研究中国历史和中国文化。

胡家骏（1918—2019）

江苏吴江人。同济大学教授，博士生导师。1990年2月退休。1941年6月毕业于交通大学土木系。1946年2月获美国麻省理工学院卫生工程硕士学位。1947年归国后，曾任上海市公用局沪西自来水设计处技术组长，台湾省公共工程局给水处工程师，中央大学、南京大学、南京工学院土木系副教授，同济大学副教授、教授、教研室主任、系主任、硕士生导师、博士生导师；中国环境科学学会理事、常务理事，中国土木工程学会给水排水专业委员会委员，中国建筑学会市政工程学术委员会委员，上海市土木工程学会给水排水学术委员会副主任，上海市环境科学学会环境科普教学委员会主任；《中国给水排水》杂志顾问，《上海环境科学》杂志副主编、主编。长期从事卫生工程和环境工程的教学与科研。编写《排水工程》著作数种和论文10余篇。参加《辞海》和《中国大百科全书——土木工程卷》的编写。

俞载道（1920—2013）

浙江奉化人。1956年12月加入九三学社。1944年毕业于同济大学土木系。新中国成立后，历任同济大学讲师、副教授、教授、海洋工程与海洋地质研究所所长，上海土木工程学会第三至五届常务理事兼工程结构学术委员会主任委员。曾任第八届上海市人大代表，第五届九三学社同济大学支社委员会副主任委员。长期从事钢结构、钢筋混凝土结构、高耸结构及地震工程力学方面的教学和研究。可以说是中国第一个研究动力学和随机振动的学者。20世纪50年代末在国内首次研究设计大跨度装配式钢筋混凝土联方架屋盖，而且设计了同济大学的大礼堂，此为亚洲最大跨网壳结构，成为同济大学的标志性建筑之一。并且在上海吴泾化工厂30万吨合成氨工程的动力基础设计中，采用钢梁统底盘构架式，达到节省用钢量和运转良好的双重效果。参与“海上钢筋混凝土多用平台可行研究”，著有《无线电塔桅钢结构》《工程结构抗震动力学》《随机振动理论及其应用》。1985年获国家教委科技进步奖一等奖。

郭重庆（1939—）

陕西富平县人，1996年加入九三学社。1957年毕业于哈尔滨工业大学，我国著名的设计大师，同济大学教授。1995年5月当选中国工程院院士，所在学部为机械与运载工程学部，现任中国工程院管理科学与工程委员会副主任委员，中国机械工程学会理事，河南省科协名誉主席，曾任九三学社中央委员。长期从事工程项目的设计、咨询及产业发展战略研究。曾担任世界银行上海机床项目及世界银行沈阳工业改革项目总设计师，通过企业制度的改革、生产合理化的改组及生产现代化的改造，实现了企业整体改革、改组及改造。曾担任30多项国家及部重点建设项目总设计师，1989年被建设部授予中国工程设计大师称号，所主持项目获国家科技进步奖一项、部级科技进步奖五项，国家优秀设计金奖1项、银奖3项，国家优秀工程设计银奖3项、机械部优秀设计一等奖3项。

赵雯（1956—）

女，安徽安庆人，1994年1月加入九三学社，现任十三届全国政协常委、民族和宗教委员会委员，九三学社中央副主席，全国政协常委，上海市人大代表。2008 年至 2012 年，任上海市人民政府副市长，九三学社上海市委主委。2012 年至 2017 年，任九三学社中央副主席、上海市委主委，上海市人民政府副市长。2017 年 1 月至 2019 年 12 月，任九三学社中央副主席、上海市委主委，市政协副主席。2019 年 12 月至 2020 年 1 月，任九三学社中央副主席，上海市政协副主席。2020 年 1 月任九三学社中央副主席。1974 年 5 月参加工作，在职研究生，管理学博士，教授。1997 年至 2001 年，历任同济大学商学院会计系副教授，经济与管理学院会计系副主任（主持工作）、主任，校长助理。2001 年至 2003 年，任上海市南汇区人民政府副区长，同济大学教授、博士生导师。其间，1999 年至 2002 年在同济大学经济与管理学院技术经济与管理专业攻读研究生，获博士学位。2003 年至 2008 年，历任上海市人大常委、市人大常委会预算工委副主任、市人大财经委委员、市人大常委会副秘书长。1997 年，同济大学和原上海建筑材料工业学院、上海城市建设学院“三校合并”时，组建了同济大学商学院；11 月，赵雯回到同济大学，任会计系主任，她锐意改革，会计系学科快速发展，在全校教学评估中进入前五，成功申报了硕士点；由于出色的专业成就和管理才能，1999 年赵雯被任命为校长助理，协助校领导成功实现了上海铁道大学平稳并入同济大学。

大事记

1953 年 5 月 6 日

九三学社上海分社同济大学支社筹建，由哈雄文担任召集人。

1956 年 6 月 23 日

由九三学社上海分社组织处主持，在同济大学召开了九三学社上海分社同济大学支社成立大会。会议选举产生了第一届支社委员会，谢光华任主任委员，哈雄文、侯希忠任副主任委员。当时共有社员 30 人。

1958 年 9 月 6 日

九三学社同济大学支社进行换届选举，产生第二届同济大学支社委员会，侯希忠为主任委员，蒋汉文、巢庆临任副主任委员。

1961 年 4 月 7 日

九三学社同济大学支社进行换届选举，产生第三届九三学社同济大学支社委员会，侯希忠连任主任委员，蒋汉文、巢庆临任副主任委员。社员人数达到 40 人。

1978 年 12 月 28 日

九三学社同济大学支社召开全体社员大会，正式宣布恢复同济九三支社的组织生活。校党委书记黄耕夫出席会议，并代表同济大学党委向九三学社成员表示祝贺。

1980 年 6 月 26 日

九三学社同济大学支社召开全体社员大会，选举产生第四届同济大学支社委员会。巢庆临为主任委员，蒋汉文、苗迪青任副主任委员。当年社员人数 36 人。

1983 年 6 月 24 日

九三学社同济大学支社召开全体社员大会，选举产生第五届九三学社同济大学支社委员会。蒋汉文为主任委员，俞载道、潘昌乾、苗迪青任副主任委员。

1983 年 6 月

上海城建学院成立九三学社支社。至 1990 年，经过六届支社的努力，会员人数增加至 109 人。其间，侯希忠、巢庆临、蒋汉文、王季卿先后任主任委员，苗迪青、俞载道、潘昌乾、段光贤、刘式雍先后任副主任委员。

1985 年 6 月

复旦、交大、同济三校九三学社基层组织负责人在复旦大学召开第一次联谊会，探索民主党派基层组织生活新形式。这次联谊会成为九三学社高校论坛的最早源头。

1985 年 10 月

响应中国共产党广开学路、鼓励民主党派办学的号召，同济九三学社支社决定开办村镇建筑设计进修班。1986 年春，村镇建筑设计进修班招收第一届 35 名学员。1986 年暑期后更名为建筑设计进修班。

1986 年 7 月 15 日

九三学社同济大学支社召开全体社员大会，选举产生第六届九三学社同济大学支社委员会。王季卿为主任委员，段光贤、潘昌乾、刘式雍为副主任委员。

1989 年 9 月 22 日

九三学社同济大学支社邀请越剧表演艺术家、全国人大常委会委员袁雪芬来校作报告。袁雪芬主要介绍了访美演出归来后的感想，为学校师生上了一堂生动的爱国主义课。

1990 年 5 月 4 日

选举产生了第一届九三学社同济大学委员会，王季卿为主任委员，刘士雍、杨公侠任副主任委员。

1990 年初

由老社员胡家骏、蒋汉文提议，经研究决定，以 1986—1990 年办学经费结存 4.6 万元的银行利息作为研究生奖学金基金，拟定了《同济九三研究生奖学金方案》，于 1990 年 10 月开始接受申请。

1991 年 1 月 10 日

首次颁发同济九三研究生奖学金。这是同济大学第一个校内奖学金项目。同济大学副校长沈祖炎、同济大学党委副书记方如华、九三学社市委副主委张重超出席颁奖仪式。该奖学金共发放了七届，获奖博士生 19 人，硕士生 34 人，奖金总额为 4.84 万元。

1993 年 12 月

选举产生了第二届九三学社同济大学委员会，王季卿为主任委员，王元正、陈士衡、徐迪民任副主任委员。

1993 年 12 月 29 日

召开社员大会传达九三学社中央全会精神，王季卿谈访问国外及中国台湾地区观感，组织学习《邓小平文选》工作，向社员赠送《邓小平文选》。

1994 年 9 月 23 日

召开庆“三节”（教师节、中秋节、国庆节）报告会，邀请九三学社市委副主委张重超作“社会主义市场经济理论与党派工作”的报告。

1994年12月7日至10日

主任委员王季卿赴北京参加九三学社中央九届三中全会，并于12月26日召开社员大会传达会议精神。

1994年12月17日

同济九三学社委员会委员参加高校八校基层委员联谊会，学习九三学社中央全会决议，着重交流各校基层的自身建设问题。

1995年4月10日

九三学社同济大学委员会编印校内交流刊物《同济九三》（季刊），以上情下达、下情上传、相互交流、沟通信息，受到广大社员欢迎。

1995年4月19日

同济大学、上海城建学院和上海建材学院三校九三基层负责人，在九三学社市委主持下，召集见面会。会议以徐匡迪、谢丽娟等市领导来同济现场办公、三校合并为中心议题而展开。

1996年7月

原九三学社上海城建学院支社和九三学社上海建材学院支社并入九三学社同济大学委员会，合并后九三学社同济大学基层委员会共有社员210人。

1997年1月6日

九三学社同济大学基层委员会召开全体社员大会，选举产生第三届九三学社同济大学委员会，徐迪民为主任委员，吴健生、陈士衡、严隽薇为副主任委员，基层委员会下设建筑城规、土木经管、材料环境工程、机械工程、电子信息、理学院、外语和文法等7个支社。

1997年1月

考虑到同济奖学金发放单位众多，力度加大，加之基层组织老年社员逐年增多，经社员大会讨论，原4.6万元研究生奖学金基金移作“同济九三老年社员基金”。

1997年5月18日

九三学社中央副主席陈学俊应邀来校参加建校九十周年庆典活动。九三学社基层委员会主委徐迪民、副主委吴健生、陈士衡以及顾问王元正、机械支社主委张德胜等向陈学俊作工作汇报。

1997年7月1日

各支社组织九三学社社员学习《香港基本法》、观看香港回归电视现场直播。此外，还积极组织参加由校统战部组织的“香港回归知识竞赛”活动，听取上海市科教党委统战处处长张癸的香港回归专题报告。

1997年10月

“同济九三老年社员基金”正式启动运作。设立这项基金的主要目的是弘扬中华民族互助互爱的优良传统，对离退休老年社员提供一定的活动经费，并对他们中经济特别困难看给予适当的补助。

1997年12月19日

九三学社上海市委组织部在同济大学召开九三学社上海高校系统8个基层单位第十八次联席会议。上海市政协副主席、九三学社中央副主席、九三学社上海市委主委谢丽娟，九三学社上海市委副主委侯志俭、陈明仪，同济大学党委书记王建云，副书记刘润海及校党委统战部领导戚爱华、李祖望等出席。

1998年3月3日

32名同济九三学社女社员在同济大学南校区欢聚一堂，

热烈庆祝三八国际劳动妇女节。校统战部李孟莉、陈皓出席庆祝会。

1998年12月29日 同济九三学社老年委员会与同济大学退协在校工会俱乐部，邀请同济九三学社老年社员座谈迎新。出席会议的约40人。会议由老社员、同济大学学报主编俞载道主持，老社员、同济退协主席陈震武致欢迎辞，同济九三学社副主委陈士衡传达了党委副书记刘润海在学校民主党派负责人工作会议上的讲话精神。

1999年9月30日 同济九三学社庆十一、欢度教师节活动在校工会俱乐部举行。九三学社上海市委、同济大学党委组织部领导出席会议。同济九三学社社员一百多人参加。

1999年12月27日 同济九三学社“迎接新世纪”茶话会在校工会俱乐部举行。由同济九三学社主委徐迪民主持，会上就同济如何迎接新世纪的挑战这个议题进行了畅谈。九三学社市委、校党委统战部领导出席会议。社中央委员、中国工程院院士郭重庆就新世纪教育战线前景展望作发言。

2000年9月27日 九三学社同济委员会在校工会俱乐部召开迎国庆、庆九三学社建社55周年全体社员座谈会，表彰先进。同济大学党委统战部部长温秉权出席会议并发表讲话。同济九三学社荣获2000年度全国九三学社先进集体的称号。吴建生、汪小鸿、林青荣获上海市九三学社优秀社员称号。

2000 年 6 月

同济大学教授、九三学社同济大学委员会原主委王季卿在美国声学学会理事会上被选举为该学会资深会员，以表彰他在建筑声学和国际交流活动方面的贡献。

2000 年 12 月 8 日

同济与上海铁道大学两校合并后的九三学社基层委员会第一次社务工作研讨会，在校科研处会议室举行。九三学社上海市委副秘书长胡忠泽、组织部副部长吴赛阳以及同济大学党委统战部部长温秉权、副部长李祖望、于莹和两校九三学社基层委员会正、副主委、各支社主委、委员及部分社员代表共 27 人参加会议。

2001 年 5 月 24 日

九三学社同济大学委员会组织 70 岁以上老年社员赴江南名镇——南浔学习考察。

2001 年 6 月 24 日

九三学社上海铁道大学基层委员会和九三学社同济大学基层委员会在朱家角召开联合会议，讨论委员会合并和换届改选事宜。

2001 年 12 月 6 日

合并后的九三学社同济大学委员会全体社员大会在同济大学经济与管理学院召开。会议选举产生了第四届九三学社同济大学委员会。徐迪民任主任委员，王宝昌、吴健生、严隽薇、郭其一任副主任委员。九三学社同济大学委员会共有 12 个支社，社员 327 人。

2002 年 2 月 8 日

九三学社上海市第 13 届委员会第六次全体会议选举，同济九三学社主委徐迪民增选为九三学社上海市委副主委。

2002年6月22日至24日

九三学社上海市委员会举行第九次代表大会，大会选举徐迪民为九三学社上海市委员会常委、副主委，王宝昌、严隽薇为市委委员。

2003年3月18日

九三学社上海市委在宝山区顾村召开纪念三八妇女节暨“久秀林”落成庆祝大会，同济九三学社40名女社员应邀参加。上海市绿化委员会为同济大学九三委员会等15个集体颁发了“全民义务植树纪念证书”。

2003年4月16日

市九三学社上海高校8个基层单位第29次联席会议在同济大学逸夫楼召开。出席会议的有九三学社市委副主委侯志俭、张良仪、徐迪民，秘书长胡忠泽，上海市科教党委统战处处长张癸、市九三学社文教委员会主任沈灏，同济大学党委副书记周祖翼、党委统战部部长何丰来、副部长李祖望以及九三学社基层委员会和其他高校基层组织的代表，共100多人。会议的主题是高校如何为世博会、科教兴市及树立城市精神作贡献。

2004年1月5日

九三学社同济大学委员会召开全体社员迎春茶话会，特邀蔡仲德作国内外形势报告。

2004年2月24日

九三学社同济大学委员会召开全体委员大会，传达九三学社上海市委员会相关工作要求。

2004年6月22日

同济九三学社各支社顺利完成换届工作。

2004年7月6日

九三学社杨浦区委、复旦和同济两校的基层委员会联合举办“知识杨浦九三论坛”，同济九三学社提交了 3 篇论文。郭重庆院士“转型中的杨浦”的发言引发人们对建设“知识杨浦”的深层次思考。

2004 年

陈义汉入选 2003—2004 年卫生部有突出贡献的中青年专家。

2005 年

2004 年度长江学者特聘教授受聘仪式在北京人民大会堂举行，同济九三学社社员陈义汉光荣受聘。

2006 年 3 月 7 日

由副主委严隽薇和妇女委员徐丹玲带队，同济九三学社女社员参观了生态知识型的花园城区“新江湾城”。

2006 年 12 月 27 日

九三学社同济大学委员会第五届代表大会在海洋楼召开。会议选举产生第五届九三学社同济委员会，吴健生任主任委员，张其林、陈义汉、王坚、杨海真、丁国伟、方芳为副主任委员。

2006 年度

九三学社同济大学委员会荣获 2006 年社市委基层组织报刊网站评比优秀奖，尚祥华获 2006 年度优秀通讯员称号。

2007 年 5 月

副主委陈义汉获全国五一劳动奖章。

2007 年 6 月 6 日

九三学社上海高校 8 个基层单位第 37 次联席会议在同济大学中法中心召开。会后，将与会代表发言整理成《“宽口径、重实践”本科教育培养的现状和政策建议》书稿，通过九三学社上海市委提供给上海市政府有关职能部门。

2007 年 12 月 18 日

九三学社同济大学委员会召开基层委员会全体（扩大）会议，讨论通过各支社新一届领导班子组成人员及分工。

2008 年 10 月

主委吴健生在九三学社上海市委于松江召开的基层工作交流会上，作“抓住机遇，努力开创基层工作新局面”发言，与与会代表交流基层工作经验。

2008 年 12 月 16 日

九三学社上海市委宣传工作年终总结会在上海市民主党派大厦召开，同济大学委员会基层组织获“政治交接学习教育活动知识竞赛优秀组织奖”。

2008 年

全年上报九三学社上海市委员会信息共计 6 条，被录用 2 条。其中，高旭军的建言得到九三学社中央委员会的采用。

2008 年

王坚、严隽薇的“面向企业流程快速重组的工作流技术与应用”获上海市科学技术进步二等奖，张其林的“国家标准铝合金结构设计规范研制”获上海市科学技术进步三等奖，雷雨成的“同捷汽车整车自主服务平台”获 2008 年度上海市科学技术进步三等奖。

2008 年

共计 324 人次社员为四川地震灾区捐款 52120 元。

2009 年 3 月 5 日

结合庆祝一年一度的“三八”国际妇女节，同济九三学社举办关爱生命、普及健康生活知识活动。同济九三学社邀请附属同济医院专家孙斐和王宏保举办了“脑血管、心血管疾病的防治”保健知识讲座。

2009 年 11 月 6 日

九三学社同济大学委员会医疗咨询小分队在赵小虎的率领下来到五角场街道国权北路居委社区举办义务医疗咨询。

2009 年 11 月 19 日

在九三学社杨浦区委和复旦、同济等驻杨浦高校基层委员会共同举办的“齐心携手．拓展大学生创业之路”——2009 年“知识杨浦”九三论坛上，方芳作题为“影响当前上海高校毕业生就业的因素和对策分析”的发言。

2009 年

严隽薇入选“新中国 60 年上海百位杰出女教师”，陈闳中的“网格资源管理与优化的虚拟超市技术及其应用研究”获上海市科学技术进步（发明）一等奖，张其林的“大型复杂钢结构三维实体建造信息技术”获上海市科学技术进步二等奖，许乾慰的“钢结构防火安全保障关键技术及应用”获上海市科学技术进步二等奖，程大章被上海世博局评为先进工作者。

2010 年 1 月 8 日

九三学社同济大学委员会在校工会俱乐部召开全体社员大会，会议传达了九三学社中央十二届三中全会精神、九三学社上海市委员会十五届四中全会精神，听取同济大学委员会 2009 工作报告及讲座“世博会综述与赏析”。

2010 年 4 月 15 日

九三学社上海市委青年委员会与九三学社同济大学委员会联合在同济大学中法中心组织青年座谈交流会。

2010 年 11 月 20 日

九三学社同济大学委员会组织新老委员到嘉兴中共一大会址考察学习。

2010 年度

材料环境支社杨海真荣获社中央 2010 年全国参政议政工作先进个人。

2011 年 4 月 8 日

九三学社上海市委召开 2011 年度参政议政暨信息工作会议。九三学社同济大学委员会荣获九三学社上海市委颁发的信息工作集体二等奖，社员尚祥华荣获信息工作先进个人二等奖。

2011 年 9 月 1 日

九三学社同济大学委员会召开扩大会议，学习胡锦涛在庆祝建党 90 周年大会上的讲话；讨论《九三学社同济大学委员会工作条例》；讨论和协商基层换届工作事宜；传达九三学社上海市委员会关于 2012 年市委组织换届工作会议精神。

2011 年 10 月 29 日

经选举产生九三学社同济大学第六届委员会委员，分别为高旭军、赵小虎、陈素文、王晓东、李颖、王坚、周伟国、林青、沈钢、陈义汉、杨海真、孙周兴、吴健生、丁国伟、方芳、张其林等 16 名。

2011 年 12 月 27 日

九三学社同济大学委员会全体社员大会在校工会俱乐部举行。会议传达了九三学社中央委员会十二届四中全会精神、九三学社上海市委员会十五届五中全会精神，总结 2011 年工作，研讨 2012 年工作。

2011 年度

陈义汉领衔的团队研究成果获 2011 年度上海市自然科学一等奖，九三学社同济大学委员会荣获 2011 年度信息工作集体三等奖。社员林青撰写的《壮大上海文化产业规模和整体实力的研究》获 2011 年度参政议政课题三等奖。

2012 年 6 月 13 日

九三学社同济大学委员会举办“基层组织建设和参政议政学习培训”，有 34 人参加。

2012 年 11 月 22 日

九三学社同济大学委员会举办“学习贯彻十八大精神”专题活动，委员会全体委员、主委助理、各支社主委、同济新受聘社市委各专委会委员及部分社员代表参加。

2012 年 11 月 22 日

九三学社同济大学委员会被九三学社中央授予“学习践行社会主义核心价值体系”活动的全国先进集体称号。

2012 年

杨守业获国家杰出青年科学基金资助。

2013 年 1 月 4 日

九三学社同济大学委员会在校工会俱乐部举行全体社员迎新大会。九三学社上海市委副主委陈义汉和同济大学统战部部长肖辉出席会议。

2013年6月7日

九三学社上海高校论坛第49次会议在同济大学逸夫楼召开。九三学社中央副主席、上海市副市长、九三学社上海市委主委赵雯出席并发表讲话，同济大学党委书记周祖翼出席并致欢迎词。九三学社上海市委副主委程维明、黄勇平，中共上海市教卫工作党委统战处副处长钟诚出席论坛。来自同济大学、复旦大学、上海交通大学等10余所大学的九三学社社员围绕“现代大学制度建设与依法办学探讨”这一主题开展研讨。

2013年5月19日至23日

九三学社市委社会服务部组织了来自同济大学附属同济医院，市一、市九人民医院及华东医院的8名医学专家，赴贵州贫困县——威宁县，对该县人民医院的医护工作者进行了为期5天的医疗指导和培训。

2013年

电气支社陈阁中荣获2013年度国家科技进步奖二等奖；材环支社施惠生荣获2013年度上海市自然科学三等奖；建筑支社张其林荣获2013年度上海市科学技术发明三等奖；同济大学委员会荣获九三学社上海市委2013年度参政议政工作二等奖。

2014年1月10日

九三学社同济大学委员会在校工会俱乐部举行表彰先进和迎新春全体社员大会，150多名社员出席了会议。社市委副主委陈义汉到会传达了社中央十三届二中全会精神和社市委第十六届三中全会精神。

2014年5月7日

中共杨浦区委统战部牵头举行民主党派杨浦区委和区域五所高校联席共建关系签约仪式。九三学社中央委员会委员、上海市政协委员、九三学社同济大学委员会副主委张其林代表委员会与九三学社杨浦区委签署区、校联席共建条款签订了协议。

2014 年 7 月 17 日

委员会组织各支社的参政议政联络员，近 3 年新入社的，部分老社员和参政议政骨干社员围绕“城镇化进程中历史文化遗产保护”主题，到松江广富林遗址开展调研活动并召开信息交流会。

2014 年 12 月 3 日

九三学社同济大学委员会经管支社成立会议暨沪港通主题报告会在同济大厦举行。同济大学党委统战部原部长李祖望和九三学社上海社市委组织部处级调研员王长云应邀出席会议。九三学社同济大学委员会主委吴健生教授、副主委杨海真，副主委、组织委员沈钢，主委助理、杨浦区人大代表汪小鸿出席会议。

2014 年度

同济大学委员会荣获“九三学社上海市委 2014 年度参政议政工作一等奖”“九三学社上海市委 2014 年度信息工作二等奖”“九三学社上海市委先进集体组织”；高旭军的《关于完善调解结案案件质量评估指标的建议》被评为 2014 年参政议政课题提案工作一等奖；马卫民的《加强知识产权运用和保护，健全科技激励政策的建议》被评为 2014 年参政议政课题提案工作二等奖；吴健生的《结合河流治理，建设沿河岸“绿道”》被评为九三学社上海市委 2014 年参政议政课题提案工作三等奖。

2015年1月16日 九三学社同济大学委员会在同济大学四平校区图书馆召开全体社员大会，副主委杨海真教授作科普讲座“北极黄河站考察纪实”。

2015年9月1日 九三学社同济大学委员会在同济大学中法中心召开纪念九三学社成立70周年座谈会，60多位社员代表（包括近5年新入社社员）出席会议。

2015年12月 同济九三学社副主委陈义汉当选中国科学院院士。

2015年 同济大学委员会被社市委授予“九三学社上海市委先进集体组织”称号，社员汪小鸿、杨海真、高旭军被授予“九三学社上海市委优秀社员”称号。吴健生获“九三学社全国优秀社员”称号，同济大学委员会获社中央“2014—2015年度参政议政工作先进集体”称号，高旭军获社中央“2014—2015年度参政议政工作先进个人”称号，丁国伟获社中央“2011—2015年社会服务工作先进个人”称号，赵小虎、袁峰、潘云堂获社市委“2011—2015年社会服务工作先进个人”称号。

2016年1月21日 九三学社同济大学委员会在同济大学中法中心召开全体社员大会，120多名社员出席会议。九三学社市委副主委陈义汉，九三学社会服务部副部长戎伟栋和李公尧，同济大学党委统战部部长岳继光，副部长江静，九三学社杨浦区委刘豫祥应邀出席会议。

2016年4月14日 为了庆祝三八国际劳动妇女节106周年，九三学社同济大学委员会组织女社员 31 人参观陈云故居。

2016 年 4 月 23 日

由九三学社金山区委员会和九三学社同济大学委员会联合主办，金山新城区建设发展有限公司（金山新城开发建设工作领导小组办公室）协办的“对接金山、服务社会”研讨会在金山区政府会议中心召开。

2016 年 6 月 4 日

社市委社会服务部组织来自同济大学（5 名专家参与）、上海交通大学、东华大学等上海高校的社内外专家前往安徽省滁州市经济技术开发区参加“九滁合作”企业技术需求项目对接活动。

2016 年 10 月 28 日

九三学社同济大学第七次代表大会召开，大会以无记名投票方式选举产生了新一届九三学社同济大学委员会成员，并召开了委员会第一次会议。陈义汉当选九三学社同济大学第七届委员会主任委员，方芳为常务副主任委员，张其林、杨守业、沈钢、高旭军、马卫民当选为副主任委员。

2016 年 12 月 12 日

九三学社同济大学委员会组织到同济大学浙江学院举行“不忘初心继续前行”主题活动，同济大学浙江学院常务副校长黄自萍、九三学社同济大学委员会原主委徐迪民、原副主委严隽薇、社市委组织部调研员王长云，以及沈钢、高旭军等出席此次活动。

2016 年

杨守业入选教育部“长江学者”特聘教授。

2017年1月14日 同济九三学社吴健生、张其林、孙周兴出席中国人民政治协商会议上海市第十二届委员会第五次会议。

2017年4月20日 中科院院士、九三学社同济大学委员会主委、同济大学医学与生命科学部主任、同济大学附属东方医院副院长陈义汉当选为九三学社上海市第十七届委员会副主任委员，同济九三学社常务副主委、校妇女工作委员会副主任方芳当选为委员。

2017年4月27日 同济九三学社部分社员出席统战部组织的“探寻中国极地科考历史”——参观中国极地科考船“雪龙号”活动。

2017年7月12日 九三学社中央副主席、上海市政协副主席、九三学社上海市委主委赵雯一行就九三学社同济大学委员会基层组织建设情况开展调研座谈，社市委副主委周锋、吴健生，秘书长朱红及各部室负责人一同参加调研。

2017年10月16日 “全球城市创新规划健康生活”——2017年“知识杨浦”九三论坛在同济大学举行。

2017年12月7日 九三学社第十一次全国代表大会选举产生九三学社第十四届中央委员会，同济大学医学院副院长、中国科学院院士、九三学社同济大学委员会主委陈义汉当选新一届中央委员会委员。

2017年度 九三学社同济大学委员会副主委张其林获年度上海市科

技进步奖二等奖（第二完成人）；委员柳先辉获年度上海市科技进步奖二等奖第三完成人）。九三学社同济大学委员会荣获 2017 年度参政议政工作先进集体二等奖、2017 年度信息工作先进集体二等奖；《关于构建长江流域水资源安全预警系统的建议》获 2017 年度课题提案工作一等奖，郭孔颖获 2017 年度信息工作先进个人三等奖。

2018 年 3 月 1 日

九三学社同济大学委员会主委陈义汉任同济大学副校长。

2018 年 3 月 28 日

九三学社同济大学委员会在临港新城同济海洋基地召开委员会扩大会议，研究九三学社同济大学委员会社史编写工作，布置并讨论了 2018 年度工作计划和年度财务预算。常务副主委方芳主持会议，任晓崧介绍了社市委召开的全国两会精神学习会情况。

2018 年 4 月 25 日

九三学社中央委员，九三学社上海市委常委、齐鲁证券（上海）资产管理有限公司首席经济学家李迅雷在中法中心作了题为“中美贸易纷争下的经济走势和投资机会——博鳌亚洲论坛感受”主题报告。本次讲座由九三学社上海市委副主委李安主持，九三学社上海市委原副主委翁祖泽及 150 多位社员参加报告会。

2018 年 5 月 12 日

九三学社同济大学委员会一行前往浙江省海盐县参观陈从周艺术馆，纪念陈从周教授诞辰 100 周年。

2018 年 6 月 22 日

同济九三研究会成立暨授证仪式在同济大学逸夫楼举行。

会议由九三学社同济大学委员会主委陈义汉主持，九三学社上海市委副主委吴健生、正处级调研员王长云，九三学社同济大学委员会原主委徐迪民、常务副主委方芳，同济大学党委统战部部长岳继光、副部长江静以及同济大学九三学社老中青三代社员 40 余人出席。

2018 年 6 月

吴健生、张其林、陈义汉撰写的《加快推进上海郊区蔬菜、水稻生态化种植的建议》被评为市级优秀提案。

2018 年 8 月 3 日

九三学社同济大学委员会九三梁哲主持的“航空运营中的大规模组合优化问题及算法研究”项目获 2018 年度国家杰出青年基金项目资助。

2018 年 11 月 15 日至 18 日

为落实社中央开展九地合作精神，拓展社会服务思路，九三学社同济大学委员会由副主委沈钢带队赴宜宾开展“科教帮扶、生态环境建设”主题实践活动，其间前往李庄参观，学习同济抗战历史。

2018 年 11 月 27 日

古建筑园林艺术学家、首批上海市哲学社会科学大师、同济大学建筑与城市规划学院教授、九三学社社员陈从周诞辰一百周年的纪念日。在此之前的 11 月 25 日，学校开展了一系列纪念活动，包括纪念大会、纪念展览、学术与思想报告会、首发及再版数本经典园林著作，深切缅怀一代园林宗师对我国园林文化和传统艺术作出的卓越贡献。

2018 年

九三学社同济大学委员会被九三学社中央授予“2018 年度先进集体”称号，“2018 年度参政议政工作二等奖”“2018 年度信息工作二等奖”。社员郭孔颖获 2018 年度参政议政工作个人三等奖。副主委沈钢被九三学社上海市委授予“2018 年度组织工作先进个人”。

2019 年 1 月 11 日

九三学社同济大学委员会召开 2019 年迎新暨年度表彰大会。党委副书记冯身洪应邀出席大会并发表讲话，常务副主委方芳作“九三学社同济大学委员会 2018 年度工作总结报告”，主委陈义汉作题为“明道致远，明德至善——光大和弘扬大学精神”学术报告。

2019 年 6 月 28 日

九三学社同济大学委员会研究会召开修史推进会，围绕如何进一步开展同济九三研究会工作进行了热烈讨论。

2019 年 9 月 18 日

九三学社同济大学委员会召开专题会议，部署“不忘合作初心，继续携手前进”主题教育活动。

2019 年 12 月 3 日

九三学社同济大学委员会在同济大学逸夫楼召开内部刊物《同济九三》创刊百期纪念座谈会。徐迪民、王元正、严隽薇、曹炽康、吴味隆、汪小鸿等一批见证九三学社同济大学委员会发展的老领导、老社员应邀参加座谈会。

2019 年

陈义汉获中共中央、国务院、中央军委颁发的“庆祝中华人民共和国成立 70 周年”纪念章，以表彰其为中华人民共和国成立和社会主义现代化建设作出的重要贡献；朱钟炎获第十五届光华龙腾奖 · 新中国成立 70 周年 · 中国设计70人特别奖；张其林主持设计并建造完成的世界首例无背索斜拉弧形玻璃桥——潭溪山高空玻璃桥获2019世界结构大奖。

2020年1月3日

九三学社同济大学委员会2019迎新暨年度表彰大会在同济大学中法中心召开。会议由九三学社同济大学委员会副主委杨守业主持，介绍了2019年入社的社员及新任支社委员会委员，就2019年委员会工作作了总结，并进行了年度表彰。

2020年4月17日

九三学社上海市委在线召开2020年度参政议政工作暨表彰会议，九三学社同济大学委员会荣获参政议政工作先进集体三等奖和参政议政信息工作三等奖。

2020年4月24日

九三学社同济大学委员会主委陈义汉在线出席上海市九三学社第十七届委员会第四十次主委会议。

2020年9月23日

为落实九三学社上海市委员会关于换届选举工作的精神，九三学社同济大学委员会在逸夫楼举行换届工作会议。

2020年11月5日

以“疫情转变观念，数字引领发展”为主题的2020年“知识杨浦”九三论坛在甸园宾馆举行。九三学社同济大学委员会主委陈义汉出席论坛并致辞。

2020年12月31日

九三学社同济大学委员会扩大会议在逸夫楼召开。九三学社市委王长云和孙佳韵代表九三学社上海市委员会，校统战部常务副部长安娜参加会议。九三学社同济大学委员会主委陈义汉和委员会主要成员以及下属支社主委参加了本次会议。

2020 年

九三学社同济大学委员会被九三学社上海市委授予“参政议政工作先进集体二等奖”“信息工作先进集体三等奖”。杨守业提供的《关于进一步完善国家科技创新体系的建议》被评为 2020 年度优秀调研成果二等奖。

2021 年 3 月 16 日至 17 日

副主委杨守业参加由九三学社中央主办的专家科普行（海南）活动并作专题讲座——“海洋强国——我国深海科技发展的机遇与挑战”。

2021 年 3 月 18 日

全国政协常委、九三学社中央副主席赵雯，上海市政协副主席、九三学社市委主委钱锋等一行赴同济大学调研座谈，就国家科技创新平台建设等议题开展深入研讨。

2021 年 9 月 22 日

九三学社同济大学第八次代表大会在逸夫楼召开。从 2006 年起，15 年间同济九三学社社员由 364 增长至 440 多人。上海市政协副主席、九三学社上海市委主委钱锋，同济大学校长陈杰出席会议并讲话。会议选举产生九三学社同济大学第八届委员会：方凡（女）、马卫民、李丽（女）、王峰、马吉伟、胡杰、杨守业、杨彬、李颖（女）、李翠（女）、高旭军、陈素文（女）、任晓崧、柳先辉、董英涛（女）、徐象繁等 16 名，杨守业当选主任委员，马卫民、高旭军、陈素文当选副主任委员。

2021年11月11日

九三学社同济大学委员会联合本科生院在同济大学旭日楼召开座谈会。围绕“同济大学2021教育思想大讨论”，结合九三学社特色，参会社员就“基础/交叉学科课程建设与创新人才培养，如何提升大学生使命感、大学科学文化建设、青年教师队伍成长”等议题，展开热切交流讨论。

第九章

同济大学归国华侨联合会概况

一、历 史 沿 革

中华全国归国华侨联合会（简称“中国侨联”），是中国共产党领导的由归侨、侨眷组成的全国性人民团体，是党和政府联系广大归侨、侨眷和海外侨胞的桥梁和纽带。

1938 年，中共中央决定在华侨青年较多的延安陕北公学设立“延安华侨救国联合会”（简称“延安侨联”）。1946 年 3 月 12 日，延安侨联在王家坪大礼堂召开会员大会，改“延安华侨救国联合会”为“延安华侨联合会”。1950 年 7 月 8 日，中华人民共和国归国华侨联谊会筹委会在北京成立。1956 年 10 月 5 日，中华全国归国华侨联合会成立。

中国侨联第一届（1956.10—1961.08）主席陈嘉庚，第二届（1956.10—1961.08）主席，第三届（1984.04—1989.12）主席张国基，第四届（1989.12—1994.06）主席庄炎林，第五届（1994.06—1999.07）主席杨泰芳，第六、七届（1999.07—2008.01）主席林兆枢，第八、九届（2008.01—2018.09）主席林军。2018 年 8 月 29 日至 9 月 1 日，第十次全国归侨侨眷代表大会在北京举行。大会通过了关于中国侨联第九届委员会工作报告的决议，关于《中华全国归国华侨联合会章程（修正案）》的决议，关于聘请中国侨联第十届委员会顾问、海外委员、荣誉委员的决议。会议以无记名投票方式选举万立骏为第十届中国侨联主席。

上海市归国华侨联合会（简称“上海市侨联”），成立于 1956 年 9 月，是中共上海市委领导的由全市归侨侨眷组成的市一级人民团体，是中国侨联的地方组织，是上海市政协的组成单位。2020 年 7 月 16 日，上海市第十二次归侨侨眷代表大会 16 日闭幕，齐全胜当选主席。

"文革"结束后，上海各大学都成立了"归侨侨眷联络组"，其任务为：①联络归侨、侨眷感情，为受迫害的归侨侨眷平反并落实政策；②为生活困难的归侨侨眷联络经济补助；③推荐侨界人士进入各级政协和侨联工作。同济大学于 1979 年成立"归侨联络组"，组长周群英，副组长罗炳发，联络组成员共有 14 人。1996 年 7 月，原上海建材工业学院和上海城市建设学院并入同济大学，联络组成员达到 24 名。联络组平时组织归侨学习党的有关方针政策及归侨侨眷政策；组织参观烈士陵园，孙中山、宋庆龄故居等活动；通过节日及为老归侨生日祝寿，经常每人做一道美味佳肴带到周群英家或李锡然家聚会等形式，加强归侨间的沟通、信息交流和感情联络。归侨活动多种多样，联络组组长还经常进行家访，了解侨情，及时向有关方面反映侨情民意，配合有关方面做好对经济困难归侨的帮困工作。

同济大学史上有多位归侨、侨眷，如：殷夫（1910—1931），浙江象山人，革命诗人、中共党员，其兄徐培根留学德国。"左联五烈士"之一，原名徐柏庭，笔名白莽、殷夫等。1927 年考入同济大学德文补习科，1928 年参加革命文学社团"太阳社"，1929 年任共青团中央宣传部干事，曾任团中央机关《列宁青年》的主编、青年反帝大同盟《摩登青年》主编之一。他积极参加革命运动，曾四次被捕入狱，坚贞不屈。1931 年被国民党反动派杀害于上海龙华，年仅 21 岁。胡明（1914—2001），原名胡绵芳，游击战中曾化名老杨[①]，缅甸归侨，祖籍福建省同安县（今属厦门市），生于缅甸毛淡棉市。1930 年从毛淡棉培植小学毕业后回国，就读于厦门集美中学。1933 年后相继在国立同济大学附属中学高中部[②]和江西景德镇陶业人员养成所学习。1935 年底，因从事抗日救亡活动，被当局以"左倾分子"罪名勒令离开江西。1936 年，在上海美亚织绸公司加入中国共产主义青年团，改名"胡明"。1937 年 3 月进入延安抗日军政大学学

① 中共铜陵市委党史研究室、铜陵市新四军历史研究会编，《烽火岁月》，2007 年 6 月，第 165 页。
② 《国立同济大学概览（1934）》，同济大学馆藏档案，档案号：2-ZT-XS16-13.0001，第 685 页。

习，同年6月加入中国共产党③。郭添礼（1919—？），曾用名田里，祖籍福建福清，出生于印度尼西亚④，由国民党中央侨务委员会保送进马尾海军学校学习。抗战全面爆发后进入抗日军政大学学习，并加入中国共产党。新中国成立后曾任职于中央军委作战部、国防部第七研究院。天津市第九届、第十届人大代表。杨前坤（1923—？），福建福清人，归国华侨，1942年秋考入同济大学工学院机械系。1947年春当选同济学生自治会第二届理事会理事长，1947年8月转移至浙南解放区后改名路正明⑤。姚振英（1915—2002），女，上海市人，新加坡归侨。幼年随其兄长去新加坡，新加坡南华中学毕业后，回国就读于上海光华大学，毕业后重返新加坡，先后在印度尼西亚、马来西亚等国任教。1953年回国定居，并在闸北区公安局干部补习学校教学，1959年进入同济大学工农预科当语文老师。1970年退休⑥。

归侨教师中，朱士明于1982年获"全国归侨先进分子"称号，1988、1989年分别获"上海市侨界优秀知识分子""全国归侨优秀知识分子"称号；经上海侨界和学校协商推荐，朱士明先后担任上海市第八届政协委员，第九届全国人大代表、九届人民代表大会华侨委员会委员。江景波1988年、1989年分别获"上海市侨界优秀知

③ 1938年起，参加全面抗战及解放战争。1949年9月被推选为皖南解放区代表赴京出席全国政协一届会议，1949年10月参加开国大典。曾任国家纺织工业部常务副部长兼党组副书记。中共八大、十二大代表，第二、三、五、六届全国人大代表，第一届全国政协委员。参见：大连百科全书编纂委员会，中国大百科全书出版社编辑部编，《大连百科全书》，1999年版，第148页；杨保筠主编，《华侨华人百科全书（人物卷）》，中国华侨出版社2001年2月版，第191页；《坚持皖南山区9年游击战争的胡明》，黄王奇主编，《铁军侨魂》，中国华侨出版社2016年4月版，第112-113页。

④ 刘传标著.《船政人物谱》(上册)[M].2017。参见：《国立同济大学1947年度第1学期退学学生名册》，同济大学馆藏档案，档案号：1-LS-253.0016；王晋：《浙南游击根据地生活漫记》，《温州史志》2012年第1期；黄仁端、杨前坤：《我们是怎么走上革命道路的》，同济大学馆藏史料，档案号：2-ZT-XS15-155.0001，第51页；翁俊：《同济大学学生运动史片段》，同济大学馆藏史料，档案号：2-ZT-XS15-62.0015，第231页。

⑤《国立同济大学1947年度第1学期退学学生名册》，同济大学馆藏档案，档案号：1-LS-253.0016。王晋：浙南游击根据地生活漫记，《温州史志》2012年第1期。黄仁端、杨前坤：《我们是怎么走上革命道路的》，同济大学馆藏史料，档案号：2-ZT-XS15-155.0001，第51页。翁俊：《同济大学学生运动史片段》，同济大学馆藏史料，档案号：2-ZT-XS15-62.0015，第231页。

⑥ 章华明，吴坚主编，《致青春——同济大学工农预科（1958—1964）》，同济大学出版社，2019.11，第153页。

识分子”“全国归侨优秀知识分子”称号。庄涛声获1993年上海市侨联颁发的“爱国奉献先进个人奖”。李锡然曾荣获上海市侨界教育“烛光奖”和上海市归侨爱国奉献奖，1988—1995年间兼任了杨浦区第一、二届侨联主席，上海市归国华侨联合会第六届委员会委员。周群英曾任上海市归国华侨联合会第三、四、五、六、七届委员，1994年获上海市第四届侨界教师“烛光奖”。陈若瞰1995年获上海市侨联颁发的“上海市爱国奉献奖”先进个人称号。陈强顺曾获1996年上海市侨界教师“烛光奖”。吕美安曾多次获上海市侨务工作先进个人、杨浦区侨务工作先进个人称号，曾任同济大学海外联谊会第二届常务副会长，第八、第九、第十届杨浦区政协委员，杨浦区侨联第四届、五届委员，四平街道侨联第一、第二届主席。20世纪90年代，伍长振曾获上海市侨界教师“烛光奖”，朱锦福、朱士明曾先后荣获上海市归侨爱国奉献奖。

20世纪80年代，随着留学生和家长们大量增加，侨眷王守梅医生（儿子在美国留学）任同济新村留学生家长联络组联络员，“归侨联络组”改组为“归侨侨眷联络组”。

1998年12月24日，上海市侨办和市教育党委在同济大学联合召开“条块结合，优势互补，推进统战工作经验交流会”，市侨办主任袁采、市教育党委副书记项伯龙、同济大学党委副书记刘润海到会并发表讲话。同济大学党委统战部部长戚爱华代表东片七所高校在会上介绍了区校联手共同做好侨务工作的经验。

1998年12月31日，经同济大学校党委和上海市归国华侨联合会批准，同济大学归国华侨联合会（简称“同济大学侨联”）正式成立。同济大学党委书记王建云、校长吴启迪、党委副书记刘润海等出席“同济大学归国华侨联合会成立大会。同济大学侨联委员会由主席1名，副主席若干名，秘书长1名，理事若干名，顾问委员若干名组成。同济大学归国华侨联合会第一届委员会主席朱士明，副主席周群英、吕美安，理事朱士明、周群英、吕美安、李锡然、韩生廉、胡英祥、周淑芬、沈延冠、王守梅，秘书长王守梅。同济大学侨联是上海市侨联的基层组织，是同济大学党委统战部直接领导下的由本校归侨、侨眷组成的全校性群众团体，是同济大学凝聚本校归侨、侨眷和海外侨胞的桥梁和纽带。同济大学侨联以《中华人民共和国宪法》为根本活动准则，遵守《中华全国归国华侨联合会章程》，秉持为国家大局服务和为侨服务，牢牢把握以人为本、为侨服务的宗旨，做好凝聚侨心的工作；引导侨联成员学习和理解马克思列宁主义、毛泽东思想、邓小平理论、“三个代表”重要思想、科学发展观、习近平新时代中国特色社会主义思想；按照国内海外工作并重、老侨[⑦]新侨工作并重的总体思路，积极主动、独立自主地开展工作，履行参政议政、维护侨益、海外联谊、群众工作职能，广泛团结归侨、侨眷和海外侨胞，为全面推进我国经济建设、政治建设、文化建设、社会建设、生态文明建设发挥积极作用，为振兴中华、统一祖国、维护世界和平，把我国建成富强、民主、文明、和谐的社会主义现代化国家而奋斗，为同济大学创建世界一流大学做出贡献。同济大学归国华侨联合会为市侨联的团体会员。同济大学归国华侨联合会实行个人会员制。

此后，学校侨联工作从单一归侨工作拓展为归侨、侨眷、留学生家属、新移民等多个方面。新成立的侨联在做好信息宣传、科技创业和文体旅游活动的同时，还努力和学校党委统战部以及同济新村所在地的“四平街道留学生家属联谊会”一起做好侨情基础信息工作，对本校归侨侨眷的基本情况，对新侨中杰出人物情况作调查了解、汇集与跟踪，并关心在沪学习的华人子弟，如安排他们参观市政工程和市容新貌，邀请他们到家里做客。积极为他们向市侨联等有关单位反映情况和问题。

1999 年 10 月，在杨浦区第四次归侨侨眷代表大会上，陈若暾、吕美安当选为杨浦区侨联第四届委员会委员。经杨浦区侨联四届一次全会选举，陈若暾当选为杨浦区侨联第四届委员会副主席。

2000 年，上海铁道大学和同济大学合并，成立新的同济大学。2001 年 1 月，同济大学侨联相应作出届中调整，增设张志枫、孟馥为副主席。

2003 年陈若暾被选为上海市杨浦区人大代表，2004 年 6 月获国务院侨务办公室和中华全国归国华侨联合会共同颁发的“全国归侨侨眷先进个人”称号。在第一、二届委员会期间，同济大学侨联联合四平路街道侨联成为全国先进、上海示范单位。总结第一、二届委员会的工作经验，同济大学侨联提出工作拓展的主要抓手：经常拜访、

⑦ 老侨，指 1949 年新中国成立前出国，于 1966 年 12 月 31 日前又回归祖国的华侨群体。

广结善缘、勤出点子、共建双赢。多利用政协资源，多参加杨浦区侨联活动；与各区、各高校侨联、街道侨联共建，各展所长，轮流活动，出点子出节目出讲座，联合互动，丰富活动内容；与校友会及各学院各系保持联系，扩大资源网络。秉持“横向无边、纵向无底”的观念，同济大学侨联常年活动丰富，并在政治上关心、经济上补助、生活上照顾、精神上关怀会员，中秋和年终慰问老归侨，平时对教学科研骨干经常上门交流，解决实际困难。在朱士明、吕美安、周群英等的精心组织、维护下，同济大学侨联联络的队伍扩展到二百多人（包括老归侨、侨眷、留学生、留学生家长和新移民）。

2013 年 1 月，同济大学侨联召开第三次会员代表大会，校党委副书记方守恩出席会议并讲话。会议选举产生第三届委员会，由李建华教授担任主席，杜建忠、张志枫、李克平为副主席，陈红为秘书长。其时侨联会员中教职工归侨、侨眷有 45 人。

2019 年 11 月 26 日，同济大学侨联第四次归侨侨眷代表大会在中法中心举行。来自上海市侨联、杨浦区侨联、上海市教卫党委、兄弟高校侨联和统战部的领导、嘉宾以及同济大学侨联的归侨侨眷代表共 60 余人出席大会。上海市侨联副主席徐大振、同济大学党委副书记冯身洪出席大会并讲话。大会听取并通过了由李建华代表同济大学侨联第三届委员会所做的题为《统一思想团结协作更好发挥侨界人士作用》的工作报告。选举产生了同济大学侨联第四届委员会委员。在其后的同济大学侨联第四届委员会第一次会议上，选举了新一届主席、副主席和秘书长等委员会成员，主席为杜建忠，副主席李岩、祝德秋，理事于澎、王祝萍、许维、刘玉擎、李雪峰、李攀、吴冰、杨长青、谭洪卫、戴秋萍，秘书长王海鹰、副秘书长程旭航，顾问委员吴志强、李建华，共 17 位，其中高级职称 15 人，中级职称 2 人。校侨联联系服务的教职工华人、华侨、归侨侨眷、海外归国留学人员 200 余人。会员中，涉侨人员包括归侨 66 人、华侨 20 人、外籍华人 38 人、侨眷 47 人，其中，退休涉侨人员 20 人。

在我国发展的环境、条件、任务、要求等迅速发生新变化的阶段，侨联第三、四届委员会和会员紧密围绕国家发展战略，深入了解归侨、侨眷和海外侨胞所需，充分发挥侨联组织的独特作用和优势，坚持“两个并重”（国内海外工作并重、老侨新侨工作并重）和“两个拓展”（拓展新侨工作、拓展海外联谊），努力为归侨和海外华侨办实事、办好事，为上海发展和同济大学的各项学科建设事业做出了新的贡献。

归侨教师中，吕美安担任四平路街道侨联主席期间，四平路街道侨联被评为全国侨联及市侨联先进集体。2010 年，同济大学侨联有十名优秀志愿者受到上海市侨联的表彰。迎“世博”600 天行动中，同济大学侨联以迎世博、看世博、服务世博为主题，积极动员侨界人士积极参加志愿者活动和华侨华人回家看世博活动。吴志强 2013 年获得“全国归侨侨眷先进个人”称号、2018 年获第七届“中国侨界贡献奖”一等奖。周群英、王守梅、吕美安 2017 年荣获中国侨联表彰，杜建忠 2014 年获第五届“中国侨届贡献奖”创新人才奖。并获从事侨联工作 20 年荣誉证书。李岩获 2018 全国侨联系统先进个人称号。李建华、杨长青、许维获第六届（2018 年）“中国侨界贡献奖”创新人才奖。杜建忠获得第八届（2020 年）“中国侨界贡献奖”一等奖。2020 年，上海市第十二次归侨侨眷代表大会召开，同济大学侨联荣获上海市侨联系统先进组织称号，吴志强荣获上海市侨界杰出人物称号，祝德秋、李建华荣获上海市归侨侨眷先进个人称号，同济大学侨联第三届委员会秘书长陈红荣获上海市侨联系统先进个人称号。

表 9–1　同济大学侨联历届委员会成员

（副主席、秘书长、副秘书长、理事、名誉主席、顾问按照姓氏笔画顺序排列）

时间	主席	副主席	秘书长	副秘书长	理事	名誉主席	顾问
第一届委员会 1998.12—2001.01	朱士明	吕美安、周群英	王守梅	/	王守梅、吕美安、朱士明、李锡然、沈延冠、周淑芬、周群英、胡英祥、韩生廉		

续表

时间	主席	副主席	秘书长	副秘书长	理事	名誉主席	顾问
（副主席、秘书长、副秘书长、理事、名誉主席、顾问按照姓氏笔画顺序排列）							
第二届委员会 2001.01 届中调整—2012.12	朱士明	吕美安、张志枫、周群英、孟馥	王守梅	/	于莹、王守梅、吕美安、朱士明、李锡然、沈延冠、张志枫、周淑芬、周群英、孟馥、胡英祥、徐博铭、韩生廉、戴秋萍		
第三届委员会 2013.01—2019.11	李建华	杜建忠、李克平、张志枫	陈红	/	于澎、王祝萍、王海鹰、刘玉擎、许维、李岩、李雪峰、李斌、杨长青、吴志强、吴明儿、吴建广、祝德秋、谭洪卫、戴秋萍	朱士明	王守梅、吕美安、周群英
第四届委员会 2019.12—至今	杜建忠	李岩、祝德秋	王海鹰	程旭航	于澎、王祝萍、刘玉擎、许维、李雪峰、李攀、杨长青、吴冰、谭洪卫、戴秋萍		李建华、吴志强

二、主 要 工 作

（一）思想政治建设

同济大学侨联积极引导广大侨界人士情系海内外、关心祖国建设、支持和参与同济大学的发展。每年两会之后，侨联都召开侨联委员会扩大会，邀请归侨侨眷参加学习讨论，大家共同学习全国两会精神、政府工作报告、上海市委工作会议、同济大学统战工作会议精神，认真部署同济大学侨联工作。侨界人士发扬爱国奉献精神，发挥侨力和侨智，为同济的发展、社会的进步、上海的繁荣、中国的昌盛，积极建言献策。同济大学侨联成为校园里日益具有影响力的人民团体。

同济大学侨联积极组织委员和广大新老归侨认真学习和宣传党的十八大、十九大会议精神，习近平总书记系列重要讲话精神、中共中央《关于加强和改进党的群团工作的意见》、中国侨联“九代会”和“十代会”精神，中共上海市委对侨团发展的一系列意见，把中央和市委的各项精神与要求转化为推动侨联各项工作的动力。此外，还组织侨联委员听取国务院侨务办公室副主任何亚非关于当前国际形势的解读等形势与政策报告会。

全体侨联委员及侨联骨干以习近平总书记系列重要讲话精神为指导，深入学习贯彻习近平新时代中国特色社会主义思想，全面贯彻落实“两个一百年”奋斗目标；积极组织侨联委员和侨界群众积极参加学校党委统战部、市侨办、市侨联组织的各项学习活动，极大地鼓舞了广大归侨和侨眷报效祖国的热情。

注重加强侨委会干部自身的学习与培训，每年围绕国家形势和上海市侨联的部署至少组织 2–3 次会议，学习贯彻各级侨联组织工作要求。选派侨联干部参加由中国侨办、上海市侨联组织的中国井冈山干部学院、上海市社会主义学院的学习培训班；参加由杨浦区侨联组织的区侨联干部学习考察活动；参加市侨联组织的学习中国侨联关于《动员广大归侨侨眷和海外侨胞为完成国民经济和社会发展第十三个五年规划目标任务贡献力量》的决议精神的学习交流活动等。

（二）组织建设、制度建设

同济大学侨联受同济大学党委统战部指导，接受上海市归国华侨联合会的领导，享受同级人民团体待遇。同济大学侨联组织机构是侨联校委员会，设主席、副主席、委员和秘书长若干人，处理侨联的日常工作。主席、副主席及委员由归侨、侨眷担任，任期5年，由校侨联委员会全体会议选举产生。其候选人名单经民主协商推荐产生，并征求上级侨联和同济大学党委统战部的意见。选举结果报上级侨联审批备案。

同济大学侨联在校党委统战部指导下，加强自身建设，全心全意为归侨、侨眷和海外侨胞服务，努力把侨联建设成为归侨、侨眷和海外侨胞之家。在第三届委员会的支持下，由老年会员组成的侨联兴趣小组自发组织文娱体育活动、户外活动等；新侨工作方面，从三个方面着手开展了发掘和聚拢新侨的常态化工作：紧密联系欧美同学会、同济大学校友会，扩大侨联、侨政宣传；利用校侨联各位委员来自不同院系这一优势，形成院系层面的侨联、侨政宣传；在校党委统战部全力支持下，开展全校华人、华侨、侨眷、归国留学人员分布格局的调查和统计分析，并以此为基础，建立同济大学新侨人才库，关注新侨所需，为海归人才的发展提供营养平台，同时开始筹建同济大学侨联青年委员会、嘉定校区分会。

在校党委统战部的推荐下，同济有多名侨界教职工参加了各级人大、政协、侨联的工作。如李国豪于1964年、1980年担任第三届和第五届全国人大代表，1983—1988年担任第六届政协上海市委员会主席；中国人民政治协商会议第七届全国委员会常委。江景波曾任上海市政协第七届常委兼教委（第七、八届）副主任，全国政协第八届、九届常委，中国民主同盟第七届、八届中央委员会副主席、第九届中央委员会名誉副主席。万钢曾任十三届全国政协副主席，致公党中央主席，中国科学技术协会主席。蔡建国曾任上海市人民政府侨务办公室副主任；2006年6月当选上海市侨联第九届委员会副主席，2013年全国第九次归侨侨眷代表大会上当选为中国侨联第九届委员会常务委员。朱士明曾任上海市八届政协委员、第九届全国人大代表、全国人大华侨委员会委员，第十届全国人大代表、全国人大华侨委员会委员。韩生廉曾任上海市侨联第八届委员、上海市政协委员，上海市第九届政协委员会委员。李锡然曾任杨浦区归国华侨联合第一、第二届委员会主席。周群英曾任上海市归国华侨联合会第三至七届委员。吕美安曾任第八、第九、第十届杨浦区政协委员，杨浦区侨联第四届、五届委员，四平街道侨联第一、第二届主席。唐子来曾任第十一届和第十二届全国政协委员，上海市政府参事（2018.04 起），2010 年当选为中国侨联特聘专家。陈若暾、于莹曾任杨浦区侨联副主席（1999 年），2003 年陈若暾当选上海市杨浦区人大代表。张志枫曾任普陀区第三、四届侨联委员会副主席、第五届侨联委员会常委；王守梅曾任杨浦区侨联第三届委员；戴秋萍曾任杨浦区侨联第五届常委、四平街道侨联副主席。2021 年，上海市第十二次归侨侨眷代表大会上，杜建忠当选上海市侨联第十二届委员会常务委员，李岩当选上海市侨联第十二届委员会委员；王海鹰、李攀、孙捷、范震、朱云卿担任上海市侨联青年总会（第二届理事会）委员。杜建忠担任杨浦区侨联第七、第八届位委员会副主席，王祝萍担任虹口区侨联第七届委员会常委，许维任政协上海市嘉定区第六届委员会委员（2016），嘉定区侨联委员会常委、副主席。侨联各会员积极参政议政，为区域侨联工作献计献策，同时也拓展了新侨活动的平台，扩大了同济大学侨联的社会影响。

（三）爱岗敬业、服务社会

根据学校要求和部署，积极参加学校以及校党委统战部召开的民主党派座谈会、意见征询会等，立足本职工作，结合学校发展相关热点问题参与民主讨论和议事活动，就“十三五”规划、“双一流”建设等议题发表意见，反映侨联基层代表诉求，为学校发展和建设建言献策。2019 年 4 月，李建华作为一名长期致力于生态河流研究的学者通过同济大学智库为中央领导治国理政撰写了《谨防“破坏式治污”加速河流生态退化》的咨政建言专报。该专报通过精准分析提出 6 点建议，李克强总理和韩正副总理给予了高度重视。

按照中央对侨联工作“两个并重”和“两个拓展”的指示精神，侨联始终坚持做好老侨、新侨工作。老侨工作方面，同济侨联会员中老年会员较多，居住地比较分散，平时联络困难，而早期归侨[⑧]都已退休，在养老方面存在一些实际问题。同济大学侨联对老归侨坚持做好“五必访”（生病必访、节日必访、家中发生重大事件必访、有困难

⑧ 早期归侨，又称“老归侨”“老侨”。

必访、丧事必访），送温暖、送上慰问金。每逢传统佳节，组织老归侨参加节庆活动：迎春茶话会、端午尝粽子、中秋品月饼、敬老节送上重阳糕点、吃长寿面；安排老归侨生日宴会。凡是老归侨生病或住院，归侨家属生病或子女遇到突发事故，侨联都会及时上门慰问或到医院看望。

吕美安担任四平路街道侨联主席期间，同济大学侨联与杨浦区侨联、四平路街道紧密互动，相互支持，努力实现资源共享，共建双赢。借助社区力量，同济大学侨联在安装煤气报警器、老人安康通、结对帮困、慈善医疗卡、早期归侨体检等活动中，积极为中老年会员提供服务。为让归侨、侨眷亲身体会祖国巨变、社会发展，侨联组织了许多看上海活动，如参观中共一大会址、宋庆龄故居、黄炎培故居、上海市华侨之家；松江大学城、洋山港码头、通用汽车公司、宝山钢铁公司；中福会养老院，宝山、嘉定和南翔众仁养老院；十六铺老码头、青浦博物馆、朱家角、曲水园、佘山等。还先后组织四批归侨侨眷到青浦养老院、崇明养老院疗休养。根据市侨联的统一部署，有计划地为老会员安排户外活动，包括每年组织两次“侨爱心休养”活动，以此表达对老一辈归侨侨眷和侨务工作者多年来所作奉献的衷心感谢。这些活动都赢得归国侨眷的高度赞赏和热情参与。

自 1999 年起，同济大学侨联联合欧美同学会、民族联等人民团体，每年春节前举办迎春联欢会，回顾过去一年，展望新的一年，为会员送去新春的美好祝福。还邀请上海市侨联领导、校领导和校党委统战部领导出席，邀请老归侨、新归侨及归侨子女参加。近年来，同济大学海外归国教师越来越多，新海归人数现已有 700 多人。如何将这一群体纳入侨联关注的范围内，帮助年轻的海归们尽快适应国内生活环境和工作氛围，为学校的学科建设和教学工作贡献力量，是同济大学侨联一直关注和思考的问题。第三届理事会成立以来，积极拓展侨联与各民主党派、统战团体之间的联系，利用各种联谊活动向新海归宣传侨务政策。侨联还努力联络、主动邀请新侨参加各种活动，包括联欢会、座谈会、参观等，尽力给予他们政治上的关心、生活上的照顾、业务上的支持，努力帮助他们解决子女就读、升学，出境签证、业务拓展、工作考评等问题，得到了留学归国的新侨人士的高度认可和支持。

人物风采

朱士明（1939— ）

祖籍安徽泾县，南非归侨。1939 年出生于南非德班，1948 年 7 月回国，1962 年同济大学应用物理专业毕业，毕业后先后在同济大学数理力学系、物理系、声学所工作，曾任同济大学助教、讲师、副研究员。1984—1987 年在美国天主教大学玻璃态研究所做访问学者，1994 年在加拿大科学院计量标准研究所合作科研。1992 年起，任同济大学声学所研究员、博士生导师，从事超声工业检测方面的科研工作。主持或参加的科研项目中，“多种油品单管顺序输送装置的研究”1978 年获全国科学大会奖；测量声速的“精测尾时方法”1981 年获国家发明四等奖，“DG100 野战输油管线系统”1985 年获国家科技进步一等奖；“超声波混油浓度检测仪”获国家科技进步三等奖。1991 年“法兰紧固螺栓螺钉紧固力监测手段”获国家“七五”科技攻关重大科技成果奖和上海市科技进步三等奖。1997 年“智能化超声波液体浓度检测仪”获上海市科技进步二等奖。1998—2012 年，任同济大学侨联第一、第二届理事会主席，2013—2019 任同济侨联第三届理事会名誉主席。上海市八届政协委员、第九届全国人大代表、全国人大华侨委员会委员，第十届全国人大代表、全国人大华侨委员会委员。曾获上海市归侨爱国奉献奖[⑨]。

李建华（1959— ）

江苏扬州人，博士，教授，博士生导师，现任长江水环境教育部重点实验室副主任，日本归侨。2013—2019 任同济大学侨联第三届理事会主席，2019 年至今任同济

⑨ 参见：王生洪主编，《上海高等教育系统教授录续》，1994 年版；刘振元主编，上海高级专家名录编辑部编，《上海高级专家名录第 3 卷》，1993 年版；《博士生导师朱士明研究员简介》，同济大学学报（自然科学版），2000 年第 4 期，第 378 页。

大学侨联第四届理事会顾问委员。2018获得第六届“中国侨界贡献奖”创新人才奖，2020年获上海市归侨侨眷先进个人称号。1983年7月毕业于辽宁大学生物系。1983—1989年12月就职于辽宁省计划经济委员会；1990年1月—1993年3月获日本政府国费奖学金赴日本信州大学攻读水域生态学硕士，1993年4月—1996年3月东京都立大学攻读水域生态学博士；1996年4月—2003年12月就职于日本国国土交通省土木研究所任研究员。2004年2月作为上海市政府引进人才被聘为同济大学环境科学与工程学院教授，先后主持国家和上海市重大科技专项30多项，获得省部级自然科学奖二等奖1项，省部级科技进步二等奖和三等奖各1项，已发表学术论文200多篇，参编学术专著7部。2019年写给中央的《谨防“破坏式治污”加速河流生态退化》的咨政建言专报获得李克强总理、韩正副总理和肖捷秘书长等国家领导人的批示。兼任国际海洋水库学会（IACRR）理事，*Water*国际学术期刊编委，日本中部大学客座教授，世界自然基金会（WWF）水管理创新专家联合咨询委员会特聘专家，中欧水平台（CEWP）水生态修复领域联合领导小组技术专家，德稻水域生态实践大师。曾任上海市计划发展委员会海外特邀研究员（2002—2004），日本东京大学特任教授（2011—2012），中国建筑文化研究会生态人居及康养专业委员会副主任（2019—2021）[⑩]。

杜建忠（1975—）

湖南慈利人，理学博士，同济大学长聘特聘教授，博士生导师，同济大学学术委员会委员。英国归侨。现任同济大学材料科学与工程学院教授委员会副主任，高分子材料系主任；上海市侨联第十二届常委，同济大学侨联主席，杨浦区侨联副主席；英国皇家化学会会士（2017），美国化学会*Biomacromolecules*顾问编委，中国化学会高级会员，中国化学会高分子学科委员会委员，中国生物材料学会生物医用高分子材料分会委员。长期从事生物医用高分子材料的教学与研究工作，取得了丰硕的教学与科研成果，曾获国家杰出青年科学基金（2019）上海市育才奖、“挑战杯”上海市特等奖及全国二等奖指导教师、国家科技进步二等奖等荣誉。2019年12月至今任第四届理事会主席。

⑩ 参见：《同济大学教授录》编委会编，《同济大学教授录》，同济大学出版社2007年版。

夏坚白（1903—1977）

江苏常熟人，测绘学家、教育家，九三学社社员，归侨。1921 年赴上海公学、中国公学、浦东中学就读，1925 年考入清华学校大学部土木系，1929 年毕业后留校任教。1933 年曾赴抗日前方参加修路工作，出版《应用天文学》。1934 年考取第二届庚款留英公费生，进入伦敦大学帝国学院留学，1935 年获皇家科技学位工程师文凭，与陈永龄合著《养路工程学》。1935 年 8 月转学德国柏林工业大学，1937 年及 1939 年先后获得德国柏林工业大学测量学院特许工程师证书和工学博士学位。1939 年归国，受聘为同济大学测量系副教授，1940 年底任中国地理研究所大地测量组副组长、副研究员，1941 年任同济大学测量系教授。1943 年 6 月任中央陆地测量学校教授，教育处长、校长，1946 年任国防部陆地测量局二处处长，1947 年任南京中央大学土木系教授。1948 年 7 月任同济大学测量系教授、教务长、代理校长，同年 12 月正式出任校长。新中国成立后任同济大学校务委员会主任委员，1953 年任同济大学副校长，1955 年被聘为中国科学院学部委员（院士）。1956 年主持筹建武汉测绘学院，1958 年任首任院长。曾兼任中国测绘学会筹委会主任委员、副理事长、理事长，国家科学技术委员会测量制图组副组长。曾当选上海市、武汉市及全国人大代表，九三学社中央科学文教工作委员会委员，九三学社武汉分社委员会副主任委员等[11]。

金经昌（1910—2000）

笔名金石声，籍贯江西婺源，德国归侨。出生于武汉，1915 年随家人迁居扬州。1916 年入私塾读书，1928 年入上海浦东中学读高中；1931 年考入同济大学土木系，1937 年毕业。1938 年留学德国达姆斯达特工业大学，主修市政工程及城市规划，1940 年春获特许工程师证书。1941 年任德国达姆斯达特工业大学道路及城市工程研究所工程师。1946 年底与裘法祖同船回国，任职于上海特别市工务局都市计划委员会。1947 年任同济大学工学院土木系教授，讲授“都市计划”课程。1949 年后任同济大学建

⑪ 参见：《苏州通史》编纂委员会编，李峰主编 . 苏州通史 · 人物卷（下）中华民国至中华人民共和国时期［M］. 2019；周川 . 中国近现代高等教育人物辞典［M］. 2018；中国科学家辞典编委会 . 中国科学家传略辞典现代第一、二辑［M］. 1981。

筑系教授，1952年与冯纪忠教授在建筑系开设城市规划专业，任城市规划教研室主任（1952—1958，1961—1978）。1978年任同济大学城市规划与建筑研究所所长，兼任中国建筑学会城市规划学术委员会副主任委员。曾兼任上海市政府建设委员会顾问（1949）、中国城市规划学会顾问、上海交通工程学会副理事长、中国摄影协会常务理事、上海市摄影协会副主席⑫。2022年11月，中德建交50年、同济建校115周年之际，同济大学举办了“金石声德国留影”摄影展⑬。

童大埙（1911—2011）

江苏崇明（今属上海市）人，铁道工程专家、教育家，英国归侨。1919年起就读南洋公学（现上海交通大学）附属高级小学、附中、土木工程专业，1931年毕业后就职于北平平绥铁路局。1934年获第二届中英庚款公费留学赴英国帝国理工学院学习，1937年获硕士学位回国后就职于湖南大学。1939年秋起，先后任叙昆铁路工程局副工程师、弥渡滇缅铁路工程局正工程师、重庆交通大学土木系教授、中央设计局交通组专门委员及昆明滇缅公路油管工程处副处长等职。1945—1949年任教育部高等教育司帮办，1949年入同济大学土木系任教，1958年任铁路、公路与桥隧系主任。1973年调入上海铁道学院。上海市铁道学会常务理事、荣誉理事，铁道部铁道科学研究院学术委员会委员、名誉委员，上海市高等学校土建学科教授职称评审组成员及工科院校办学水平试点专家组成员等。1977年被评为上海市科技先进工作者，1985年被美国铁道工程协会聘为终身会员，1992年起享受国务院政府特殊津贴⑭。（其他相关介绍参见民盟部分）

杨钦（1911—1991）

广东大埔人，九三学社社员，美国归侨。1936年毕业于国立浙江大学土木工程系，旋即

⑫ 周川．中国近现代高等教育人物辞典［M］．2018；《同济大学教授录》编委会编．同济大学教授录［M］．2007；

⑬ 金石声摄影名作及个人传记，参见一：曹建国主编．海上摄影名家大系金石声［M］．2012；参见二：中国科学技术协会编．中国科学技术专家传略工程技术编·土木建筑卷1［M］．1994。

⑭ 同济大学交通运输工程学院编．筚路蓝缕［M］．2020；中国民主同盟上海市委员会编．沪盟先贤［M］．2016；周世青．江苏铁路百年人物［M］．2017；《上海高等教育系统教授录》编委会编．上海高等教育系统教授录［M］．1988。

留学美国密歇根大学，1937 年获密歇根大学硕士学位。1938 年回国，1952 年起任同济大学教授，曾任副教务长、副校长。曾任上海市政协委员、常委。曾任《中国大百科全书——土木工程卷》编委、《中国给水排水》杂志编辑委员会技术顾问。著有《给水外管网的设计与计算》、合编《给水工程》等。“给排水管网水力计算程序研究”获 1977 年上海市重大科技成果奖。1977 年获上海市先进科技工作者称号 ⑮。（其他相关介绍参见九三学社部分）

李国豪（1913—2005）

广东梅县(今广东梅州)人，著名桥梁工程与力学专家、教育家，中国科学院院士、中国工程院院士。1949 年参加中共地下党领导的大学教授联谊会，1953 年加入民盟，1956 年加入中国共产党，1958 年任民盟上海市委副主委 ⑯。1955 年被选聘为中国科学院首批学部委员(院士)，1994 年当选为中国工程院首批院士。

1936 年毕业于同济大学土木系，后留校任教，1938 年获洪堡奖学金赴德国达姆斯塔特工业大学留学，专攻桥梁工程和结构力学。1940 年博士论文《悬索桥按二阶理论的实用计算方法》通过答辩，被授予工学博士学位。1942 年以论文《用几何方法求刚构影响线》的创新成果获得德国特许任教工学博士（Dr. Ing. Habil）学位，即第二博士学位，“悬索桥李”之雅号诞生于德国至今载誉学界。

1946 年回国后任同济大学教授，历任土木系主任、工学院院长、教务长、副校长、校长、名誉校长等职，开拓了桥梁结构理论和桥梁抗震抗风理论，曾任武汉长江大桥建设顾问、南京长江大桥顾问委员会主任，在国内首次提出了大跨度迭合梁斜拉桥的建桥方案，实现了我国桥梁工程界赶超世界先进水平的宏愿，是我国自主建设大跨度桥梁的首要功臣和学界先驱。他以高瞻远瞩的战略分析和严谨求实的科技论证推动了宝钢建设、上海洋山深水港建设。曾任国务院科学规划委员会土建组组长 ⑰、中国科协

⑮ 参见：周川，《中国近现代高等教育人物辞典》，福建教育出版社，2018 年版，第 237 页；《同济大学教授录》编委会编，同济大学教授录，同济大学出版社，2007 年版，第 499 页；陈世明主编，《中国当代教育名人大辞典》，陕西师范大学出版社，1994 年版，第 482 页。

⑯《李国豪纪念文集》编委会编，《学之师表　国之英豪　纪念李国豪诞辰 100 周年文集》，同济大学出版社，2013.04，第 364-365 页。

⑰ 陈元等主编，《中国统一战线辞典》，中共党史出版社，1992 年版，第 270 页。

常委、上海市科协主席、中国科协工程学会联合会主席、中国土木工程学会桥梁及结构学会理事长、中国力学学会副理事长和中国高等教育研究会副会长[18]、上海市第六届政协主席、第七届全国政协常委等职。

蔡建国（1953— ）

浙江绍兴人，博士，教授，博士生导师，日本归侨，致公党党员。1987 年留学日本，2001 年归国，曾任上海市人民政府侨务办公室副主任。2006 年 6 月当选上海市侨联第九届委员会副主席。在 2013 年全国第九次归侨侨眷代表大会上当选中国侨联第九届委员会常务委员[19]。（其他相关介绍参见致公党部分）

成莹犀（1916—？ ）

女，曾用名成芸西，四川江津人，教授，致公党党员，英国归侨。1931—1934 年就读于南开女中。1934 年进燕京大学物理系，1935 年转入清华大学土木工程系，1939 年后任职交通部技术厅桥梁设计处、清华大学工学院土木工程系助教。1943 年留学英国，1945 年毕业于英国利物浦大学，获工程硕士学位，后就职于利物浦一家钢铁结构公司任设计员。1947 年 8 月回国。1947—1954 年就职于香港黄埔船坞公司，任土建设计师，1954—1957 年任职香港大学建筑学院。1956 年参加香港大学师生回国观光团，受到周恩来总理接见。1957 年通过国务院专家局回国服务，曾任同济大学建工系副教授，1982 年退休。牵线捐赠青浦科技图书馆，与致公党党员郑竞辉、龚因心一起分别为福建、上海、陕西联系菲律宾、香港、美国资金 2500 万美元，捐赠建学校、音乐喷泉、图书馆等。译有《现代建筑的结构与造型》（西德柯特・西格尔著，1979 年翻译，1981 年中国建筑工业出版社出版）。

杜庆萱（1921—2012）

浙江杭州人，电力机车专家，九三学社社员，美国归侨。1992 年获国务院颁发有突出贡献专家特殊津贴。从事铁路电气化、电力机车教学与科研工作。1938—1942 年在上

⑱ 中国土木工程学会编著，《中国土木工程学会史》，上海交通大学出版社，2008 年版，第 199 页。
⑲ 参见：殷一璀主编 . 上海年鉴 2006［M］. 2006。

海交通大学电机工程系学习，获学士学位；1948 年毕业于美国斯坦福大学电气工程系，获科学硕士学位。1949 年回国后历任唐山工学院（西南交通大学前身）、浙江大学副教授，唐山铁道学院、西南交通大学教授。20 世纪 80 年代调入上海铁道大学。兼任中国铁道学会理事，铁道电气化委员会、牵引动力委员会副主任，牵引电器设备委员会副主任，电力牵引与铁道电气化专业教材编委会主任，铁道部长春地下铁道动车研究所技术顾问，《铁道学报》编委，《机车电传动》杂志、上海电力电子学会顾问，西南、北方、华东交通大学兼职教授，大连铁道学院顾问教授、西南交通大学电气工程学院顾问委员会名誉主席。主持设计中国第一台电力机车，指导我国第一条电气化铁路（宝鸡－凤州段）设计；参与制订我国第一部铁路设计规范；主持“电气化铁路电流、电压制研究”获全国科学大会成果奖；主持“韶山型交流电力机车设计、试制”获铁道部科研一等奖、1978 年获全国科学大会成果奖。著作《电力机车控制》获 1992 年铁道部优秀教材荣誉奖[20]。

庄涛声（1923—？）

出生于上海，教授，美国归侨。建筑师庄俊之子。1945 年毕业于之江大学建筑系，1948 年毕业于美国伊利诺州立大学建筑学专业获硕士学位。1950 年 5 月归国，曾任唐山交通大学、天津大学，郑州大学、郑州工学院讲师、副教授，系副主任、主任，上海城建学院副院长，同济大学教授。1952 年加入九三学社，1980 年加入中国共产党。上海市杨浦区第七、八届人民代表，上海市第九届人民代表，九三学社上海城建学院支社副主委。1987 年被上海城建学院授予“教学优秀奖”；1993 年获上海市侨联颁发的“爱国奉献先进个人奖”[21]。

蔡梅雪（1923—？）

女，江苏武进人，九三学社社员，教授，美国归侨。长期从事营养与生物化学教育与科研。1944 年毕业于重庆中央大学农业化学系，1950 年获美国肯塔基大学研究生

⑳ 参见：《同济大学教授录》编委会编．同济大学教授录［M］. 2007；王生洪主编．上海高等教育系统教授录续［M］. 1994；侯西岭，张秀山，殷建国主编．寻访交大之星［M］. 2016；唐振绪著，李泳主编．志在振兴中华唐振绪文存［M］. 1996；许守祜编，1868—2010 中国铁路教育志稿［M］. 2013。

㉑ 参见：马国龙主编．中国专家学者辞典［M］. 2001；《同济大学教授录》编委会编．同济大学教授录［M］. 2007；王生洪主编．上海高等教育系统教授录续［M］. 1994。

院食品与营养学硕士学位。1950年9月归国后任职上海第一医学院公共卫生学院[22]，历任上海第一医学院讲师、副教授，上海铁道医学院副教授、教授、硕士生导师。兼任中国营养学会理事、国际营养学会（IUNS）专家委员会成员、上海市科委儿童营养食品专家委员会委员。铁道部学术委员会成员、1997年中华预防医学会微量元素与健康学会名誉主任委员。1958年加入九三学社[23]。1993年获林宗扬国际医学教育奖。"老年人血硒谷胱甘肽过氧化物酶的水平及补硒效果研究"获1993年铁道部科技进步奖；"富硒食用菌硒生物利用率及对中老年人抗氧化功能的影响"获铁道部1997年科技进步奖。主编著作《实用内科学》，参编《2000年中国居民膳食营养素参考摄入量》等[24]。

张士铎（1925—2015）

天津市人，桥梁专家，美国归侨。1947年毕业于天津工商学院土木工程系。1937年9月—1943年6月就读于天津工商学院附属中学，1943年9月—1947年6月就读于天津工商学院土木工程系，获学士学位。1948年留学美国，曾任德克萨斯州休斯敦市瑞斯大学助教；1949—1952年就读于北达科他州州立大学研究院，1950年土木工程硕士学位。1952年获哲学博士学位。1952—1955年曾任华盛顿州公路总局桥梁处副工程师，获华盛顿州开业土木工程师执照。1955年回国，1957年后曾任同济大学桥梁工程系副教授、教授，长期从事钢筋混凝土桥的教学及科研。兼任上海市政工程研究所技术顾问，杭州结构与地基研究学会名誉理事，上海市土木工程学会工程结构委员会副主任委员。1992年退休。"预弯预应力混凝土公路桥梁"获1992年河南省科技进步二等奖；参加"中小跨径公路桥梁斜桥通用软件研究"获1992年河南省科技进步二等奖；"公路桥梁车辆荷载纵横向折减系数研究"获1995年交通部科技进步三等奖。出版著作《结构理论及在桥梁上的应用》《桥梁设计理论》《现代混凝土基础理论》《部分

㉒ 1955年全国第二次院系调整，公共卫生学院更名为卫生系；1985年上海第一医学院更名为上海医科大学。

㉓ 朱广杰，吴钟．上海铁道医学院志［M］. 1995；王生洪主编．上海高等教育系统教授录续［M］. 1994。

㉔《同济大学教授录》编委会编．同济大学教授录［M］. 2007；朱广杰，吴钟．上海铁道医学院志［M］. 1995；王生洪主编．上海高等教育系统教授录续［M］. 1994。

预应力混凝土结构理论》《箱形薄壁梁剪力滞效应》[25]。

江景波（1927—2020）

福建福州人，新加坡侨眷，我国工程建筑经济和管理领域的著名专家、教育家。1952年加入中国民主同盟，1980年加入中国共产党。1950年毕业于大夏大学土木工程系；1950至1951年在安徽滁县治淮工程指挥部工作，1951年起执教同济大学并历任校务委员会委员、施工组织教研室主任、教务处处长、副校长、常务副校长，1984年任同济大学校长、校务委员会主任。曾任全国政协常委，中国民主同盟中央委员会副主席、名誉副主席。曾获全国和上海市侨界优秀知识分子（1988、1989年）等称号[26]。（相关介绍参见民盟部分）

李锡然（1928—2013）

广东潮安人，新加坡归侨。1951年1月归国，1955年毕业于同济大学建筑系。历任国家城市建设总局民用建筑设计院、上海城市建设工程学校技术员、教员；同济大学助教、讲师、副教授、教授。著有《居住区详细规划》《城镇竖向设计》。“江阴市长泾镇试点总体规划”获江苏省评比一等奖、全国评比三等奖。1979年加入同济大学“归侨联络组”。1986年9月杨浦区归国华侨联合会成立，任第一届委员会主席。1990年任杨浦区侨联第二届委员会主席。1998—2012年，任同济大学侨联第一、第二届理事会理事。曾荣获上海市侨界教育“烛光奖”，上海市归侨爱国奉献奖[27]。

朱锦福（1936—2021）

广东惠来人。马来西亚归侨。1954年7月归国，1962年毕业于武汉大学生物系。

㉕《上海高等教育系统教授录》编委会编.上海高等教育系统教授录［M］. 1988;《同济大学教授录》编委会编.同济大学教授录［M］. 2007; 吴仲强.中国当代自然科学人物总传（第一卷）［M］. 1990。

㉖《同济大学教授录》编委会编.同济大学教授录［M］. 2007; 陈世明.中国当代教育名人大辞典［M］. 1994。

㉗［1］王生洪主编.上海高等教育系统教授录续［M］. 1994;［2］《同济大学教授录》编委会编.同济大学教授录［M］. 2007;［3］施叔华.上海市区志系列丛刊杨浦区志［M］. 1995。

历任山东海洋学院助教，同济大学助教、讲师、副教授、教授、实验室主任、环境工程系副主任、环境工程学院副院长、污染控制与资源化研究国家重点实验室副主任、“城市污染控制国家工程研究中心”办公室主任。兼任上海市生态学会副理事长、上海市航海医学会副主任等。长期从事水处理微生物学、环境”工程微生物学和生态学基础等课程的教学和研究工作。荣获上海市归侨爱国奉献奖㉘。

汪品先（1936— ）

江苏苏州人，教授，博士生导师，中国海洋地质学与微体古生物学家，中国科学院院士，德国归侨。1953 年上海格致中学毕业后被选送前苏联留学，1960 年毕业于苏联莫斯科大学地质系古生物专业毕业后归国，进入华东师范大学地理系加入筹备中的“海洋地质系”，1972 年随该系迁入同济大学㉙。1981—1982 获德国洪堡奖学金在德国吉尔大学做研究。回国后历任同济大学海洋地质研究所副所长、海洋地质系主任、海洋地质国家重点实验室主任及学术委员会主任。1999 年春担任首席科学家，在南海主持中国海区首次国际大洋深海科学钻探。2006 年起成功推进我国海底观测系统的建立，建立中国第一个海底观测试验站。国家“海洋地质学”和上海市重点学科“海洋地质”的学科带头人。曾兼任中国海洋研究委员会主席、国际海洋联合会（SCOR）副主席、国际过去全球变化计划（PAGES）学术委员会副主任，主持全球季风、亚洲古季风、西太平洋古地理等国际工作组。曾获国家教委科技进步奖、国家自然科学奖、中国科学院自然科学奖、何梁何利科学进步奖，以及欧洲地学联盟（EGU）米兰科维奇奖章、亚洲海洋地质奖、欧洲地球科学联合会奖等，伦敦地质学会名誉会员、美国科学促进会（AAAS）会士㉚。

周群英（1939— ）

马来西亚归侨，祖籍广东新会，中共党员。1939 年 2 月 12 日出生于马来西亚吉

㉘ 刘振元主编，上海高级专家名录编辑部编．上海高级专家名录第 3 卷［M］. 1993；陈世明．中国当代教育名人大辞典［M］. 1994。

㉙ 该系与同济大学水文地质专业合并为“地下工程系”，于 1975 年挂牌为海洋地质系。

㉚ 方正怡．院士怎样读书与做学问下［M］. 2017；姜振寰主编，世界科技人名辞典［M］. 2001；徐有威．媒体中的上海市格致中学 1949-2019［M］. 2019。

隆坡，1954 年 4 月归国，1954 年 9 月至 1960 年 8 月在武汉市 39 女中读初中、高中；1960—1965 年就读于武汉大学生物系微生物专业。1965—1999 年，历任同济大学环境科学与工程学院助教、讲师、副教授、教授，任微生物教研室副主任、硕士研究生导师。1988—2022 年先后出版著作《环境工程微生物学》第一版、第二版、第三版、第四版和第五版，由高等教育出版社出版。1990 年《环境工程微生物学》获同济大学优秀教材二等奖、1992 年获国家教委优秀教材二等奖；获 2008 年度高等教育精品教材奖。1999 年在同济大学城市污染控制国家工程研究中心科研。曾兼中国微生物学会第六、七届理事会环境微生物学专业委员会委员，上海市预防医学微生物检验专业委员会委员，上海市预防医学海洋药物专业委员会委员。1979 年同济大学成立“归侨联络组”，任组长，联络组成员有 13 人。1998 年 12 月同济大学归国华侨联合会成立，1998—2012 年，任同济大学侨联第一、第二届理事会副主席，2013—2019 任同济大学侨联第三届理事会顾问。曾任上海市归国华侨联合会第三、四、五、六、七届委员。1994 年获上海市第四届侨界教育“烛光奖”。2017 年获上海市侨联颁发的从事侨联工作 20 年荣誉证书[31]。

韩生廉（1943—2017）

北京人，日本归侨，农工党党员。1969 年毕业于东北工学院，1982—1994 年在日本横滨国立大学大学院攻读电子信息专业的硕士课程、博士课程，从事博士后的研究，取得硕士和博士（甲）学位。历任横滨国立大学工学研究科研究员、日本积善会看护专科学校信息科学教授。1994 年 2 月归国，任同济大学教授、博士生导师。1998 年出版译著《顺序控制——新理论及设计法》。1998—2012 年，任同济大学侨联第一、第二届理事会理事。曾任上海市侨联第八届委员、上海市政协委员，上海市第九届政协委员会委员[32]。

吕美安（1944—）

上海人，高级工程师，侨眷。1959 年由位育中学考入同济大学工农预科（1963 年

㉛ 参见：《同济大学教授录》编委会编 . 同济大学教授录［M］. 2007；《中华人物辞海》编委会编撰 . 中华人物辞海当代文化卷一（中册）［M］. 1997。

㉜ 《同济大学教授录》编委会编 . 同济大学教授录［M］. 2007。

改组为同济大学附属中学，1970年停办）。1961年直升同济大学数理力学系，担任物理班长，旋入选学生会担任群众文化部部长。1965年毕业于同济大学数理力学系，后留校。曾参与复建物理系、玻尔固体物理研究所；1988年因特色镜面及其专用合金丝研究获国家教委科学技术进步二等奖。曾获国家教委二、三等科技进步奖3项。2004年退休。1998—2012年，任同济大学侨联第一、第二届理事会副主席；2013—2019任同济侨联第三届理事会顾问。曾任同济大学海外联谊会第二届常务副会长，第八、第九、第十届杨浦区政协委员，杨浦区侨联第四届、五届委员。曾获上海市侨务工作先进个人、杨浦区侨务工作先进个人称号；曾任四平街道侨联第一、第二届主席，四平街道侨联顾问，爱侨护侨、为侨发声、为侨服务，积极奉献社会，在任期间四平街道侨联被评为全国侨联先进集体、上海市侨联先进集体。2017年获上海市侨联颁发的从事侨联工作20年荣誉证书[33]。

唐子来（1957— ）

上海人，教授、博士生导师，无党派人士，英国归侨，上海2035规划核心专家。1978—1984年就读于同济大学，先后获学士和硕士学位；1984—1991年就职于同济大学，1991—1995年就读于英国利物浦大学，获博士学位。1995—1996年就职于新加坡裕廊工业园区管理局，1996年回国后就职于同济大学，曾任城市规划系副主任、主任。兼任中国城市规划学会常务理事、上海市规划专家咨询委员会的城市空间与环境专业委员主任委员，2010年上海世博会城市最佳实践区总策划师、《城市规划汇刊》编委会副主任、《城市规划》编委、英国 *Planning Practice and Research* 的国际顾问编委。曾任第十一届和第十二届全国政协委员，上海市政府参事（2018.04起）。获选2007—2009年度上海市先进工作者；2010上海教育年度新闻人物。2010年当选为中国侨联特聘专家；2011年获选“感动上海年度十大人物”，获选2010—2014年度上海市侨界“十杰”。获2000年度上海市优秀城市规划设计二等奖、2005年度上海市优秀城市规划设计一等奖、2005

㉝ 参见：章华明，吴坚主编．致青春同济大学工农预科1958—1964［M］．2019；2006同济大学年鉴编辑部．同济大学年鉴2006［M］．2007；刘振元主编，上海高级专家名录编辑部编．上海高级专家名录第3卷［M］．1993。

年度全国优秀城市规划设计二等奖（建设部）、2007 年度上海市优秀城乡规划设计二等奖，2007 年度全国优秀城乡规划设计奖表扬奖；2009 年度上海市优秀城乡规划设计一等奖，2009—2010 年度全国优秀城乡规划设计一等奖、2013 年度上海市优秀城乡规划设计一等奖，2013 年度全国优秀城乡规划设计一等奖（城市规划类）[34]。

吴志强（1960— ）

祖籍浙江兰溪，生于上海。博士，教授，博士生导师，中国工程院院士，中共党员，德国归侨。2013—2019 任同济侨联第三届理事会理事，2019 年至今任同济大学侨联第四届理事会顾问委员。2013 年获全国归侨侨眷先进个人称号、2018 年获第七届中国侨界贡献奖一等奖，2020 年获上海市侨界杰出人物称号。1982 年毕业于同济大学城市规划专业，1985 年获同济大学城市规划专业硕士学位后留校执教。1988 年赴德访学，1994 年获柏林工业大学城市与区域规划专业工学博士学位。1994—1996 年任德国环柏林城市与建筑研究事务所首席研究员，1996 年回同济任教。1997 年起任同济大学建筑与城市规划学院城市规划与建筑研究所所长、副院长、院长，同济大学校长助理兼设计创意学院院长，同济大学副校长。曾任 2010 年上海世博会园区总规划师，北京城市副中心城市设计综合方案总规划师，全国城乡规划学专业指导委员会主任委员，亚洲规划院校联合会主席，世界规划院校联合会首届联席主席，青岛世界园艺博览会总规划师。首批规划领域“全国工程勘察设计大师”。先后获全国五一劳动奖章、全国先进工作者、全国优秀科技工作者、全国优秀城市规划科技工作者等称号。曾获多项国家级，以及教育部、建设部、科技部和上海市等省部级科技进步奖，国内外诸多规划设计重要奖项。国务院政府特殊津贴专家，德国工程科学院院士，瑞典皇家工程科学院院士，美国建筑师协会荣誉院士[35]。现兼任上海市政府参事，国务院学会委员会城乡规划学科评议组第一召集人，世界规划教育组织（WUPEN）主席。

㉞ 参见:《同济大学教授录》编委会编．同济大学教授录［M］. 2007；栾峰，彭敏学主编．理想空间 2008.2（第二十六辑）住房政策与住房建设规划［M］. 2008；丁洁民主编．同济大学建筑设计研究院（集团）有限公司 2010 年世博会项目集［M］. 2010。

㉟ 参见：吴国欣．才富人生［M］. 2018；《同济大学教授录》编委会编．同济大学教授录［M］. 2007

大事记

1998年12月31日

同济大学归国华侨联合会成立。同济大学归国华侨联合会第一届委员会主席朱士明，副主席周群英、吕美安，理事朱士明、周群英、吕美安、李锡然、韩生廉、胡英祥、周淑芬、沈延冠、王守梅，秘书长王守梅。

2001年1月

同济大学侨联相应作出届中调整，增补张志枫、孟馥为副主席。

2007年

同济大学百年校庆，侨联组织侨界人士利用侨联海外关系优势和校友、老师、家长多重身份，以师生情谊、校友友谊、父子情深，积极参与校庆宣传、接待工作。

2008年

“5·12”四川汶川特大地震期间，同济大学侨联和四平路街道侨联共同组织在校工会俱乐部举办“多难兴邦——端午话和谐”大型主题座谈会。会后，侨界人士通过学校和街道各种渠道纷纷捐款，支援四川灾区重建。同济大学侨联也通过上海市侨联捐款，表达同胞情谊。

2009年

为庆祝中华人民共和国成立60周年，同济大学侨联积极承办中国侨联“华侨华人与共和国”大型展览，包括联系布置大型展台背景墙、在道路和大楼悬挂横幅、设计定制一批不锈钢展架，安排 244 块展板在同济大学瑞安楼大厅展出。展览图文并茂，歌颂了华侨华人身在海内外，在中华民族历史上遇到困难的各个时期，为中国革命、社会主义建设和改革开放作出的不可磨灭的突出贡献。上海市侨联、各大高校侨联和杨浦区各街道侨联纷纷组织侨界人士前来参观，也吸引了同济大学广大师生和外国留学生前来参观，在社会上产生了较大影响。

2010 年

在迎世博 600 天的日子里，同济大学侨联参加上海市侨联组织的各项迎世博宣传活动、参加杨浦区侨界志愿者服务大队。吴志强担任 2010 年上海世博会园区总规划师（2007—2010），唐子来担任 2010 年上海世博会城市最佳实践区总策划师（2007—2010）。

2011 年

为纪念建党 90 周年，同济大学侨联精选优秀节目参加杨浦区汇演、东片六区县与高校汇演、上海市侨联汇演和侨之夜的演出。侨联推荐的京剧，获得了中国侨联和上海市侨联领导们的一致好评。为庆祝侨联成立 50 周年，同济大学侨联联合杨浦区侨联、各高校侨联、街道侨联的文艺团队在同济大学一·二九礼堂，举行文艺汇演。

2013 年 1 月

同济大学侨联召开第三次会员代表大会，会议选举产生第三届委员会，由李建华担任主席，杜建忠、张志枫、李克平为副主席，陈红为秘书长。

2013 年 10 月

同济大学侨联在同济迎宾馆举行重阳节慰问老归侨联谊活动。校党委副书记方守恩、副校长吴志强、30 余名老归侨及部分新侨代表参加活动。方守恩在致辞中回顾了同济大学的发展与海外归侨的密切关系，向各位老归侨为同济大学和我国科技教育业的发展所做出的贡献表示感谢，并向大家致以节日的问候。

2014 年 3 月

由杨浦区侨联牵头，包括同济、上财、复旦、体院、新华医院侨联在内的杨浦区域内侨联合作共建联席会议召开，六家单位领导在联手开展学习、联手服务经济、联手参政议政、联手人才举荐、联手为侨服务、联手交友联谊等方面达成一致共识，并签署了合作共建备忘录。此后在该机制下，区校联动，优势互补，每年都举办“浦江侨声”论坛、合作共建联席会议一系列品牌活动。

2014 年 9 月

杜建忠获第五届“中国侨届贡献（创新人才）奖”。

2015 年 3 月

上海市侨办确定同济大学为侨法宣传基地，授牌“侨法宣传角”，承担杨浦区侨法宣传月活动。自此，同济大学侨联更加积极参加历年上海市侨联、杨浦区侨联侨法宣传月主题活动，开展普法宣传，参加线下、线上侨法知识竞赛。

2016 年 4 月

李建华代表同济大学侨联主持了杨浦区第四期“浦江侨声”论坛，论坛以“水环境与生态文明”为主题，请李建华作了“河流健康与生态文明”为主题的讲座。承办“科普在社区，贴近百姓心”大型科普讲座活动。

2016 年 9 月

同济大学侨联推荐 3 名新侨人士张弛、许维和李建华获

2016“中国侨界贡献（创新人才）奖”。

2016 年

借助上海市侨联侨智论坛平台，同济大学积极选派优秀侨界人士，如材料科学与工程学院任天斌、杜建忠、青年千人计划学者杨凯、李雪峰等代表同济大学侨联做精彩报告，发挥高校科研人员在科研成果转化中的优势和积极作用。

2017 年 5 月

王祝萍当选虹口区归国华侨联合会第七届委员会常委。

2017 年 10 月

上海市归国华侨联合会和上海交通大学联合主办的“侨智论坛——人工智能与未来城市”上，电子与信息工程学院计算机系教授杨恺作题为“混合智能——未来城市的大智慧”的精彩发言。

2018 年 4 月

组织侨界人士参加上海市侨联组织的上海市侨法知识竞赛，通过线上角逐和线下 PK，同济大学最终获得第二名。

2018 年 10 月

经同济大学侨联推荐，周群英、王守梅、吕美安荣获中国侨联表彰，获颁从事侨联工作 20 年荣誉证书。同济大学海归代表人士吴志强和李岩分别获得 2018 中国侨界杰出贡献奖一等奖和全国侨联系统先进个人称号。

2019 年

根据上海市侨联有关高校侨联创特色工作（项目）计划的统一安排，组织开展“环同济科创侨之家”系列活动。侨联代表多次应邀参加科创联盟的技术交流活动，以及与社区互动的科创交流沙龙活动，使校侨联在组织、服务、活跃、凝聚海归新侨群体、服务社区等方面都发挥了应有作用。

2019 年 6 月

由同济大学归侨、侨眷和归国留学人员 10 名老师组成的一支老、中、青结合的侨联朗诵队，在上海市侨联庆祝新中国成立 70 周年“侨与中国梦——我和我的祖国”诵读大赛中荣获第一名。

2020 年 1 月 26 日

同济大学归国华侨联合会第四次归侨侨眷代表大会召开，选举产生第四届校侨联委员会，主席为杜建忠，副主席李岩、祝德秋，理事于澎、王祝萍、许维、刘玉擎、李雪峰、李攀、吴冰、杨长青、谭洪卫、戴秋萍，秘书长王海鹰、副秘书长程旭航，顾问委员吴志强、李建华。

2020 年 9 月

承办第十期“浦江侨声”论坛，李攀作“从源头到龙头的饮用水安全保障”主题讲座；承办“科普在社区，贴近百姓心”大型科普讲座活动。

2020 年

同济大学侨联荣获上海市侨联系统先进组织称号，吴志强荣获上海市侨界杰出人物称号，祝德秋、李建华荣获上海市归侨侨眷先进个人称号，校侨联第三届委员会秘书长陈红荣获上海市侨联系统先进个人称号。

2021 年 5 月

结合上海市教卫系统规划，在校党委统战部领导下开展同济大学侨情信息摸排工作。王海鹰、李攀、孙捷、朱云卿、范雯参加上海市侨联青年总会换届大会，当选上海市侨联青年总会第二届青委会委员。

2021 年 6 月

吕美安参加市教卫工作党委“我为群众办实事”活动暨“凝聚党心侨心共祝建党百年”侨界人士座谈会，并做了党史学习对新时代侨联工作高质量发展的促进作用的主题发言。

2021 年 10 月

同济大学涉侨政策法规知识专题讲座及归侨身份认证现场咨询、办证活动在同济大学衷和楼教师发展中心举行，活动现场发放“创新创业版”和“生活服务版”涉侨服务手册，为 20 余名海外归国教师办理归侨身份认证并开展现场咨询。

2021 年 11 月

上海市侨联第六届“侨智论坛”在位于杨浦区的上海院士风采馆举行，汪品先线上参会并进行了主旨演讲。2021 年全年同济大学办理归侨证 20 人，全年办理人数占当年上海市高校归侨证办理总人数的 30.3%。

2021 年

在庆祝中国共产党成立 100 周年之际，通过同济大学侨联牵线搭桥，一名荷兰籍博士后埃里克 · 科内尔（合作导师为同济大学侨联主席杜建忠）作为同济大学代表制作了 3 分钟短视频，以外国人能接受的方式，生动地讲述了他在同济大学 1 年半的工作和生活经历，全方位、多维度地讲好了同济故事、上海故事、中国故事。以同济大学侨联主席杜建忠为负责人的科技部、教育部“111 引智基地”获批，成功引进了国外著名科学家 10 人及多名华人学术带头人和学术骨干。

第十章

上海市欧美同学会同济大学分会概况

一、历史沿革

欧美同学会成立于百余年前的民族危难之时。早在1905年7月，欧美同学会的前身寰球中国学生会在上海成立，首任会长为近代著名教育家、复旦大学前校长李登辉。1913年10月，顾维钧、周诒春、詹天佑、蔡元培等在北京正式发起成立欧美同学会。1919年6月，上海欧美同学会成立。1919年8月，中华欧美同学会在上海成立。欧美同学会成立伊始就积极践行爱国思想，组织会员参与爱国民主运动、投身民族救亡和人民解放事业，成为追求民主、崇尚科学的爱国社团。归国学友们不定期地联谊聚会，大家把同学会亲切地称为“谊集”（英文名称“Mayflower”），并创作以“奉献至亲 至爱我邦”为主题的会歌。

上海市欧美同学会（即上海市留学人员联合会，英文名：Shanghai Overseas Returned Scholars Association，英文简称“SORSA”）是中共上海市委领导下的上海地区归国留学人员自愿组成的高知性、群众性、统战性群众团体。1984年9月3日，受“文革”影响停止活动的上海市欧美同学会重新出发。恢复活动以来，上海市欧美同学会历任会长均为德高望重的著名学者：冯德培、谢希德、严东生、吴启迪，现任会长为裴钢。上海市欧美同学会大力实施“报国计划”，加强归国留学生联系、推动人才和科技交流，成为致力推进中国特色社会主义事业的社会团体。2007年12月29日，上海市欧美同学会增冠新会名“上海市留学人员联合会”，2019 年 5 月成立党组。

2013 年 10 月，习近平总书记在欧美同学会成立 100 周年庆祝大会上，要求欧美同学会努力成为“留学报国人才库、建言献策智囊团、民间外交生力军”，充分发挥党和政府联系广大留学人员的桥梁纽带和助手作用，切实加强留学人员思想引领，成为广大留学人员之家。2016 年 5 月，中共中央办公厅印发《关于进一步加强欧美同学会（留学人员联谊会）建设的意见》。2017 年 5 月，上海市委办公厅印发《关于加强本市欧美同学会（留学人员联合会）建设的实施意见》。上海市欧美同学会紧紧围绕中央和上海市委要求，以“联络、凝聚、服务、奉献”为宗旨，启迪思想，不断创新，积极开拓，传播公益，服务民族复兴大业，服务上海经济社会发展，服务归国留学人员。

自恢复活动以来，上海市欧美同学会组织不断发展壮大。截至 2020 年 6 月，会员人数已突破 16000 人，分会百余个。上海市欧美同学会职能从落实政策、联谊交友扩展到建言献策、举荐英才、民间外交和服务社会，凝聚力不断增强，影响力不断扩大。

为充分利用欧美同学会在同济大学整个统战工作尤其是海外统战工作中的地位，发挥其作用，经同济大学党委和上海市欧美同学会批准，上海市欧美同学会同济大学分会于 1998 年 12 月 31 日正式成立①，分会首届理事会由吴启迪、刘润海、黄鼎业、束昱、赵其昌、费涵昌、戚爱华、陈翌、陈皓 9 人组成，高廷耀为名誉会长，吴启迪为会长，刘润海为常务副会长，黄鼎业、束昱为副会长，戚爱华为秘书长，陈翌、陈皓为副秘书长。

第二届理事会于 2000 年 12 月 19 日成立，吴汶麒为会长，万海英、束昱、杨东援、黄鼎业、温秉权为副会长，金寿延为秘书长。

第三届理事会 2003 年换届情况不详。

第四届理事会于 2007 年成立，周祖翼为会长，万海英、李祖望、杨志刚、唐子来、董琦为副会长，秘书长由董琦兼任。

第五届理事会于 2012 年 5 月 4 日成立，董琦为会长，万海英、方守恩、吕培明、

① 1998 年 12 月 31 日，同济大学隆重召开同济大学归国华侨联合会、上海市欧美同学会同济大学分会成立大会暨同济大学海外联谊会迎新联欢会。

李振宇、杨志刚、肖辉、贺鹏飞、唐子来为副会长，刘曙光为秘书长。

第六届理事会于 2016 年 12 月 16 日成立，吕培明为会长，孙方霖、吴志红、刘曙光、游松辉、岳继光、黄雨为副会长，秘书长由黄雨兼任。

第七届理事会于 2022 年 10 月 21 日成立，吕培明为现任会长，李博峰、刘淑妍、李岩、陈继良、梁爱斌、安娜为副会长，齐鹏为秘书长，吴小惠、俞吉恩、王宁为副秘书长。至 2021 年 12 月，同济大学分会注册会员数为 531 人。

表 10-1　上海市欧美同学会同济大学分会第七届理事会成员

（副会长、理事按照姓氏笔画顺序排列）

序号	职务	姓名	性别	工作单位及职务、职称
1	会长	吕培明	男	同济大学常务副校长，教授
2	副会长	刘淑妍	女	同济大学文科办主任，教授
3	副会长	安娜	女	同济大学党委统战部常务副部长，副研究员
4	副会长	李岩	女	同济大学航空航天与力学学院执行院长，教授
5	副会长	李博峰	男	同济大学党委教师工作部部长、人事处处长、人才工作领导小组办公室主任、机关党委副书记（兼），教授
6	副会长	陈继良	男	同济大学建筑设计研究院（集团）有限公司副总裁，高级工程师
7	副会长	梁爱斌	男	上海市同济医院副院长，教授
8	秘书长	齐鹏	男	同济大学电子与信息工程学院，副教授
9	理事	王兰	女	同济大学建筑与城市规划学院副院长，教授
10	理事	王伊达	女	同济大学艺术与传媒学院，讲师
11	理事	王菡薇	女	同济大学人文学院，教授
12	理事	李建华	男	同济大学环境科学与工程学院，教授
13	理事	李辉	男	同济大学交通运输工程学院，教授
14	理事	张震	男	同济科技园总经理助理 / 同济启帆创投副总经理

续表

序号	职务	姓名	性别	工作单位及职务、职称
15	理事	岳锐	男	同济大学生命科学与技术学院副院长，教授
16	理事	施骞	男	同济大学经济与管理学院党委书记、分党校校长（兼），教授
17	理事	费泓涵	男	同济大学化学科学与工程学院，教授
18	理事	阊耀保	男	同济大学机械与能源工程学院，教授
19	理事	黄立鹤	男	同济大学外国语学院党委副书记，副教授
20	理事	黄雨	男	同济大学土木工程学院党委书记，教授
21	理事	黄佳	男	同济大学材料科学与工程学院副院长，教授
22	理事	蔡黎明	男	同济大学中德学院副院长，教授

二、主 要 工 作

（一）加强分会成员思想政治引领，广泛凝聚共识

同济大学分会成立以来，在上海市欧美同学会和同济大学党委的关心和支持下，始终坚持办会宗旨，团结同济大学归国留学人员和与学校有渊源关系的华裔、华侨学人，联系海外学友，增进友谊，沟通信息，交流学术，开展协作，为发展同济、繁荣上海和振兴中华做出贡献。

欧美同学会同济大学分会高度重视政治理论学习，始终以习近平新时代中国特色社会主义思想为指导，加强思想政治引领、广泛凝聚共识，深刻领悟“两个确立”，不断增强“四个意识”，坚定“四个自信”，坚决做到“两个维护”。在学校党委和统战部的引领下，紧紧围绕中央统战部、欧美同学会总会以及学校的相关工作要求，通过组织开展多种形式的理论学习、研讨交流、社会实践等方式，及时传达上级学习部署和学校党代会精神等学校重点工作，引导广大留学归国人员弘扬爱国主义精神，坚持

和完善中国特色社会主义制度，推进学校治理体系和治理能力现代化。此外，分会积极推进新兴媒体与传统媒体融合发展，加强宣传力度，不断提升分会影响力。

2017 年 11 月，分会组织会员围绕学习贯彻党的十九大精神、深刻学习领会习近平新时代中国特色社会主义思想。邀请到有关方面负责同志分别围绕学习贯彻党的十九大精神作专题讲座，会员们观看了黄大年同志先进事迹报告会纪录片，以进一步大力弘扬留学报国传统，增强留学人员的国情、社情认知，为学校及上海经济社会发展作出新贡献。

2019 年 4 月 25 日至 27 日，为贯彻落实党的十九大和十九届三中全会精神，深入学习习近平总书记重要讲话，贯彻落实全国高校思想政治工作会议、全国教育大会精神，提高会员参政议政、建言献策和合作共事能力，分会联合学校各民主党派和其他统战团体，开展“弘扬爱国奋斗精神，建功立业新时代”武汉主题实践活动。实践团赴华中科技大学和武汉大学进行了考察交流，参观了华中科技大学校史馆、师生服务中心及武汉大学校史馆、闻一多纪念馆。还参观了“八七会议”纪念馆、辛亥革命博物馆、中共五大纪念馆、中央农民运动讲习所纪念馆等革命传统及爱国主义教育基地。通过实践活动，会员们学历史、学传统，培养了人文历史素养和爱国主义情怀；看发展、看变化，深切感受了改革开放 40 年的丰硕成果，进一步凝聚了共识，增强了对党和国家奋斗目标的思想认同、情感认同、价值认同。

2020 年 8 月 31 日至 9 月 1 日，由中共上海市委统战部和上海市欧美同学会联合举办的第 12 期上海市归国留学人员理论研究班在中国浦东干部学院顺利举办，分会会员齐鹏作为中青年留学人员代表参加培训。

2020 年 11 月 17 日，选派分会会员参加由杨浦区委统战部和上海财经大学党委统战部联合开展的“四史”学习教育暨“不忘初心、同圆梦想”主题教育，聆听上海财经大学电子商务研究中心主任劳帼龄所作的题为“搭建桥梁，感受进博磁力”的专题讲座。与会人员就杨浦区校融合理念下，积极整合百年高校优势资源，依托欧美同学会等组织平台，聚焦上海、杨浦金融科技创新发展，发挥高校智库资源优势，进一步服务海内外科技人才、创业人才创新实践等进行了深入交流，表示将进一步参与市区与高校间的联动合作，吸引更多留学人员，共同为上海、杨浦“人民城市”建设作出新贡献。

2020 年 12 月 28 日，同济大学经济与管理学院石建勋受上海市欧美同学会之邀作十四五专题报告，会上为海归人员全面解读“十四五”规划的“四大背景”和“三个新”，反响热烈。

2021 年 5 月 27 日，分会选派会员参加同济大学统一战线专题培训班，学习《中国共产党统一战线工作条例》，明确始终坚持党对统一战线工作的集中统一领导。

2021 年 8 月 29 日至 9 月 5 日，分会选派会员参加由中共上海市委组织部、中共上海市委统战部、上海市欧美同学会举办的第 13 期上海市归国留学人员理论研究班，深入学习贯彻习近平总书记在庆祝中国共产党成立 100 周年大会上的重要讲话精神。此次培训让学员更好地了解国情和市情，为归国留学人员在沪工作、为国服务提供帮助，为上海建设卓越的全球城市和具有世界影响力的社会主义现代化国际大都市提供人力和智力支持。

（二）汇聚校内归国留学人员力量，服务上海、国家经济社会发展大局

随着规模的不断壮大，欧美同学会同济大学分会不忘初心，继承和弘扬留学报国的爱国主义传统，深入开展国情社情民情调研考察、深入探索民间外交新模式，依托学校和学科优势，加强与上海市欧美同学会留德语国家分会、留日分会和洪堡学者联谊会等分会的联系，构建良性的互动机制，增进与学校知联会、侨联、青年教师联谊会等团体的交流与合作，为校内归国留学人员营造温暖的“海归之家”。

2001 年 1 月，分会和校侨联举行届中调整暨迎接新世纪大会，校党委书记程天权、校长吴启迪，市欧美同学会副会长向隆万、市委统战部联络处处长乐伯龙、市侨办副主席俞位恩等出席会议并讲话。

2001 年 3 月 22 日，市欧美同学会洪堡学者联谊会在同济大学举行联谊报告会，市委统战部副部长周箴，市欧美同学会副会长、同济大学校长吴启迪，市欧美同学会副会长胡仲华、市洪堡学者联谊会会长李国豪、德国驻沪总领馆文化领事 Ausdem Siepen 等贵宾出席会议并讲话、作报告。

2001 年 4 月 20 日，分会组织会员参观上海地铁 1 号线和虹梅路地铁车辆段，学习

李国豪为改善地铁1号线与2号线在人民广场车站的换乘条件，向时任副市长韩正建言献策并最终付诸实施的建议方案。

2001年12月9日，分会会员、原同济大学副校长、建筑与城市规划学院院长郑时龄当选中国科学院院士。

2003年3月29日，上海市欧美同学会洪堡学者联谊会2003年年会（Humbold-Club Shanghai 2003）在同济大学举行，祝贺李国豪会长90华诞。市委统战部副部长周箴、同济大学校务委员会主任周家伦、上海市欧美同学会副会长胡仲华、德国洪堡基金会委托代表Siegfried Grosse致辞，德国驻沪总领事Wolfgang Rohr作题为“德中关系的最新发展概况”的报告。

2003年11月10日，分会组织会员赴上海国际工业博览会参观，通过参观会员们受到了深刻的载人航天精神教育，极大地激发了全面实施科教兴校、兴市的热情。

2004年，杨浦区为“打造知识杨浦”及建设杨浦大学城战略成立上海市欧美同学会杨浦分会，同济大学亚太研究中心主任、上海市欧美同学会副会长蔡建国兼任会长。杨浦区集中了复旦、同济、上外、上海财大等10多所著名高校，欧美同学会杨浦分会的建立能够更好地动员留学回国人士在建设知识杨浦战略中发挥作用。

2007年7月18日，分会与杨浦分会联合举办“百年同济，知识杨浦”创新论坛，提升设计产业能级，促进设计产业集群发展，不断激发和释放各类创新要素的活力，助力杨浦国家型创兴城区的长远发展。

2010年，同济大学全方位参与了中国上海世博会的申办、规划、设计、建设、运营和后世博的规划等工作。分会积极宣传、动员和支持广大会员参与世博会各项工作。建筑与城市规划学院唐子来担任世博会的“城市最佳实践区”总策划师，城市最佳实践区是世博会历史上的一个创举，它将对世界城市的未来发展趋势产生极为重要的影响。为了表彰唐子来的卓越贡献，上海市人民政府授予唐子来“上海市重大工程立功竞赛”证书。国际文化交流学院蔡建国，在2010年两会期间提交了与世博会相关的4份提案和4份大会发言，被媒体称为“世博委员”。蔡建国不仅把自己的研究生团队带进“世博生活”，而且一直关注并研究“世博影响力”的扩大，他作客东方网就“世博会与文化交流”等话题与广大关心世博会的网民朋友进行交流，并回答网友的提问。

建筑与城市规划学院郝洛西担任世博会的“世博园区夜景照明总体策划”总负责人，圆满完成了夜景照明重点控制区域、亮度分级控制、色温分区等规划，上海市授予郝洛西“上海世博工作优秀个人”称号。鉴于广大会员积极参与世博会的工作且取得卓越的成绩，同济大学党委副书记方守恩在全市侨务工作会议上，专题介绍学校侨务和分会成员积极参与世博会工作的经验。

2011 年 8 月 28 日，上海市欧美同学会暨留学人员联合会举行八届七次理事会，选举国家教育部原副部长、同济大学原校长、欧美同学会同济大学分会原会长吴启迪为新一任会长。2013 年 5 月 18 日，上海市欧美同学会（上海市留学人员联合会）在上海国际会议中心举行第九次会员代表大会，同济大学吴启迪、吴志强、董琦、李振宇、黄雨、李乐曾、刘曙光、朱建华、伍慧萍、刘中民、张冶文、束昱、杨志刚、郑春荣、章桐和费刚等 16 人当选为第九届理事会理事，吴启迪再次当选为上海市欧美同学会（上海市留学人员联合会）会长，吴志强当选副会长，吴启迪、吴志强、董琦、杨志刚、朱建华、束昱、章桐当选常务理事，毛经权、周祖翼、裴钢、郑惠强当选名誉会长，郑时龄、蔡建国为理事会顾问，汪品先、戴复东为理事会名誉理事。2014 年 2 月 20 日至 21 日，欧美同学会（中国留学人员联谊会）第七届理事会在北京举行，会议选举陈竺为第七届理事会会长，吴启迪当选副会长。

2012 年 4 月 17 日，分会会员、中科院院士、同济大学海洋与地球科学学院汪品先在上海市委常委学习会上作了题为“海洋战略与海洋经济”的辅导报告。市委书记俞正声主持会议并讲话。汪品先在报告中从“什么是海洋经济”“人与海洋的关系”“国际的海底之争”“华夏文明的软肋”“海洋科技新时期”“上海的海上使命”等 6 个方面对海洋战略与海洋经济作了全面而深入的阐述，呼吁全社会大力加强海洋知识和海洋意识的传播，弘扬海洋文化，发展海洋科技，推动我国海洋经济快速发展。

2015 年 4 月 2 日，分会联合欧美同学会留日分会举办 2015 年全国两会精神学习传达会。会议邀请全国政协委员、同济大学教授蔡建国主讲，分会成员、留日分会部分学长以及在校的民主党派人士、校侨联等统一战线成员近 50 人参加了会议。蔡建国结合自身感受，详细解读了两会上代表、委员们关注的“经济建设”“政治建设”“文化建设”“社会建设”“生态文明”等主题，涵盖了国家经济发展、政治体制改革的方方面面，并介绍了47篇大会发言。

2017年5月19日，上海市欧美同学会（上海市留学人员联合会）第九届理事会第七次会议召开，同济大学原校长裴钢当选为新一届会长。2018年10月20日上海市欧美同学会第十次会员代表大会在上海展览中心友谊会堂举行，在第十届理事会第一次会议上，同济大学原校长裴钢连任会长。教育部原副部长、同济大学原校长吴启迪当选为名誉会长，同济大学副校长吴志强、吕培明，原副校长董琦等入选领导班子，同济大学蔡建国受聘为顾问。

2017年11月，上海市欧美同学会副会长、同济大学副校长、欧美同学会同济大学分会顾问吴志强当选中国工程院院士。

2018年5月24日，由上海市海外联谊会、上海市欧美同学会（上海市留学人员联合会）、上海市中青年知识分子联谊会联合主办的主题为“卓越的全球城市——创新·人文·生态·区域”第十一届“中华学人与21世纪上海发展”研讨会举行。第十届全国政协副主席、中国工程院主席团名誉主席徐匡迪，上海市委副书记尹弘，上海市欧美同学会会长、同济大学原校长裴钢，上海市政府副秘书长、市发展和改革发展委员会主任马春雷等领导出席研讨会开幕式。同济大学副校长吴志强，上海市侨务办公室原副主任、欧美同学会同济大学分会蔡建国，同济大学长三角城市群智能规划协同创新中心特聘教授奥坦·赫尔佐格，同济大学党委统战部部长、分会副会长岳继光代表同济分会参加了本次研讨会，研讨会开幕式由裴钢主持。

2019年9月，为热烈庆祝新中国成立70周年和第35个教师节，教育部和中央广播电视总台主办的“2019寻找最美教师”大型公益活动颁奖典礼日前在京举办。在颁奖典礼上，公布了10名最美教师、1个最美教师团队的先进事迹，中国科学院院士、同济大学建筑与城市规划学院教授、分会学长郑时龄荣获“最美教师”光荣称号。

2021年11月，同济大学土木工程学院教授、欧美同学会同济大学分会会员朱合华当选中国工程院院士。

2021年12月22日，由上海市委统战部、市教卫工作党委、市欧美同学会主办，同济大学党委统战部承办、分会协办的“恰同学少年——留苏档案见证百年复兴路图片巡回展”在四平路校区衷和楼大厅拉开帷幕。市欧美同学会专职副会长兼秘书长朱玲玲，同济大学常务副校长、欧美同学会同济大学分会会长吕培明，市欧美同学会留苏分会理事章海峰，校党委统战部、欧美同学会同济大学分会、教师工作部、人事处、档案馆相关负责人及我校留苏留俄教师、欧美同学会同济大学分会会员、相关党支部和学生代表百余人出席仪式。分会作为此次活动的协办单位，积极做好活动筹备与组织工作，选派分会会员作为留苏代表发言并推荐青年学长担任此次展览的讲解员，活动圆满落幕。

（三）加强分会自身建设，服务学校事业发展

欧美同学会同济大学分会不断加强制度建设，通过建立微信群、打造分会活动实践基地、举办青年海归教师座谈会等方式，进一步激活组织，吸引青年才俊，促进交流，提升影响力，努力将分会真正打造为学校人才聚集、交流的重要平台，凝心聚力为社会发展发挥更大的作用，贡献更多智慧。

2001 年 12 月 14 日，分会邀请著名老中医、铁路中心医院严德馨在同济大学云通楼作养生保健专题讲座，100 多名会员聆听讲座。

2005 年 4 月，分会理事会积极组织会员参与“直面挑战，共谋发展”全校大讨论。通过大讨论，广大会员科学判断竞争态势，增强忧患意识，激发了为学校发展建言献策的自觉性和积极性。五年来，许多学长对学校制订“十一五发展规划”“985 二期工程”平台建设及重点实验室建设等方面发表了自己的真知灼见，不少建议被学校采纳。

2011 年 6 月 24 日，分会部分会员参加党外人士座谈会，庆祝中国共产党成立 90 周年，引导广大留学归国人才弘扬爱国主义精神，坚持和完善中国特色社会主义制度，推进学校治理体系和治理能力现代化。

2011 年 12 月 28 日，分会部分理事、会员参加学校“同心同行”党外人士辞旧迎新座谈会，畅谈留学人员心声。

2012 年，在上海市欧美同学会的统一部署下，在学校党委的直接领导下，分会按照换届的工作要求、工作程序、时间节点等积极开展工作，充分听取上一届会员、理事会及学校相关部门的意见和建议，经过民主推荐、充分协商、形成新一届理事会组成的建议名单，于 2012 年 5 月 4 日上午，隆重举行分会换届和新一届（第五届）分会理事会成立大会。总会常务副会长向隆万、秘书长朱玲玲，以及徐美骏同志代表总会到会祝贺。同日，召开上海市欧美同学会同济大学分会第五届理事会第一次理事会议。会上由校党委统战部部长肖辉宣布第五届理事会理事名单及分工情况。第五届理事会产生由吴启迪、高廷耀、项海帆三位学长为名誉会长，蔡建国、吴汶麒、吴志强、杨虎川为顾问，董琦为会长的第五届理事会。为了进一步秉承上海市欧美同学会的宗旨，围绕中心，服务大局，服务好会员，董琦在会上建议分会成立会员部、对外联络部、学术科研部、信息部和体育部，并由相关的学长负责各部的工作，该建议得到全体理事赞同。会议讨论并确定了各部负责人的名单。

2012 年 9 月 20 日，欧美同学会同济大学分会第五届理事会召开第二次理事会议，进一步研讨分会半年来的工作和下半年的工作安排，并进一步明确了分会的指导思想，即：以邓小平理论、“三个代表”和科学发展观重要思想为指导，落实科学发展观，按照党领导下的人民团体的要求，高举留学报国的爱国主义旗帜，广泛团结留学人员，服务上海建设，围绕学校中心工作，为学校的卓越人才培养、国际化和学校的事业发展提供坚强的人才保证和智力支撑，为团结海内外同胞、留学人员作出重要贡献。会议确定了分会工作的主要目标，即：立足同济，放眼海外，吸引和鼓励海外留学人员回国服务、为国服务，成为同济大学建设发展的支持者；围绕中心，服务大局，引导和凝聚广大留学人员，成为同济大学教学、科研、国际化、服务社会的中坚力量；内引外联、海纳百川，广交世界各国朋友，成为同济大学面对国际事务的参与者；荟萃人才、集思广益、积极建言献策，成为同济大学事业发展的决策智库；完善机制、提升服务，成为留学人员的温暖之家。在学校党委的支持下，在全体会员的共同努力下，努力把同济大学分会建设成为上海市欧美同学会的优秀分会，成为学校党委做好留学人员工作的得力助手。

2013 年对于欧美同学会是不寻常的一年。10 月 21 日，在欧美同学会成立 100 周年庆祝大会上，习近平总书记发表了热情洋溢的讲话。12 月 1 日上海市欧美同学会举行“百年同学会，共圆强国梦”大会，上海市委书记韩正出席并讲话。联欢会上，上海市欧美同学会副会长、同济大学副校长吴志强作总结讲话，他介绍了作为上海市欧美同学会的代表到北京参加百年盛典的亲身感受以及同济大学成功设计的上海市欧美同学会百年庆祝大会的系列作品，并号召大家要向老一辈学习，爱国奉献，为中华民族的伟大复兴贡献力量。2013 年 12 月 31 日，分会与校侨联、四平街道党工委、侨联 60 余人聚集一堂，在校工会俱乐部举行迎新年联欢会，校党委副书记方守恩、副校长吴志强出席活动。

2014 年 9 月 29 日，在第 28 个敬老节即将来临之际，分会协同校侨联共同举办“喜迎国庆，重阳敬老”联欢活动。同济大学部分老归侨、新归侨、侨眷和欧美同学会学长等 40 余人齐聚一堂，共同庆祝祖国 65 周年华诞，校党委统战部受邀参会。联欢活动由侨联主席李建华主持，欧美同学会秘书长刘曙光致词，“喜迎国庆、重阳敬老”在热烈的掌声中开始，大家用美妙的歌声、笑声，祝福老归侨，庆贺祖国 65 周年华诞，共同祝愿伟大祖国更加强盛。

2017 年 7 月 11 日，分会参加了同济大学民主党派“坚持和发展中国特色社会主义学习实践活动”交流会暨统一战线各界人士座谈会，会上就五年来开展“坚持和发展中国特色社会主义学习实践活动”的特色活动、亮点内容以及推进党派思想建设、组织建设和制度建设上的有效举措进行了交流汇报，并对学校推进世界一流大学的建设方案提出了建设性的意见和建议。

2021 年 6 月 25 日，分会召开海归人才座谈会。分会会员齐聚一堂，对学校“双一流”建设学科发展中的人才工作、完善校院两级人才工作机制、加强和完善青年人才培养体系、设置高层次人才分类评价指标、进一步优化创新人才服务保障体系、如何更好发挥高层次人才在学校教书育人、科研育人等方面的重要作用等积极建言献策，共绘学校事业发展美好蓝图。同日，欧美同学会同济大学分会建筑与建成环境创新基地于同济大学建筑与城市规划学院正式揭牌，为上海高校首创。

（四）探索民间外交新模式，努力传播中国好声音

2016 年 6 月 3 日，欧美同学会同济大学分会举办“‘一带一路’中东欧青年学者论坛”，集结了一批沿线国家青年才俊，积极探讨“一带一路”倡议中蕴含的各国发展机遇和挑战，分析如何推动沿线各国实现经济政策协调。

2016 年 11 月 20 日，上海市欧美同学会（上海市留学人员联合会）在市委统战部

召开2016年研究中心、民间外交工作总结会。会长吴启迪、市委统战部副部长戴晶斌出席并讲话，市委统战部副巡视员、市欧美同学会秘书长王建敏主持。常务副会长、研究中心常务副主任左学金作研究中心工作总结，并宣读2016年SORSA智库系列资助项目及研究中心贡献奖名单。常务副会长臧广陵作民间外交工作总结，并宣读民间外交工作贡献奖名单。同济大学分会主办的“一带一路中东欧青年学者论坛”荣获2016年度民间外交优秀组织奖。同济大学副校长、上海市欧美同学会同济分会会长吕培明参加会议并领奖。

2018年6月2日，来自上海19所高校国际学生中的各路太极高手云集上海大学附属中学体育馆，在第二届上海高校国际学生太极拳友谊赛的赛场上一同切磋太极技艺。本次活动由上海市教育委员会、上海市欧美同学会联合主办，比赛分个人和团体两个项目，包括陈氏太极拳、24式太极拳、长器械、短器械等多个种类。同济大学分会联合校党委统战部、留学生办公室、国际文化交流学院部共同组织筹划，派出了一支来自法国、尼泊尔、斐济等9个国家11名留学生组成的代表队参赛。最终，同济大学共获得9个奖项，其中男子组二等奖4名，三等奖1名，女子组三等奖3名，团体三等奖1项。同济大学获得大赛组委会颁发的优秀组织奖荣誉。

2021年6月25日，分会在建筑与城市规划学院举办综合版画“技”与“艺”文化体验交流日活动。上海市欧美同学会副会长张喆人、校党委常务副书记冯身洪出席并分别致辞。欧美同学会同济大学分会部分会员、新进海归教师、留学生代表，以及校党委统战部、教师工作部、人事处、建筑与城市规划学院、中西学院等部门和学院负责人近70人参与活动。本次活动立足献礼建党百年，结合学校建筑学科优势，尝试性开展学科实践和体验活动，通过欣赏和体验由传统“木刻版画”发展出的“丝网版画”和“综合版画”工艺，创作出富有时代特色、自我风格的艺术作品，在让留学归国人员和留学生领略了中华优秀传统文化的丰富内涵的同时，为促进各国学生之间、各国学生和青年教师之间的文化互动和交流提供了有效路径。随后，来宾认真聆听了题为“从观察到创作”的美育讲座，并在建筑与建成环境创新基地教学团队的指导下，亲手体验了丝网印刷和综合版画的制作，完成了属于自己的作品。留学生们纷纷表示，他们在沉浸于中国传统技艺所创造出独特新颖的审美感受的同时，进一步了解了中国文化，增进了中外民间交流的友谊。

2022 年 3 月，上海市欧美同学会公布了 2022 年 SORSA 民间外交活动资助项目招标结果，分会“中墨建交 50 周年民间外交系列活动”赫然在列。本次活动以习近平总书记重要讲话精神为行动指南和根本遵循，积极落实习近平总书记关于欧美同学会要成为“开展民间外交生力军”的要求，充分发挥同学会促进中外友好交流的民间大使作用，讲述好中国故事，传播好中国声音，通过在上海乡村进行墙绘创作，鼓励外国友人进一步了解中国、了解上海，促进中外民间友好交流，全面助力 2022 年中国与世界各国建交大年。此外，同济大学教师依托留德语国家分会申报的“留学人员之家国际交流日——纪念中德建交 50 周年联谊活动”也成功入选。

（五）加强国情社情民情考察，增强爱国报国热情

2019 年 3 月 26 日，分会联合校党委统战部和学校其他统战团体，组成 40 余人代表团赴同济大学嘉定校区开展校情考察活动。嘉定校区党工委副书记覃文忠陪同会员们参观了同济大学师生艺术作品展、多功能振动实验中心及嘉定校区图书馆。通过参观，会员们感受到了同济大学日新月异的发展，为同济大学所拥有的良好办学条件及取得的巨大成绩感到振奋。

2019 年 5 月 29 日，分会联合校中青年知识分子联谊会举办工作交流会暨扶贫工作捐赠仪式。分会部分理事和校知联会理事会部分理事以及会员代表参加了此次会议。会上，同济大学副总会计师、知联会副会长凌玮介绍了近期赴云南省大理州云龙县参加定点扶贫调研考察工作的情况，重点介绍了同济大学先后选派的六批滇西挂职干部人才队伍自 2013 年以来为云龙县打赢脱贫攻坚战所作的大量工作，动员老师们集思广益、整合资源，力所能及地为云龙县脱贫工作贡献自己的智慧力量。随后举行了扶贫工作捐赠仪式，向云龙县诺邓镇永安完全小学捐赠一批图书共计 818 册，供学生课外阅读使用。会上还就如何激发海归青年教师积极性及下一步的工作计划进行了讨论交流。

2019 年 11 月 19 日，分会与校知联会、市教卫工作党委系统知联会联合举办了“不忘合作初心，继续携手前进”的学习考察，近 40 人参加了活动。活动参观了位于张江高科技园区、依托同济大学建设的上海自主智能无人系统科学中心，并听取了中

心工作人员的介绍。在学习研讨会上，市教卫工作党委统战处处长王瑞杰解读了近期的相关文件和会议精神，紧紧围绕“不忘合作初心，继续携手前进”教育活动的主题，把思想和行动统一到主题教育各项要求上来，把深入学习贯彻习近平心事到中国特色社会主义思想贯穿始终，立足本职，积极开展各项学习和交流活动，紧密围绕高校中心工作，为高校的发展积极献计出力。同济大学无党派人士，设计创意学院院长娄永琪还作了“模糊边界，象牙塔里的‘破’与‘立’”的主题报告，分享了如何推动校园、社区、城市的模糊边界发展，并阐述了设计与创新驱动的辩证关系。参会代表纷纷表示，要用好统战的优势，深化合作初心，践行新时代新使命，为国家和教育事业的发展贡献力量。

2020 年 12 月 2 日，分会部分学员前往同济大学临港基地考察。同济大学海洋与地球科学学院教授李江涛热情接待了参观团一行，详细介绍了临港基地的建设背景、建设规划和科学目标。学员们参观了临港基地内的实验室，听取了国家海底科学观测网项目情况介绍。参加此次培训考察会员纷纷表示，通过学习考察，对“统一战线”有了更深刻的认识，对参政党履职能力建设有了更真切的感悟，对同济大学的校情及发展规划有了更开阔的了解，也更坚定了他们立足本职，服务学校、国家和社会的决心和信心。

人物风采

吴启迪（1947—）

女，浙江永嘉人，1978年9月加入中国共产党，1998年12月—2001年1月任欧美同学会同济大学分会首任会长、上海市欧美同学会副会长，2011年8月在上海市欧美同学会八届七次理事会上当选为会长。2017年5月在上海市欧美同学会第九届理事会第七次会议上担任名誉会长。

1970年毕业于清华大学通信技术专业，1981年获清华大学自动控制专业硕士学位，1986年获瑞士联邦苏黎世理工学院电子工程博士学位。1986年至1995年先后任同济大学教师、副教授、教授，曾任电气工程系自动控制教研室主任、电气工程系副主任、现代制造技术研究所副所长、信息中心主任、校长助理、副校长[②]；1995年2月至2003年任同济大学校长，2003年至2008年任教育部副部长。

吴启迪教授长期致力于控制科学的基础与应用研究，以及信息化应用工程管理研究，着眼于实际问题的解决，始终将自己的科研实践与社会经济发展紧密结合，积极开展国际合作。先后主持完成了国家、省部级科研项目30余项，国际合作项目多项。迄今为止已出版专著10余部，发表学术论文100余篇。获国家科技进步二等奖2项，国家教育部科技进步一等奖2项，国家教育成果二等奖2项，上海市科技进步一等奖1项，以及其他省部级奖励多项。先后获得上海市三八红旗手、全国十大女杰、全国三八红旗手、优秀留学回国人员等多项称号。曾荣获德意志联邦共和国大十字勋章。

吴汶麒（1940—）

上海市人。曾任同济大学交通运输工程学院教授、博士生导师、铁道及城市轨道

② 上海年鉴编纂委员会，上海年鉴1999［M］.1999，第516页。

交通研究院电信工程研究所所长。1985 年 1 月至 2000 年 8 月任欧美同学会上海铁道大学分会会长。2001 年 1 月至 2005 年 8 月任欧美同学会同济大学分会会长。1985 年至 2001 年任上海市欧美同学会理事，2001 年至 2005 年 8 月任上海市欧美同学会常务理事。1962 年毕业于上海铁道学院电信系后留校任教，1982 年获联邦德国经济部奖学金赴联邦德国柏林工业大学访学，1992 年起享受国务院特殊津贴。长期从事轨道交通技术和运输管理研究，共培养硕士生 24 名、博士生 2 名，在国内外发表论文多篇，主编著作包括《交流稳压器》《国外铁路信号新技术》《轨道交通运行控制与管理》等。

董琦（1956—）

河北霸县人，1983 年 3 月加入中国共产党。2008 年 12 月至 2013 年 12 月任同济大学副校长，2012 年 5 月至 2016 年 11 月任欧美同学会同济大学分会会长，现任同济大学浙江学院党委副书记、校长。1978 年毕业于复旦大学俄语专业，后任中学俄语教师。1979 年至 1983 年就读同济大学德语专业，毕业后留校任教。1985 年 5 月至 1986 年 1 月赴德国杜伊斯堡语言中心进修，1992 年 9 月至 1993 年 3 月赴德国合作科研。1993 年 12 月任同济大学国际合作与交流处副处长，1995 年 11 月至 2000 年 1 月先后任中国驻德国大使馆二等秘书、中国驻德国慕尼黑总领事馆一秘衔领事。2000 年 3 月任同济大学外事办公室主任、港澳台事务办公室主任，2005 年 2 月任校长助理，2008 年 12 月至 2013 年 12 月任副校长。长期从事德国问题和比较教育研究，研究内容涉及职业教育、学科评估等，主持过多项部级课题。

吕培明（1967—）

江苏海安人，1988 年 6 月加入中国共产党。1989 年参加工作，英语语言文学教授，硕士研究生导师。现任同济大学常务副校长（正局级）。曾任陕西省渭南市委常委、副市长。2016 年 12 月至今，担任欧美同学会同济大学分会会长。1985 年进入上海机械学院（现上海理工大学）科技英语系，1989 年获得工学士学位。1989 年进入上海建材学院基础课部担任大学英语教师。1995 年 9 月至 1998 年 2 月在上海外国语大学英语学院在职攻读硕士研究生，获文学硕士学位。1996 年任同济大学外国语学院讲师、副教授、教授。2000 年 12 月任同济大学外事办公室主任助理、副主任。2004 年 2 月任中国驻美国休斯顿总领事馆教育领事，2006 年 7 月任同济大学外国语学院党委书记，2011 年 2 月任同济大学人事处处长，2014 年 8 月任同济大学副校长。2017 年 8 月任渭南市委常委、副市长。2021 年 1 月任同济大学常务副校长（正局级）。主持的课程系列获 2013 年度教育部来华留学英语授课品牌课程、2013 年上海高校示范性全英语课程、2013 年上海高校外国留学生英语授课示范性课程，2015 年 9 月获得同济大学教学成果奖特等奖。

吕培明长期从事英语教学工作，为非英语专业本科、硕士、博士生开设多门基础课；为英语专业高年级学生和硕士研究生开设多门专业课程，包括“跨文化交际学概论”等；为 MBA、MPA 等专业学位研究生开设英语课程；主持全英语通识课程系列《当代中国》；近年来先后指导英语语言文学专业以及翻译硕士（MTI）专业学位研究生近 20 人，公共管理硕士研究生（MPA）近 10 名。

万钢（1952—）

上海市人，2005 年 12 月加入致公党，欧美同学会同济大学分会会员。曾任同济大学校长助理、副校长、校长。2007 年至 2018 年，任科技部部长。现任十三届全国政协副主席，致公党中央主席，中国科学技术协会主席。

1969 年吉林省延吉朝鲜族自治州下乡知青。1978 年毕业于东北林业大学并留校任教。1979 年至 1981 年，在同济大学结构理论研究所实验力学专业学习。1981 年获得硕士学位并留校任教。1985 年至 1991 年，在德国克劳斯塔尔工业大学机械系攻读博士学位。他博士论文里所研究的降低汽车车内噪声技术被大众公司采纳实现产业化，生产了 3500 万套产品。为此被授予“铁十字勋章”。

1991 年万钢进入德国奥迪汽车公司工作。在技术开发部负责计算机轿车虚拟开发，形成奥迪汽车公司独特的开发系统。1996 年升任奥迪公司生产部和总规划部技术经理，负责信息化制造技术和管理工作。他在德国奥迪汽车公司参与并主导主持了 4 个汽车技术创新的世界第一。1994 年和 1995 年先后被德国克劳斯塔尔工业大学和同济大学聘为兼职教授，博士生导师。

2000 年万钢向国务院提出了开发洁净能源轿车，实现中国汽车工业跨越式发展的建议，受到科技部、经贸委领导重视和支持。2000 年底，万钢在科技部领导的盛情邀请下回国工作。同时被科技部聘为国家 863 计划电动汽车重大专项首席科学家。并作为第一课题负责人承担了该项中技术最为复杂、任务最为繁重的燃料电池轿车项目。该项目入选“2005 年度中国高等学校十大科技进展”。

万钢先后担任同济大学新能源汽车工程中心主任、汽车学院院长、校长助理、副校长。回国的第 4 个年头，2004 年 7 月，万钢被任命为同济大学校长（副部长级）。2007 年 4 月起，万钢担任科学技术部部长。2016 年 6 月，当选中国科技协会九届全委会主席。

从 2007 年 12 月起，万钢连任十三届、十四届、十五届致公党中央主席。作为一位参政党中央主席和全国政协副主席，他带领中国致公党充分发扬协商民主精神，践行中国共产党领导的多党合作与政治协商制度，生动诠释了“致力为公、参政兴国”的历史内涵；有力彰显了“侨海报国、人才兴党”的时代气魄，使致公党在我国的政治生活中发挥更大的作用。

周祖翼（1965—）

浙江天台人，1984 年 6 月加入中国共产党。曾任同济大学党委副书记、副校长、党委书记。现任第二十届中央委员，福建省委书记、省人大常委会主任。1984 年浙江大学地质学系毕业，获理学学士学位。1989 年同济大学获理学博士学位；此后留校任教，任同济大学海洋地质系教师，随后任同济大学海洋地质与地球物理系副教授、副系主任、博士生导师。2000 年任同济大学理学院党委书记，2000 年 8 月起兼任海洋地质与地球物理系主任。其主要从事中国东南及其毗邻海区大陆边缘构造及盆地分析的研究和教学工作。研究重点在沉积盆地源区及沉积盆地构造 / 沉积耦合关系研究，利用裂变径迹、U–Th/He 等低温年代学先进手段，通过对典型盆地和相关源区的物质平衡和构造沉积过程的模拟，寻求构造抬升 – 气候演变 – 物源区物源供给之间制约关系，从而为认识盆地沉积体系分布及发育规律及其控制因素，为定量盆地模拟以及了解研究地区的古环境（包括古地形、古气候等）演变提供科学依据。其共主持了各类科研项目 20 余项（包括主持 973 一级课题 2 项，国家自然科学基金项目 4 项），合作出版著

（译）作 8 部，发表论文 100 余篇。

曾任教育部高等学校理科教学指导委员会海洋科学组委员（1995—2002 年）；上海市海洋湖沼学会副理事长（2001—2005 年）；国际综合大洋钻探计划（IODP）科学规划委员会（SPC）委员（2003—2007 年）等职。现任《地球科学进展》《石油实验地质》《极地研究》《南方海相油气》《海洋地质与第四纪地质》《海洋石油》等刊物编委，国家自然科学基金会学科组第七、八届评审委员（1997—2000 年）、第十一、十二届评审组副组长（2006—2008 年），中国海洋学会海底科学分会副会长（2004—），中国地质学会海洋地质专业委员会副主任委员（2006—）等职。

高廷耀（1932—）

江苏松江（今属上海市）人。1955 年加入中国共产党，欧美同学会会员。曾任同济大学副校长、校长，国务院学位委员会第二届学科评议组成员，全国环境工程专业教材编审委员会第一届副主任委员，上海市环境学会第二届副理事长。

1953 年毕业于同济大学上下水道专业，1953 年起留校任教，1966 年同济大学研究生毕业，1984 年起任同济大学教授、博士生导师，1984 年至 1995 年曾任同济大学副校长、校长，1995 年起任城市污染控制国家工程研究中心主任。

主要研究成果包括“活性污泥膨胀控制机理、技术研究”“微污染源水生物预处理新技术研究与应用”“物理场作用下水处理新技术及其机理研究”“污水脱氮除磷技术研究与开发”“污泥处理、处置工艺技术研究”“上海市苏州河综合整治工程建设”“优质饮用水深度处理技术与工程研究”“难降解有机工业废水处理技术与应用研究”“利用 HCR 处理工业废水及城市污水的研究”等课题。先后获省、部级科技进步一等奖 1 项、二等奖 3 项、三等奖 5 项；中国专利 11 项、欧洲专利 1 项；省、部级鉴定成果 9 项。出版著作主要有《水污染控制工程》《环境工程微生物学》，获国家教委颁发的“优秀教材一等奖”。发表论文 120 余篇，主要有《简易改造城市污水厂的脱氮除磷新工艺》《城市污水脱氮除磷工艺述评》《气浮浓缩污泥两相厌氧消化》《两维紫外吸收光谱解析有机污染物降解动力学过程》《巴西基酸生产废水膜生物工艺处理试验研究》《电化学法水处理新技术——杀菌灭藻》《二氧化钛膜光催化氧化苯酚的影响因素研究》

等。曾获全国环境教育先进个人、上海市劳动模范、中华环境奖提名奖等荣誉称号。

裴钢（1953—）

辽宁沈阳人，1982年1月加入中国共产党。1978年初进入沈阳药科大学学习，1982年获学士学位、1984获硕士学位。1987年进入美国北卡大学学习，1991年获生物化学和生物物理学博士学位。1992年至1995年2月在美国杜克大学进行博士后研究。1995年3月回国，应聘担任德国马普学会和中科院共同支持的青年科学家小组组长，研究员。2000年5月至2007年11月任中科院上海生命科学研究院院长。2006年6月受聘为同济大学名誉教授，2007年8月—2016年9月任同济大学校长。

裴钢教授1999年当选中国科学院院士，2001年当选发展中国家科学院（TWAS）院士；担任国家重点基础研究发展计划（973计划）第四届、第五届专家顾问组成员；现任“干细胞及转化研究”国家重大科学研究计划专家组召集人，中国细胞生物学会名誉理事长，中药全球化联盟副主席，*Cell Research* 杂志主编等。

裴钢教授长期从事细胞信号转导及转化研究，在国际学术刊物发表研究论文150多篇。1996年获国家杰出青年科学基金，1997年获求是科技基金会“杰出青年学者奖”，1999年获何梁何利科技进步奖，2002年获国家自然科学二等奖，2007年获国家自然科学二等奖，2010年获陈嘉庚生命科学奖，2011年获谈家桢生命科学成就奖。历任上海市欧美同学会名誉理事、名誉会长。2017年5月19日在上海市欧美同学会九届七次理事会上当选为会长。

汪品先（1936—）

江苏苏州人，无党派人士，欧美同学会同济大学分会会员。海洋地质学家，中国科学院院士，第三世界科学院院士，同济大学海洋与地球科学学院教授、博士生导师、海洋地质教育部重点实验室主任。

1960年莫斯科大学地质系毕业，1981—1982年获洪堡奖学金在德国基尔大学从事研究；1986年起多次应邀赴澳洲国立大学等任访问研究员。先后在华东师范大学和同济大学任教，曾任同济大学海洋地质系主任，现任同济大学海洋与地球科学学院教授、博士生导师、海洋地质教育部重点实验室主任。1990年当选为伦敦地质学会名誉会员，1991年当选为中国科学院院士，2002年当选为第三世界科学院院士。曾任国际海洋研究科学委员会副主席、中国海洋研究委员会主席、中国科学院地学部副主任、教育部科技委地学部主任等职。曾发起和组织亚洲海洋地质国际会议系列，主持西太平洋冰期古地理图工作组、SCOR/IMAGES亚洲季风工作组的国际合作。1999年主持中国海首次大洋钻探ODP第184航次。第六、第七届全国人民代表大会代表，第八、九、十届全国政协委员。

他研究的科研成果先后获国家自然科学奖、何梁何利科技进步奖（1998年）等重大奖励多项。其中，“我国近海沉积中钙质微体化石的分布及其古环境意义”获原国家教委科技进步一等奖（1985年）、国家自然科学四等奖（1987年），“我国干旱、半干旱地区15万年来环境演变的动态过程与发展趋势”获中国科学院科技进步一等奖（1998年）、国家自然科学二等奖（2000年）。

汪品先长期从事海洋微体古生物与古海洋学研究。从20世纪70年代起，他通过微体化石系统地进行古环境研究，曾完成我国第一口海上石油探井的微体古生物分析任务。在我国率先开展了微体化石埋藏学的研究，揭示中国各海区沉积中钙质微体化石的分布格局及其控制因素，提出了识别海相、咸水湖与淡水相的标志及其重要性。引进多种定量古生态研究方法，推动我国微体古生物研究朝定量古生态方向发展。20世纪80年代中期起，他在我国的古海洋学研究方面做出了开拓性贡献，首次发现了南海等西太平洋边缘海在冰期/间冰期旋回中环境与沉积变化的古海洋学放大效应，并在我国率先出版教材、培养出古海洋学博士生。1988年以他为主筹备并发起了“首届亚洲海洋地质国际会议”，先后组织政府间海洋委员会“西太平洋古地理图”工作组、国际海洋科学委员会“亚洲季风演变的海洋记录”工作组；促使我国古海洋学在近年得到较快的发展和国际的重视。尤其是他提出的在南海追溯东亚古季风史的建议书，在大洋钻探1997年度国际竞争中获全球排名第一，被采纳为ODP第184航次，并由他作为首席科学家于1999年初成功主持了中国海区首次的深海科学钻探。这也是第一次由中国人设计和主持的大洋钻探航次，航次后的研究建立了西太平洋海区最佳深海地层剖面，发现碳循环长周期，标志着我国在这一领域的研究已跻身国际先进行列。他负责执行了国家重点基础研究发展规划项目、国家自然科学基金重大项目和教育部重大科技项目等多项课题，对我国海洋地质学的发展做出了创造性的贡献。汪品先在国内外学术刊物上发表论文100多篇，专著及论文集10多种，其中1985年的《中国海洋微体古生物学》论文集、2000年主编的《大洋钻探计划初始报告》第184卷等国际出版物受到国内外学者的高度评价。

郑时龄（1941— ）

广东惠阳人，1984年10月加入中国共产党，欧美同学会会员。中国科学院院士，法国建筑科学院院士。曾任同济大学建筑城规学院院长、同济大学副校长等职。现为同济大学建筑与城市规划学院教授、博士生导师，同济大学建筑与城市空间研究所所长，中国建筑学会副理事长，上海建筑学会理事长，国务院学科评议组成员。

1965年毕业于同济大学建筑学专业，进入机械工业部第二设计研究院，担任工程师（至1978年）。1981年，郑时龄从同济大学建筑系硕士研究生毕业，之后留校任教，先后担任同济大学建筑系副教授、教授（1992年起），建筑系副系主任、建筑与城市规划学院副院长、院长。1984年，作为访问学者，前往意大利佛罗伦萨大学建筑学院。1993年获得同济大学建筑历史与理论专业博士学位。1992年至1995年，担任同济大学建筑与城市规划学院院长。1995年至2000年，担任同济大学副校长。1998年，当选为法国建筑科学院院士。2000年，担任同济大学建筑与城市空间研究所所长。同年受邀参与中国2010年上海世博会的申办和筹办工作。2001年，当选为中国科学院院士。

郑时龄长期从事建筑理论研究、建筑教学和建筑创作活动，致力于将设计与建筑理论相结合，追求创作活动的学术价值，并将学术思想融于建筑教学之中，形成自成一体的建筑教学思想，专著《建筑理性论》和《建筑批评学》建立了“建筑的价值体系和符号体系”这一具有前沿性与开拓性的理论框架，并以批判精神面向未来建筑的发展，奠定了这门综合学科的理论基础，填补了该领域的空白，该理论在上海建筑的批评与建设实践中起了重要的作用。专著《上海近代建筑风格》获2000年上海市优秀图书一等奖，为上海的优秀近代建筑保护起了重要的作用。其学术思想在上海的城市建设中发挥了重要的作用，比如，以黄浦江和苏州河滨水空间作为城市空间的核心的思想，已被采纳，带动了城市建设的发展。积极参与建筑创作实践活动，注重建筑的历史文化内涵和艺术性，主持设计了上海南京路步行街城市设计、上海复兴高级中学、上海朱屺瞻艺术馆、上海格致中学教学楼、上海至北京高速火车沿线方案等建筑精品，其中 6 项获省部级奖。

郑惠强（1953— ）

广东汕头人，同济大学教授、博士生导师。1990 年 5 月加入民盟。曾任第八、第九届上海市政协委员，第十届全国人大代表，第十一、十二届全国政协常委，第十三、十四届上海市人大常委会副主任，第十、十一届民盟中央副主席，第十三、十四届民盟上海市委主委，第十五届上海市人大代表。1973 年至 1976 年于同济大学工程机械专业学习，1985 年赴联邦德国达姆斯达特工业大学访学。1977 年留校任教。1998 年获机械理论与设计专业博士学位。历任同济大学研究生培养处处长、研究生院副院长，上海应用技术学院副院长，上海市信息化委员会副主任，同济大学副校长，中国工程机械学会理事长、上海市楼宇科技研究会理事长。现为中国科协全国委员会委员，《中国工程机械学报》杂志主编，上海市政府服务业发展专家委员会专家，上海现代服务业联合会会长。

郑惠强长期从事机械设计及理论、科技发展及管理两个专业的教学科研。已培养指导博士、硕士研究生 40 多名。著有《金属结构》等专著 6 本。负责完成国家科技攻关项目等几十项课题，发表学术论文百余篇。从 1994 年起连续两届担任上海市政协委员。1995 年，在上海市政协八届三次会议上提交了《为高校特困生解困的三点建议案》，建议高校建立学生勤工助学协调机构，从而为特困生提供有效的资金保证。考虑到学校伙食费因进货渠道所限、价格难以下调的因素，郑惠强大胆地提出在郊区开辟大学生学农基地、作为特困生勤工助学场所的建议，而学农基地生产的农副产品可以直接供应高校学生食堂，从而降低伙食成本。提案提出后，上海市教委给予了大力支持，不久就建立了大学生勤工助学的管理机构。该提案同时还作为民盟市委集体提案，获得了上海市政协优秀提案奖。

吴志强（1960—）

上海市人，1983年12月加入中国共产党。国务院政府特殊津贴专家，德国工程科学院院士，瑞典皇家工程科学院院士，中国2010年上海世博会园区总规划师，北京城市副中心城市设计综合方案总规划师。

1982年毕业于同济大学城市规划专业，1985年获同济大学城市规划专业硕士学位后留校执教。1988年赴德访学，1994年获柏林工业大学城市与区域规划专业工学博士学位，1996年回校任教。1997年至1999年，任建筑与学院规划学院城市规划与建筑研究所所长。1999年至2003年，任建筑与城市规划学院副院长。2003年至2009年，任建筑与城市规划学院院长。2009年任校长助理，兼任设计与创意学院院长。2011年6月至2020年12月，任同济大学副校长。

国务院学位委员会城乡规划学科评议组第一召集人，曾任全国城乡规划学专业指导委员会主任委员，亚洲规划院校联合会主席，世界规划院校联合会首届联席主席。获得全国先进工作者、全国五一劳动奖章、世博全国劳动模范和上海市劳动模范、全国优秀科技工作者、全国城市规划优秀科技工作者、上海市科技精英和领军人物等称号。曾获多项国家级、教育部、建设部、科技部和上海等省部级科技进步奖，国内外诸多规划设计重要奖项。2016年，获评首批规划领域的“全国工程勘察设计大师”。2017年11月，当选中国工程院院士。

吴志强长期坚守在城市规划工程实践第一线，致力于推进城市规划的理性提升。针对我国城镇化面临的重大挑战和建设问题，他积极探索规划技术的数理分析新方法，剖析城市发展内在规律，模拟推演规划效果，科学评价规划决策，系统优化规划方案，不断研发“以数明律、以流定形”的规划方法，逐步建立了“理性规划”的理论框架，取得了理性规划理论与方法的重大成就，在系列重大城市规划工程应用中取得了显著成效，为城市规划的理性化作出重大科学贡献。

已主持完成4项国家级重大研究项目和课题，863项目1项，主持省部级重点课题12项，完成以2010年上海世博会园区规划、俄罗斯圣彼得堡波罗的海明珠新城规划、都江堰市灾后重建总体规划为代表的多项重大项目实践。著有《城市规划原理（第四版）》《上海世博会可持续规划设计》《中国人居环境可持续发展评价体系》《上海世博会建设丛书：上海世博会规划》《上海世博会建设丛书：上海世博会景观绿化》、*Globalisierung der Grossstaedte um die Jahrtausendwende*（《千年纪之交的大都市的全球化》）等20多部中外文专著，译有多部国际经典城市规划著作，在国内外学术杂志发表论文200余篇。

朱合华（1962—）

安徽巢湖人，无党派人士，欧美同学会同济大学分会会员。隧道与地下空间工程专家，中国工程院院士，国家注册土木（岩土）工程师，同济大学特聘教授，同济大学土木信息技术教育部工程研究中心主任、土木工程学科隧道及地下建筑方向负责人。

1979年至1986年就读于重庆大学，取得学士学位和硕士学位；1989年毕业于同济大学地下建筑与工程系结构工程专业，当年入职同济大学任讲师；1992年任同济大学副教授；1993年在日本大阪土质试验所、京都大学作博士后研究；1996年任同济大学教授；1997年兼任地下建筑与工程系副系主任；2000年兼任地下建筑与工程系主任；2004年兼任土木工程学院副院长；2006年兼任土木工程学院院长；2011年在美国弗吉尼亚理工大学做访问教授；2012年任同济大学特聘教授；2016年在德国魏玛包豪斯大学做访问教授。

朱合华长期从事数字地下空间工程研究与实践，创建了基础设施全寿命数据采集－处理－表达－分析－服务的数字化范式，研发出基础设施智慧服务系统（iS3），被国际同行评价是“城市基础设施规划、设计、施工和维护信息集成方法的国际开拓者之一”；合作创建了岩体三维GZZ强度准则，被国际岩石力学学会所推荐；建立了盾构隧道设计分析模型和服役性能的TSI评价方法，被国家和行业标准所采纳。获国家科技进步二等奖2项，省部级和一级学会的科技成果特等奖2项、一等奖10项。主参编技术标准5部，授权发明专利50余件，出版专著7部，发表SCI/EI学术期刊论文380余篇，创办国际学术期刊 *Underground Space*（SCIE收录）。2012年获国际计算力学顶级会议（ICCES）卞学鐄（THHP）奖，2015年获德国洪堡研究奖。2021年当选中国工程院院士。

大事记

1998 年 12 月 31 日

上海市欧美同学会同济大学分会成立。本日，同济大学隆重召开同济大学归国华侨联合会、上海市欧美同学会分会同济大学分会成立大会暨同济大学海外联谊会迎新联欢会。分会首届理事会由吴启迪、刘润海、黄鼎业、束昱、赵其昌、费涵昌、戚爱华、陈翌、陈皓 9 人组成，高廷耀为名誉会长，吴启迪为会长，刘润海为常务副会长，黄鼎业、束昱为副会长，戚爱华为秘书长，陈翌、陈皓为副秘书长。

2001 年 12 月 9 日

中国科学院院长路甬祥在北京举行的新闻发布会上介绍了中国科学院 2001 年院士增选工作情况，有 56 名科技工作者增选为中国科学院院士，中国科学院院士总人数达到 653 人。欧美同学会同济大学分会会员，原同济大学建筑城规学院院长、同济大学副校长郑时龄当选中国科学院院士。

2011 年 8 月 28 日

上海市欧美同学会暨留学人员联合会举行八届七次理事会，选举国家教育部原副部长、同济大学原校长、欧美同学会同济大学分会原会长吴启迪为新一任会长。会议通过了原会长严东生为名誉会长的决定，讨论并原则通过了未来五年发展规划。120 余名代表参加了理事会。

2013年5月18日

上海市欧美同学会·上海市留学人员联合会在上海国际会议中心举行第九次会员代表大会。在当天举行的九届一次理事会上，同济大学吴启迪、吴志强、董琦、李振宇、黄雨、李乐曾、刘曙光、朱建华、伍慧萍、刘中民、张冶文、束昱、杨志刚、郑春荣、章桐和费刚等当选为第九届理事会理事。其中，吴启迪、吴志强、董琦、杨志刚、朱建华、束昱、章桐等为常务理事，吴启迪再次当选为上海市欧美同学会（上海市留学人员联合会）会长，吴志强当选副会长。此外，毛经权、周祖翼、裴钢、郑惠强等为理事会名誉会长，郑时龄、蔡建国等为理事会顾问，汪品先、戴复东等为理事会名誉理事。

2014年2月20日至21日

欧美同学会（中国留学人员联谊会）第七届理事会第一次会议在北京举行，韩启德代表第六届理事会作工作报告。会议选举陈竺为第七届理事会会长。同时选举出欧美同学会第七届理事会和会长、副会长，吴启迪当选欧美同学会副会长。

2016年11月20日

上海市欧美同学会（上海市留学人员联合会）在市委统战部召开2016年研究中心、民间外交工作总结会，会长吴启迪、市委统战部副部长戴晶斌出席并讲话，市委统战部副巡视员、市欧美同学会秘书长王建敏主持。常务副会长、研究中心常务副主任左学金作研究中心工作总结，并宣读2016年SORSA智库系列资助项目及研究中心贡献奖名单。常务副会长臧广陵作民间外交工作总结并宣读民间外交工作贡献奖名单。欧美同学会同济分会于6月举办的“一带一路中东欧青年学者论坛”集结了一批沿线国家青年才俊，积极探讨了“一带一路”倡议中蕴含的各国发展机遇和挑战，分析如何推动沿线各国实现经济政策协调，各国青年学者也在交流中碰撞出了思想的火花。本次活动荣获2016年度民间外交优秀组织奖。同济大学副校长、欧美同学会同济分会会长吕培明参加会议并领奖。

2017年5月19日

上海市欧美同学会（上海市留学人员联合会）第九届理事会第七次会议召开，同济大学原校长裴钢当选为新一届会长。随后，2018年10月20日上海市欧美同学会第十次会员代表大会在上海展览中心友谊会堂举行，在第十届理事会第一次会议上，同济大学原校长裴钢连任会长。教育部原副部长、同济大学原校长吴启迪当选为名誉会长，同济大学副校长吴志强当选为常务副会长，吕培明、董琦当选为常务理事，同济大学蔡建国被聘为顾问。

2017年11月27日

上海市欧美同学会副会长、同济大学副校长、欧美同学会同济大学分会顾问吴志强当选中国工程院院士。

2018年5月24日

由上海市海外联谊会、上海市欧美同学会（上海市留学人员联合会）、上海市中青年知识分子联谊会联合主办的“卓越的全球城市——创新·人文·生态·区域”第十一届“中华学人与21世纪上海发展”研讨会举行。第十届全国政协副主席、中国工程院主席团名誉主席徐匡迪，中共上海市委副书记尹弘，上海市欧美同学会会长、同济大学原校长裴钢，上海市政府副秘书长、市发展和改革发展委员会主任马春雷等领导出席开幕式。同济大学副校长吴志强，上海市侨务办公室原副主任、同济大学欧美同学会会员蔡建国，同济大学长三角城市群智能规划协同创新中心特聘教授奥坦·赫尔佐格，同济大学党委统战部部长、欧美同学会副会长岳继光代表同济大学欧美同学会参加。研讨会开幕式由裴钢主持。

2019 年 9 月

为庆祝新中国成立 70 周年和第 35 个教师节，教育部和中央广播电视总台主办的“2019 寻找最美教师”大型公益活动颁奖典礼在京举办。中国科学院院士、同济大学建筑与城市规划学院教授、欧美同学会同济大学分会会员郑时龄荣获“最美教师”光荣称号。

2021 年 11 月 18 日

中国工程院 2021 年院士增选结果 11 月 18 日正式揭晓，同济大学土木工程学院教授、欧美同学会同济大学分会会员朱合华增选为中国工程院院士。朱合华长期从事岩体强度理论及地下结构全寿命设计方法、地下空间防灾安全和智慧地下基础设施建设的研究，曾入选国家 973 项目首席科学家，是国际上较早开展数字地下空间与工程（DUSE）研究的学者之一，被国际同行认为是“城市基础设施规划、设计、施工和维护信息集成方法的国际开拓者之一”。

第十一章

同济大学少数民族联合会概况

一、历 史 沿 革

少数民族联合会（简称“民族联”）在同济大学成立组织始于 1962 年。当年，市委民族事务委员会负责同志几次参加校党委统战部召开的少数民族师生座谈会。当时师生中有 40 多人是少数民族。为加强联系，经党委同意，成立了少数民族联谊小组。进入新世纪以来，高等学校少数民族师生员工数量逐年增多，党和政府以及社会对高校少数民族师生的关注日益增强，少数民族工作也成为高校统战工作的重要组成部分。在学校党委的关心指导下，2001 年 6 月，同济大学少数民族联合会第一届理事会成立。在学校党委的领导和全体会员的支持、参与下，学校少数民族联合会以铸牢中华民族共同体意识为主线，积极宣传党的民族政策，密切联系少数民族师生员工，积极开展增进民族情谊、丰富文化生活、促进人才培养的各类活动，在全校形成了民族团结合力，营造民族团结氛围。

60 年来，同济大学少数民族联合会积极发挥独特优势，以各族师生员工为主体，以加强各民族交往交流交融为根本途径[①]，开展了各类丰富多彩的工作；成为学校联系少数民族师生员工的桥梁和纽带，为“促进各民族像石榴籽一样紧紧抱在一起”[②]，为推

① 《中共中央办公厅、国务院办公厅印发〈关于全面深入持久开展民族团结进步创建工作铸牢中华民族共同体意识的意见〉》，新华网，2019 年 10 月 23 日。

② 习近平：《决胜全面建成小康社会　夺取新时代中国特色社会主义伟大胜利——在中国共产党第十九次全国代表大会上的报告》，载《人民日报》2017 年 10 月 28 日。

进学校“双一流”建设作出了贡献。

2012 年 4 月 23 日，同济大学少数民族联合会召开第二届理事会。会议通过了《同济大学少数民族联合会章程》，听取了上一届理事会工作报告，公布了民族联新一届理事会理事名单。

2021 年 12 月 18 日，同济大学少数民族联合会第三次代表大会在四平路校区召开。校党委常务副书记冯身洪、上海市少数民族联合会副会长汪智豪、杨浦区委统战部副部长肖伟珍、校党委统战部负责人及学校少数民族教职工代表 52 人出席会议。会议听取了上一届理事会工作报告，选举产生同济大学第三届少数民族联合会理事会理事。

表 10–1　同济大学少数民族联合会历届理事会概况

（副会长、副秘书长、理事按照姓氏笔画顺序排序）

届别	会长	副会长	秘书长	副秘书长	理事
第一届理事会 2001—2012 年	白庆华	无	马克	无	马克、韦玉华、白庆华、关立青、何芳
第二届理事会 2012—2021 年	翦知湣	李理光、金福安、钱君律	马克	朴英兰、陆艳、郭岚	马克、朴英兰、关立青、关信红、李理光、张晓庆、陆艳、金福安、钱君律、郭岚、翦知湣
第三届理事会 2021 年—至今	翦知湣	王红罡、关信红、金福安	周芷如	马曼 · 哈山、狄庆媛、修冰	马曼 · 哈山、王红罡、关信红、杜建忠、狄庆媛、沈洁、陈隽、金福安、周芷如、修冰、翦知湣

截至 2022 年 11 月，同济大学现有注册的少数民族教职工 260 人，在籍少数民族学生 3250 人。少数民族教职工中男性 106 人，女性 154 人，包括 22 个民族，其中，回族 70 人、满族 55 人、蒙古族 40 人、土家族 19 人、壮族 17 人、苗族 10 人、朝鲜族 10 人、苗族 10 人、维吾尔族 6 人、白族 5 人、哈萨克族 4 人、锡伯族 3 人、侗族 2 人、纳西族 2 人、藏族 1 人、达斡尔族 1 人、东乡族 1 人、仫佬族 1 人、羌族 1 人、畲族 1 人、彝族 1 人。少数民族学生分布在 44 个民族，包括土家族 440 人、满族 427 人、回族 389 人、壮族 337 人、蒙古族 267 人、苗族 218 人、维吾尔族 194 人、藏

族139人、彝族129人、侗族93人、瑶族85人、哈萨克族82人、布依族71人、白族65人、朝鲜族62人、仡佬族40人、畲族32人、羌族20人、傣族18人、黎族16人、锡伯族16人、纳西族14人、土族14人、哈尼族10人、俄罗斯族8人、傈僳族7人、水族7人、达斡尔族6人、柯尔克孜族6人、仫佬族6人、东乡族5人、拉祜族4人、撒拉族4人、佤族4人、塔塔尔族3人、乌孜别克族3人、毛南族2人、保安族1人、布朗族1人、高山族1人、基诺族1人、京族1人、景颇族1人、裕固族1人。

二、主要工作

（一）强化政治引领，牢牢把握民族工作正确方向

做好新时代民族工作，必须旗帜鲜明讲政治。高校民族工作的政治性、政策性、群众性很强，更需要主动自觉地强化政治引领，把讲政治体现到工作各方面，贯穿到工作各个环节，落实到每一项工作之中。民族联成立至今，始终把政治引领工作放在首位，强化政治理论学习，组织理事会认真学习党的历次全会精神，不断提高政治判断力、政治领悟力、政治执行力。此外，民族联还认真组织学习历次中央民族工作会议、全国民族团结进步表彰大会、中央统战工作会议等重要会议精神；积极组织老师参加市委统战部、市民宗委和市民族联、杨浦区民族联等举办的各类报告会、座谈会、培训研讨会、红色寻访活动等，从而引导教职员工准确全面把握民族工作重要思想，深刻理解民族工作核心要义、精神实质、丰富内涵和实践要求，确保民族工作要求落到实处。

通过学习，民族联班子不断强化自身政治本领，提升政治站位，将政治引领体现在工作的方方面面。2002年3月，民族联邀请上海市民族和宗教事务管理委员会民族问题专家来校作有关民族和宗教问题的专题报告。通过专家报告的学习，全校少数民族教职员工深刻认识到民族团结的重要性和必要性，认识到民族团结关系到中华民族的生死存亡。民族联选派优秀骨干教师于2011年11月参加上海市少数民族联合会组

织的延安学习考察，2012 年、2019 年分别参加了上海市民族联、杨浦区民族联举办的培训班，学习宗教事务条例和民族工作有关知识。2013 年 8 月，组织民族联理事和部分优秀骨干教师前往宁夏回族自治区实地调研，走进民族地区了解民族地区的发展，了解党的民族政策在实践中的成果。2020 年 6 月，参加杨浦区民族联组织的“四史”主题学习教育活动。2021 年，参加学校统战部举办的《中国共产党统一战线工作条例》及党史学习教育专题培训班、庆祝中国共产党成立 100 周年等主题教育活动。通过这些活动，深刻认识到党的领导是实现民族平等和民族团结的根本保证，只有跟着中国共产党，才能实现中华民族的伟大复兴。

（二）加强组织建设，铸牢中华民族共同体意识

铸成中华民族共同体意识是新时代党的民族工作的“纲”，是实现中华民族伟大复兴的必然要求，是巩固和发展平等团结互助、和谐社会主义民族关系的必然要求③，也是维护各民族根本利益的必然要求。民族联紧密围绕铸牢中华民族共同体意识这一核心，加强组织建设，坚持凝心聚力，团结和引领全校各民族教职员工牢固树立休戚与共、荣辱与共、生死与共、命运与共的共同体理念，开展了一系列工作。

一是加强与兄弟单位的联系，拓展对外交流，学习兄弟高校民族联工作的先进经验，营造民族团结的温馨氛围。2002 年 1 月民族联全体理事同复旦大学少数民族联合会进行座谈，2015 年 1 月参加上海交通大学第四次少数民族代表大会等。通过交流学习和工作分享，增进与兄弟高校各民族教职员工对中华民族的自觉认同，夯实民族关系发展的思想基础。2002 年 10 月，组织参加普陀区第五届少数民族传统体育运动会，获两项第 1 名；2011 年 10 月，组织参加上海市普陀区第七届少数民族传统体育运动会，获得优秀组织奖。2011 年 11 月和 2018 年 5 月，民族联还两次组织全校少数民族教师前往嘉定校区和嘉兴拓展基地进行体育一日行活动。2019 年参加杨浦区少数民族传统体育运动会，荣获一等奖。此外，民族联积极组织少数民族教师参加社会实践活动。2015 年 1 月民族联组织少数民族教师到浦东川沙生态产业园采摘

③ 《抓住铸牢中华民族共同体意识这条主线》，《人民日报》2022 年 3 月 29 日。

草莓和迎新春座谈会，丰富教师文化生活。2021 年 7 月参加了校党委统战部组织的教师暑期社会实践活动，赴贵州遵义学习考察等。通过组织各类活动，促进各民族文化交融互通，加强少数民族教职员工了解各民族，增进各民族共同性、尊重和包容差异性。

二是紧紧围绕立德树人根本任务，参与学校少数民族学生工作，通过文化育人、资助育人等渠道，广泛团结少数民族学生。民族联与杨浦区有关部门联合，对西部地区和少数民族地区的困难学生开展资助；参与建立学校民族和宗教工作网络，对突发事件和师生关注的问题积极参与工作；为鼓励新疆学生发奋学习专门制定了《同济大学新疆民族班专项助学金评定条例》等。此外，民族联还组织教师骨干每年积极参与学校民族风采嘉年华活动，以促进各民族师生交流、相互学习，更深化民族团结进步教育的内涵，引导各民族“你中有我，我中有你”。

三是发挥智力优势，提供少数民族交流帮扶平台，促进民族团结、共同进步。2001 年 12 月，民族联组织同济医院少数民族医生，为上海回民中学师生进行义诊和咨询服务。2018 年以来，多次派人赴云南省大理白族自治州云龙县参加“同济医疗活动周”，扩大医疗服务帮扶范围，为少数民族地区的国家扶贫工作做出贡献。2021 年 5 月，民族联组织参加上海市民族团结进步教育系列活动——“民族团结一家亲”民族文化展示活动。

（三）积极建言献策，服务国家战略和学校发展

民族联充分认识到，作为同济大学统战团体之一所肩负的历史责任与历史使命，组织广大少数民族教师在做好本职工作的同时，积极建言献策。

民族联会长翦知湣（维吾尔族），曾获“上海市统一战线先进个人”称号，是全国知名的海洋学家，曾担任海洋地质国家重点实验室主任，现任海洋与地球学院院长。他带领学院围绕“三深”（深海钻探、深海观测、深潜探测），不断攻坚克难，推动“海底科学观测网”国家大科学工程落户同济大学；主持大洋钻探国际大科学计划（Integrated Ocean Drilling Program，IODP）第 368 航次和我国南海深潜科学调查等，使同济海洋学科成为国际深海研究的主力军之一和南海深海研究的领导者，为建设海洋

强国做出了贡献。

作为校侨联主席，民族联成员杜建忠（土家族）多次在上海市、杨浦区侨代会及工作会议上就充分调动和发挥归侨服务国家、地方及学校中心工作献计献策；作为校学术委员会委员，他积极为学校学科建设建言献策；作为嘉定区服务基层服务团专家，他积极为企业的发展提供科技帮助和建议，为企业的科创队伍建设牵线搭桥；作为中国化学会高分子学科委员会委员，他还就我国高分子学科重点发展方向提出了建议。

民族联的钱君律（满族）、金福安（满族）、李理光（白族）、关佶红（锡伯族）等一大批骨干教师坚守教学一线，科研成果丰富，在管理服务岗位热心服务师生，成为学生心目中的好老师。他们积极主动整合资源，聚焦少数民族学生培养工作，为同济大学创建世界一流大学作出了特别贡献。

人物风采

白庆华（1946— ）

蒙古族，江苏镇江人，中共党员，教授，博士生导师。积极参与筹组同济大学少数民族联合会，同济大学少数民族联合会首任会长（2001—2012）。1963—1968 年就读天津大学精密仪器专业，1971 年在重庆大学无线电及自控系进修。1969—1986 年在四川维尼纶厂、重庆钟表公司、重庆市轻工局等单位工作，1986—1996 年在重庆大学任教，曾任管理学院副院长。1989 年英国 Strethclyde 大学高级访问学者，1992 年加拿大 Alberta 大学、Calgary 大学高级访问学者。1995 年被引进同济大学，曾任管理科学与工程系主任、管理学院副院长、城市管理和战略发展研究院副院长，管理学院管理科学和工程学科信息系统和信息管理、城市系统和管理专业方向学术带头人。多年来承担本科、硕士、博士生教学任务，坚持在教学第一线；指导并已毕业博士生 61 名、硕士生 124 名。承担多项国家 863/CIMS 研究课题、国家自然科学基金研究课题、上海市政府重大咨询项目、上海市科委重大科研项目，有多项研究项目被评为上海市重大决策咨询研究一等奖，在国内外学术期刊发表论文 90 余篇，出版专著《系统集成与信息集成》《计算机辅助管理和决策》等。多次被评为年度校、院优秀教师，1998 年被评为全国少数民族优秀教师。曾任同济大学校务委员会委员、上海市信息化专家咨询委员。

翦知湣（1966— ）

维吾尔族，湖南常德人，中共党员，教授，博士生导师。2002 年加入同济大学少数民族联合会，2012 年至今任同济大学少数民族联合会第二、三届会长。1983—1987 年就读北京大学地质系，后在同济大学海洋地质系获硕士、博士学位。1993 年起在同济大学海洋地质与地球物理系任教，1995—1996 年德国基尔大学访问学者、1999—2001 年洪堡学者。2000—2004 年同济大学教育部“长江学者”特聘教授，2005—2011

年任同济大学海洋地质国家重点实验室主任，2012 年至今任同济大学海洋与地球科学学院院长。主要从事海洋地质学和古海洋学的教学与科研。主讲“海洋地质学原理”和“古海洋与古气候学”等本科生和研究生课程，已培养硕士和博士研究生 50 多名。主持包括 973、国家重点研发计划、国家自然科学基金重点项目、创新研究群体科学基金等 30 项国家和部委自然科学基金项目。曾 9 次参加或主持国际古海洋学航次考察，2018 年起任国家重大科学基础设施“国家海底科学观测网”大科学工程的首席科学家。发表学术论文 260 多篇 / 部，其中英文专著 2 部、SCI 论文 120 余篇，包括在 *Nature*、*PNAS*、*Science Advances* 等国际期刊以第一或通讯作者发表 SCI 论文 30 多篇，SCI 他引 4000 多次。国家杰出青年科学基金、创新研究群体科学基金、上海市科技进步奖一等奖、中国青年科技奖获得者，曾获上海市教育系统优秀共产党员、上海市十大杰出青年、上海市统一战线先进个人等称号。现兼任中国第四纪科学研究会副理事长、中国 IODP 专家咨询委员会副主任、《中国科学・地球科学》和《科学通报》编委，*Marine Micropaleontology* 编委，PAGES（国际全球变化计划）科学委员会共同主席。

关佶红（1969—）

锡伯族，辽宁开原人，无党派人士，曾任同济大学少数民族联谊会第二届理事、上海市政协第十三届委员、嘉定区人大代表，现任同济大学少数民族联谊会第三届副理事长，电子与信息工程学院计算机科学与技术系教授、博士生导师。1987—1991 年就读华中师范大学数学系计算机专业，1995—1998 年就读武汉测绘科技大学计算机系计算机应用专业，获工学硕士，1999—2002 年就读于武汉大学测绘遥感信息工程国家重点实验室摄影测量与遥感专业，获工学博士。1991—2000 年在武汉测绘科技大学计算机系任教，2000—2005 年在武汉大学计算机学院任教，2005 年至今在同济大学任教。曾任同济大学计算机系主任、研究生院副院长。教育部新世纪优秀人才计划获得者、上海市优秀学术带头人、上海市曙光学者、上海市教育系统巾帼建功标兵。曾获教育部自然科学二等奖、教育部科技进步二等奖、教育部课程思政示范课程 / 教学名师和教学团队、同济大学名课优师、同济大学教学成果特等奖、一等奖、二等奖，研究生优秀指导教师（指导学生获上海市优博 / 优硕）等。还曾获政协优秀提案奖。

杜建忠（1975—）

土家族，湖南慈利人，理学博士，同济大学特聘教授、博士生导师、学术委员会委员，同济大学材料学院教授委员会副主任、高分子材料系主任。曾获德国洪堡学者、东方学者、上海市浦江人才、教育部新世纪优秀人才等称号。2004 年在中国科学院化学研究所毕业获博士学位，2004—2010 年英国谢菲尔德大学化学系、剑桥大学化学系博士后。曾获中科院优秀博士论文奖、全国百篇优秀博士论文提名奖。同济大学青年文明号、“我心目中的好导师”、优材奖、首届“卓越杯”大学生科技创新竞赛特等奖优秀指导教师、优秀学生思想政治工作者、育才教育奖励金一等奖、优秀博士和硕士论文导师、首届“卓越”研究生导学团队标兵、“十三五”科研工作先进个人，上海市优秀硕士学位论文导师、第十五届“挑战杯”上海市特等奖和全国二等奖优秀指导教师、上海市育才奖获得者。曾获教育部霍英东青年教师基金、国家科技进步二等奖、中国复合材料学会优秀博士学位论文导师、中国化学会高分子科学创新论文奖、国家杰出青年科学基金、第五届中国侨界贡献奖、中国侨界贡献奖一等奖、韩国龙土木奖励金二等奖（2017）等。英国皇家化学会会士（FRSC），美国化学会 *Biomacromolecules* 顾问编委，中国化学会高分子学科委员会委员，中国生物材料学会生物医用高分子材料分会委员，中国化学会高级会员。上海市侨联第十二届常委、同济大学侨联主席、杨浦区侨联副主席。

李理光（1962—）

白族，云南大理人，中共党员，教授，博士生导师。2010 年加入同济大学少数民族联合会，曾任同济大学少数民族联合会第二届副会长。1984 年获天津大学内燃机专业学士学位，1989 年获吉林工业大学环境工程专业硕士学位，1992 年获天津大学内燃机专业博士学位，1995 年于吉林工业大学汽车设计制造专业博士后出站。2005 年起任同济大学特聘教授，曾任汽车学院副院长，研究生院副院长，机械工程学院副院长（主持工作），机械与能源工程学院常务副院长。现任汽车学院车用动力方向责任教授，燃料喷射与燃烧研究所所长。2000—2001 在美国密西根大学作访问研究学者，2008—2009 年度美国加州伯克利大学 Springer Professor Chair，2012.6 月 -9 月加拿大温莎大学机械工程系访问研究教授。主要研究方向为内燃机燃料喷雾、燃烧诊断与控制及高效零排放新型燃烧技术等。

承担国家973、863，国家自然基金重大和国际合作重点项目和企业项目等60余项，发表学术论文500余篇获，得国家发明专利25项，国际发明专利3项。获省部级科技进步奖一等奖二项，二等奖一项，三等奖二项，获国内专业学术学会优秀论文奖20余次。讲授本硕博课程6门，其中5门英文授课。2021年获得上海市高校一流本科（优质在线课程）一门，获2022年度上海上海市教学成果一等奖、2009年度上海育才奖和2021及2009宝钢优秀教师奖。是美国国际汽车工程师学会荣誉会员（Fellow SAE International）及中国汽车工程学会会士，兼任或曾任中国汽车工程学会、中国内燃机学会和中国汽车人才研究会常务理事，是《燃烧科学与技术》、《柴油机》、《机械设计与制造》、*Automotive Innovation* 编委和 *Atomization and Sprays* 杂志的副主编，ILASS–Asia 学会（2023—2024）主席。

金福安（1968—）

满族，辽宁凤城人，中共党员，工学博士，副教授。

1991年毕业于同济大学工业与民用建筑专业获工学学士学位，并于1996年获工学硕士学位，2008年获工学博士学位。曾任同济大学经济与管理学院党委副书记、党委研究生工作部部长、经济与管理学院党委书记。现任继续教育学院/网络教育学院院长、党委副书记。兼任上海市教育评估协会继教专委会主任。

长期从事大学生的思想教育工作，参与多项教育部和上海市教委的“辅导员队伍建设”课题研究，主持同济大学教学改革重点课题“供给侧结构性改革条件下的专业学位改革探索”、中国高等教育学会2022年度高等教育科学研究规划重点课题“高校继续教育课程思政教研机制及教学团队建设机制研究”等。

在经济与管理领域的研究方向是商业规划与策划、区域规划等。主要研究成果有：主持的“常州市区商业网点规划”获2006年江苏省建设厅勘察设计三等奖。主持的其他项目有：“常州市商业领域利用外资规划”“淮安市区商业网点规划”“滕州市区商业网点规划”以及上海市科委世博专项子课题“综合文化设施的运营管理研究”。

曾担任上海市少数民族联合会第八届（2015）、第九届理事会常务理事（2020），并担任同济大学少数民族联合会第二届、第三届副会长。

大事记

1962年 同济大学少数民族联谊小组成立。

2001年6月 同济大学少数民族联合会（同济民族联）成立，选举白庆华为会长。

2002年1月 同济民族联全体理事同复旦大学少数民族联合会理事会进行座谈，交流学习和工作经验；上海市少数民族联合会火会长一行来同济考察调研，同济民族联向市民族联汇报了近年工作并得到市民族联认可。

2002年3月 邀请上海市民族和宗教事务管理委员会民族问题专家来校作有关民族和宗教问题的专题报告。

2002年10月、2006年10月、2011年10月 同济民族联组织参加上海市普陀区第五、第六、第七届少数民族传统体育运动会，参加了开幕式大型团体操表演，共获得两项第1名及优秀组织奖。

2011年11月 同济民族联组织全校少数民族教师到嘉定校区进行休闲体育（高尔夫体验）一日活动，以丰富少数民族教职工的文化生活，增进民族情谊。

2011年11月 同济民族联秘书长马克参加上海市少数民族联合会组织

的延安学习考察活动，考察活动帮助同济民族联拓展了视野，扩大了同兄弟单位的联系。

2012 年 6 月

同济民族联秘书长马克参加上海市民族联会员单位负责人培训班，学习《上海市宗教事务条例》和民族工作有关知识等。

2013 年 8 月

同济民族联会长翦知湣等到宁夏回族自治区考察，重点参观了“全国民族团结进步模范集体”“国家文化产业示范基地”“全国红色经典旅游景区”中华回乡文化园。通过活动初步了解了包括西夏文化、黄河文化、长城文化、边塞文化、沙漠文化和史前文化在内的多个宁夏回族自治区爱国主义教育基地、穆斯林爱国主义教育学习基地、回族非物质文化遗产保护基地。

2015 年 1 月

民族联组织少数民族教师赴浦东川沙生态产业园采摘草莓，举行迎新春座谈会，以丰富教师文化生活，增进民族情谊。

2015 年 1 月

同济民族联副会长钱君律被邀参加上海交通大学第四次少数民族代表大会。

2017 年 11 月

为贯彻落实党的十九大精神，深化民族团结进步教育，加强各民族交流交往交融，杨浦区统战系统在同济大学举办爱心助学捐赠活动。区委常委、统战部部长程绣明出席会议并讲话。区委统战部副部长、区工商联党组书记郑佐华主持。同济民族联积极参与承办。

2018 年 5 月

同济民族联组织少数民族教师赴浙江嘉兴拓展基地进行拓展培训，以培养教师的团队协作能力、领导能力、激励能力和挑战自我能力。

2018 年 12 月

为更好引领广大在沪少数民族团体和群众深入学习贯彻习近平总书记在首届中国国际进口博览会开幕式上的主旨演讲和考察上海时的重要讲话精神，深切感受党的奋斗历程和我国改革开放 40 年来的巨大变化，进一步弘扬城市精神，传承红色基因，不忘初心，牢记使命，接续奋斗，市民宗委、市民族联开展“改革开放再出发，团结逐梦新时代”红色寻访。民族联选派骨干教师参加杨浦区民族联参观临港新城、滴水湖、洋山深水港、中国航航博物馆——上海市少数民族联合会红色寻访活动。

2019 年 6 月

同济民族联秘书长马克参加杨浦区民族联第七届理事培训并参观宁波市民族团结进步创建活动示范单位——米娜瓦尔工作室。

2019 年 11 月

同济民族联选派骨干教师参加同济大学统战部组织“不忘合作初心，继续携手前进”——同济大学 2019 年党外中青年干部培训班。

2019 年 12 月

同济民族联参加杨浦区少数民族联合会成立三十周年庆祝活动暨 2019 年杨浦区少数民族传统体育运动会。经师生齐心努力，获运动会一等奖（高校组）。

2020 年 6 月

“百年初心，红色启航”同济民族联选派骨干教师参加杨浦区民族联“四史”学习主题活动。

2021年5月

同济民族联参加上海市民族团结进步教育系列活动——“民族团结一家亲”民族文化展示活动。

2021年7月

同济民族联选派骨干教师参加统战部组织的2021年教师暑期社会实践活动，赴贵州遵义进行为期5天的学习教育。

2021年12月28日

同济大学少数民族联合会第三次代表大会在同济大学逸夫楼举行。

第十二章

同济大学中青年知识分子联谊会概况

一、历 史 沿 革

知识分子联谊会（简称“知联会”）是以党外知识分子中的无党派人士为主体的、具有统战性、联谊性的社会团体，是联系党外知识分子的桥梁和纽带，是开展党外知识分子工作的载体，是党外知识分子之家。

知联会属于地方性社会团体。1986 年 9 月，中共上海市委统战部牵头成立了新中国成立以来第一个知联会——上海中青年知识分子联谊会（简称“上海知联会”）[①]。上海知联会是以无党派中青年知识分子代表人士为主体的，具有统战性、知识性、民间性的社会团体，会员来自科技、教育、文化、卫生以及新社会阶层等多个方面。1992 年 1 月被批准为法人团体。市知联会首届会长为惠永正，会员有 131 人[②]；现任第七届会长为李林，有会员 515 名，设有专业人士、外企、文化与传媒、科技创新、金融贸易、社会发展、长三角战略、人工智能和青年等 9 个专委会。在市知联会的带动下，上海各层级、系统的知联会会员逾 6000 人[③]。

上海市知联会成立后逐渐由政治组织向非营利社会组织转变[④]。上海知联会的成立为其他省、市、自治区提供了样板，各地知联会也纷纷建设起来。

① 袁琪．新中国成立前后党外知识分子联谊会的历史演变及其现实思考［J］．理论观察，2019，161（11）：28–31。

② 上海市地方志。

③ 顾行超．上海践行党外知识分子工作的新载体——上海“知联会”在改革开放中的作用及其启示［J］．广东省社会主义学院学报，2019，75（2）：24–28。

④ 杨松禄．统战性社会团体参与社会治理论析［J］．贵州社会主义学院学报，2016（1）：25–31。

2004 年 6 月，同济大学党委统战部举办了为期一个月的无党派中青年知识分子学习培训班，上海市委统战部副部长周箴、市科教党委统战处长张癸、市政协常委吴光伟、同济大学党委副书记武克敏应邀做报告。2004 年 8 月，同济大学中青年知识分子联谊会正式成立，32 名中青年知识分子成为第一届会员兼理事，顾牡担任会长。同济大学也因此成为全国最早创办知联会的高校之一。2012 年换届，顾牡继续担任会长，凌玮、陈启军、许惠平、黄茂松和肖辉担任副会长，许维担任秘书长。2017 年 5 月换届，孙方霖担任会长，凌玮、黄茂松、许维、朱崇志和江静任副会长，杜艾担任秘书长。

2020 年 4 月，知联会第三届理事会中期调整，娄永琪任会长，黄茂松、朱崇志、许维、江静、杜艾任副会长，杜艾兼任秘书长。校知联会涌现出汪品先（中国科学院院士）、戴复东（中国工程院院士）、朱合华（中国工程院院士）、唐子来、娄永琪、余卓平、顾牡、黄茂松、陈启军、许惠平、徐鉴、郝洛西等专业学者、院士、教学名师、各级人大政协委员等优秀知友。目前，同济大学知联会共有会员 73 人，高级职称或副处级以上会员 71 人，其中正高级职称会员 54 人（其中院士 2 人），占会员总数的 73%。知联会在校党委的领导和校党委统战部的指导下运行，重要工作由会长倡导、理事会讨论、会员表决和秘书处办理的方式进行。校知联会目前没有分支机构。

表 12–1　同济大学中青年知识分子联谊会理事会及主要人员名单

（副会长、副秘书长、理事按照姓氏笔画顺序排列）

时间	理事会名单				
	会长	副会长	秘书长	副秘书长	理事
第一届理事会 2004—2012 年	顾牡	—	—	—	马淑梅、王方戟、王丽明、王　磊、王　德、邓慧萍、冯花扑、边保军、成伯涛、成建华、朱传敏、李祖望、李新贵、杨　卫、杨卫翔、杨全兵、杨志强、吴建伟、余卓平、范跃祖、林　松、郑洪波、郝洛西、胡中华、俞秀宝、顾　牡、徐　鉴、郭忠印、郭春林、黄茂松、谭洪卫、戴亚蕾

续表

时间	理事会名单				
	会长	副会长	秘书长	副秘书长	理事
（副会长、副秘书长、理事按照姓氏笔画顺序排列）					
第二届理事会 2012—2017 年	顾牡	许惠平、肖辉、陈启军、凌玮、黄茂松、	许维	杜艾、陈佳、黎德福	——
第三届理事会 2017—2020 年	孙方霖、娄永琪	朱崇志、江静、许维、凌玮、黄茂松	杜艾	孙烨忱、吴霞、陈佳	杨晓伟、张亚男、陈佳、林思劼、林嫣、钱挺
第三届理事会 2020 年至今	娄永琪	朱崇志、江静、许维、杜艾、黄茂松	杜艾	孙烨忱、吴霞、陈佳	杨晓伟、张亚男、陈佳、林思劼、林嫣、钱挺

二、主 要 工 作

（一）重视党外中青年知识分子思想引领，围绕主线加强学习

加强对广大党外中青年知识分子的思想引领，是知联会的一项重要任务，也是坚持正确发展方向的必然要求。自 2012 年起，知联会联合同济大学侨联、欧美同学会同济大学分会等团体，每年举办召开两会精神传达学习会，邀请郑惠强、唐子来、蔡建国等全国政协委员为会员介绍两会情况，传达两会内容，对国家经济发展、政治体制改革等的新形势、新动态进行全面解读。会员通过学习交流，提升了政治理论水平，增强了理论自信。2013 年 11 月，中央统战部组织开展了“无党派人士坚持和发展中国特色社会主义学习实践活动”，知联会积极响应中央号召，以“学实活动”为工作重点，以思想建设为工作核心，通过多种形式，组织会员学习党的路线、方针、政策，

把思想和行动统一到中央精神上来，坚定了会员走中国特色社会主义道路的信心，巩固了共同思想政治基础。知联会多次推荐会员参加“同济大学党外人士专题培训班”，依托同济大学的党校，学员们完成了“理论学习、高教管理、廉政教育、素质拓展、实践教学、思考与讨论”等模块的系统学习，顺利结业。知联会还不定期推荐优秀会员到上海市社会主义学院进修。每年知联会都积极参加校党委统战部举办的统战理论学习培训，党外青年骨干教师建言献策和参政议政水平也因此得到相应提升。同时，知联会还不定期邀请专家为会员作中央和同济大学统战史的相关报告，重温中共统一战线的背景、意义和具体内容，介绍同济大学校史上著名党外人士事迹，帮助会员加强对学校统战史的认识，提高自信心和自豪感。

（二）加强凝聚力建设，积极开展联谊交友工作

知联会重视加强凝聚力建设，不断完善工作制度，创新工作方法，努力当好党外中青年教师与学校党委之间的桥梁纽带。围绕打造“知联会，我的家”品牌，开展多次座谈交流活动，以加强会员的集体荣誉感和归属感。在校领导的关心、重视和支持下，知联会从建会初期每年一次的座谈会，发展到校长或书记亲自参加的两月一次的座谈会，形成了全新的工作机制。作为校党委和青年教师的桥梁和纽带，知联会多次组织会员参加学习报告会，举荐会员参加学校党校培训，并通过参与学校招生咨询等活动，开展科普教育，宣传同济大学，服务社会；每年不定期邀请优秀会员结合自身工作开展国家及学校相关政策导向、不同学科的科研最新进展、文艺欣赏、医疗卫生、法律支持、亲子教育等方面的专业报告和交流活动。这些活动不仅吸引了会员积极参与，还促进了会员间的交流与合作。

知联会通过校际党外代表人士交流以及市教卫工作党委组织的上海市高校知联会会长沙龙，借鉴经验、增进共识、取长补短，提升知联会组织建设水平，不断提高自身水平。知联会还通过不定期接待其他知联会的访问或者走出去，和外地外校知联会就工作特色以及面临的主要问题和任务进行交流、探讨，以增进了解，共同进步。

知联会充分运用学校和社会各界资源，采取多种方式开展国情社情校情考察活动，推动党外中青年教师社会实践和学习。通过校党委统战部的指导和协调，近年来，知联会组织部分会员参观了中共二大会址、中共代表团驻沪办事处旧址、遵义会议会址等红色遗址，以及同济大学海洋与地球科学学院临港基地、雪龙号、上海汽车博物馆、上汽集团等重要基地和知名企业。知联会还不定期联合上海市教卫系统知联会、各区知联会组织学习实践活动，邀请人大代表、政协委员等专家作专题辅导报告。

（三）加强专业学习，整合多方资源打造党外中青年教师培养平台

知联会不仅注重会员政治理论学习，也重视会员的业务水平提升。理事会积极整合学校各方资源，努力为会员科研能力的培养和提升打造平台，包括积极组织和推荐会员参加党校干部培训班，深入学习科研政策和教学管理等工作，协同校党委统战部记录、挖掘和宣传会员的本职工作成绩，对会员在本职工作上取得的进步进行跟踪和鼓励。

知联会的会员大多为专业领域的精英，因此，如何利用会员的专业知识、提高会员间的交流效率、产生灵感碰撞的火花、促进本职工作的交叉融合成为知联会重要的发展思路。自 2018 年起，知联会深入了解会员们的动态，与工会或其他部门联合，尝试将学术 / 文艺交流活动与其他轻松的参观或亲子活动相结合，创造时间、空间和放松的环境让会员们安心和开心地开展学术交流。由于会员们的专业和研究方向不一，知联会特地要求做报告的会员要以科普为目标，深入浅出，尽量吸引会员们的兴趣，促进交流和讨论。几年交流下来，许维、任捷、林思劼、杨晓伟、张任远等年轻会员们做了很多令人印象深刻的报告，活动既提高了报告人的思路整理和交流能力，也让听众拓宽了知识面，通过交流讨论也同时启发了发言人和听众新的灵感。更为重要的是，知联会认为，这样的小型研讨会只是“发酵”的初始过程，通过后续会员们之间的自发深入交流和合作，最终可能会产生交叉学科研究的成果。例如，2018 年初次交流以来，物理科学与工程学院的杜艾和环境科学与工程学院的林思劼在知联会小型研讨会的“发酵”下，多次深入研讨和合作，形成全新的交叉方向，进而发现了抗冻蛋白溶液的储热能力，设计了新型光热 / 储能协同仿生材料，相关成果于 2022 年发表在 *Cell Reports Physical Science* 期刊上。

（四）加强组织建设工作，重视我校党外中青年教师后备力量选拔和培养

知联会是由党外代表人士组成的人才库、蓄水池。知联会十分重视青年党外教师，尤其是70后、80后党外教师的选拔和培养。通过与党委统战部合作，了解同济大学青年党外教师总体情况，通过交流、了解，积极吸纳其中一部分加入知联会。每年知联会都与校党委统战部联合主办同济大学党外青年教师迎五四座谈会、新会员入会仪式。为进一步服务好会员，增进交流，知联会联合校青年教师联谊会、人事处在四平路校区共同举办“教师沙龙”，就学科发展等主题展开研讨、交流。此外，知联会在校党委的帮助下，积极推荐会员参加上海市社会主义学院学习，推荐优秀会员赴上海市或区人大、政协或知联会履职。截至2021年年底，知联会会员中有上海市人大代表1人、上海市政协常委1人、上海市政协委员2人，各区级人大、政协或知联会9人。

（五）履行社会责任，开展公益活动，展现良好形象

知联会依托学校和上海市的平台，积极组织或参加社会公益活动，展现了知联会良好形象。知联会会员经常为中小学生做科普报告，参加支教或脱贫攻坚活动，自发捐款捐物。如2018年，知联会组织11名成员参加母亲节倡议公益活动，校党委统战部部长岳继光全程参与并协助组织，会员们积极转发，社会反响良好。2019年，副会长凌玮通过知联会向云南省大理州云龙县诺邓镇永安完全小学捐赠优秀图书818册，杜艾和江静代表知联会给孩子们写信，鼓励他们成为德、智、体、美、劳全面发展的栋梁之才。

知联会还与NICE2035合作，以Nice Commune作为知联会活动基地，开展新会员入会仪式、团体实践与科普教育等活动，展现知联会和会员的良好形象。

人物风采

顾牡（1961—）

上海市人，同济大学知联会第一、二届会长（2004—2017）。曾任上海中青年知识分子联谊会常务理事。1978—1988年就读复旦大学物理二系（本科生、硕士研究生、博士研究生），1990起在同济大学物理系（2012年9月改为物理科学与工程学院）任教，历任助理研究员、副教授、教授，曾任同济大学物理系副主任、主任，理学院副院长（1998—2003）、常务副院长（2003—2005）、理学部副主任（2005起至今），曾兼任同济大学波耳固体物理研究所所长（2005—2008）、基础科学高等研究院院长（2010年至今）。曾获上海市原子核科学技术学会优秀论文一等奖（1987）、中物院预算基金三等奖（1995）、BEPC国家实验室奖励同步辐射科技论文三等奖（1996）、国家级教学成果一等奖（2001）、二等奖（2009、2014），上海市教学成果一等奖（2001、2009、2013）和上海市科技进步奖三等奖（2015），是2002年上海市教委“曙光学者”，2004年度国家精品课程、2007年国家级教学团队（首届）、第一批国家精品资源共享课（2016）的负责人，1997年上海高校优秀青年教师，曾获1998年宝钢教育基金优秀教师奖、2002年第三届教育部“高校青年教师奖”、2002年“政府特殊津贴”2002年“全国高等学校优秀骨干教师”、2003年“第一届上海高等学校教学名师奖”、2004年“上海市优秀教育工作者”、2004年“全国师德先进个人”、2007年“第三届高等学校教学名师奖”、2014年国家高层次人才特殊支持计划（万人计划）第一批教学名师等荣誉或称号。曾任教育部高等学校大学物理课程教学指导委员会主任委员、中国物理学会第十届理事会理事兼物理教学委员会副主任、教育部非物理类物理基础课程教学指导分委员会副主任、中国物理学会教学委员会副主任、全国高等学校教学委员会物理学科委员会副主任、上海市物理学会第十四届理事会副理事长，上海市原子核学会第七至九届理事会理事，同济大学国家工程科物理教学基地组长和教育部华东地区非物理类专业物理课程联络组领导小组组长、同济大学学术委员会副主任,《物理与工程》杂志主编、《现代应用物理》杂志编委等。

孙方霖（1968— ）

山东青岛人，同济大学知联会第三届会长（2017—2020）。1993—1997 就读英国剑桥大学并获博士学位，1997—2001 在美国华盛顿大学（St. Louis）生物系从事博士后研究，2001 年受聘于瑞士 FMI（Friedrich Miecher Institute）生物医学研究所担任研究组组长，2006—2010 受聘于清华大学医学院担任教授、博士生导师，医学院学术委员会主任兼院长助理；2010 年受聘于同济大学生命科学与技术学院担任教授、博士生导师，曾任同济大学校长助理、同济大学生命科学与技术学院院长，曾兼任医学与生命科学部副主任（2010—2020）、转化医学高等研究院院长（2010 年起至今）。主要从事表观遗传学领域的研究工作，在表观遗传调控的分子机制与功能、干细胞分化与癌症形成的表观遗传调控网络等方面颇有建树，论文多次发表于 *Nature*、*Cell*、*PNAS*，*Nature Genetics*，*Nature Communications* 等重要期刊上。曾入选清华大学“百人计划”（2006），曾获国家自然科学基金委员会的“国家杰出青年科学基金”资助（2006）、教育部推荐享受政府特殊津贴（2010），获聘第八届教育部生命科学（表观遗传学）长江学者特聘教授（2007）和“百千万人才工程”国家级人选（2009），2011 年担任科技部“973”项目首席科学家。2018 年当选为政协上海市第十三届委员会委员。

娄永琪（1974— ）

浙江嘉善人，同济大学知联会第三届会长（2020 年起），同济大学副校长，瑞典皇家工程科学院院士。1991—2002 年就读同济大学建筑与城市规划学院（本科生、硕士研究生、博士研究生），2002—2009 在同济大学建筑与城市规划学院任教，历任讲师、副教授，2009 起在同济大学设计创意学院，历任副教授、教授，2020 年 12 月起任同济大学副校长，曾任同济大学建筑与城市规划学院艺术设计系副主任（2006—2009）、设计创意学院副院长（2010—2013）、设计创意学院院长（2013—2022）、同济大学上海国际设计创新学院院长（2016—2022）、同济大学中芬中心执行副主任

（2010年起）。长期致力于社会创新和可持续设计实践、教育和研究，积极探索设计在新时代的新使命、新角色、新方法和新工具，并将“设计驱动式创新”应用到城乡交互、产业转型、创新教育、社区营造、政策研究等多个领域。其设计作品和研究成果在芬兰赫尔辛基设计博物馆、意大利米兰三年展博物馆和法国圣埃蒂安双年展等展出，曾获芬兰总统狮子一等骑士勋章（2014）、光华龙腾奖中国设计贡献金质奖章（2015）、上海市五四青年奖章（2010），曾入选光华龙腾奖改革开放40周年中国设计40人（2018）、新中国70周年中国设计70人金质奖章（2019）、教育部高层次人才计划特聘教授（2018），2019当选瑞典皇家工程科学院院士。担任中国工业设计协会副会长、世界设计组织（WDO）执委、第八届国务院设计学学科评议组秘书长、全国艺术专业学位研究生教育指导委员会委员、奥地利维也纳应用艺术大学国际咨询委员主席、意大利高等理工学院科学委员会委员，曾任CUMULUS国际艺术、设计与媒体院校联盟副主席、瑞典艺术设计研究平台国际咨询委员会委员。担任*She Ji: the Journal of Design, Innovation, and Economics*（*Elsevier*）的创刊执行主编、Design Issues（MIT Press）编委和*Journal of Visual Art Practice*（*Taylor & Francis*）编委。曾受邀在IFI 2017、IDSA 2016、ACM SIGCHI 2015、Design Strategy 2013等重要学术会议上作主旨演讲，曾任第九届IASDR（国际设计研究协会联合会）大会联合主席（2021）。

汪品先（1936—）

江苏苏州人，无党派人士，海洋地质学家和古气候学家，中国科学院院士，第三世界科学院院士。1953—1955就读于北京俄文专科学校，1955—1960就读于莫斯科大学地质系，1960—1972在华东师范大学地质系任教（助教），1972起在同济大学海洋地质系（2002年5月改为海洋与地球科学学院）任教，1981获洪堡基金在德国基尔大学从事研究，1991当选为中国科学院院士，2002当选第三世界科学院院士，曾任同济大学海洋地质系副系主任、系主任、海洋地质国家教委开放实验室主任、海洋地质教育部重点实验室主任。主要从事海洋微体古生物及古环境的研究。（其他相关内容参见侨联部分）

戴复东（1928—2018）

无党派人士，安徽无为人，建筑学与建筑设计专家，中国工程院院士。1948—1952年就读于中央大学（1949年更名为南京大学）建筑系，1952起在同济大学建筑系（1986年改为建筑与城市规划学院）任教，历任助教、讲师、副教授、教授，1983—1984被公派至美国纽约哥伦比亚大学建筑与规划研究院作访问学者，1999年当选为中国工程院院士，曾任同济大学建筑系主任（1986—1988）、建筑与城市规划学院副院长、院长（1989—1990）、同济大学建筑设计研究院顾问、同济规划建筑设计研究总院总建筑师等职，曾兼任中国建筑学会常务理事、EAROPH（East Regional Organization of Planning and Housing）副主席（1987—1991）。长期从事建筑设计的教育、研究及工程实践，为我国建筑教育、建筑学学科发展、建筑创作理论研究、建筑设计工程实践作出了重大贡献，是中国建筑界中成果丰硕、贡献突出的杰出专家，提出了“建筑是为人服务的（生存与行为）的人工与自然环境，宏观、中观、微观，应全面重视，相互匹配，首重微观”的全面环境设计观的设计思想；在设计中崇尚以人为本，尽可能体现对人生活生存行为的关怀；提倡“现代骨、传统魂、自然衣”精神；在宾馆建筑、医院建筑、航空港建筑、旅游建筑、高层超高层建筑研究方面富有成果；此外，重视乡土建筑与建筑文化研究，如贵州省布依族岩石建筑等；尤以山东省荣成市设计建成的海草石屋北斗山庄为代表，该山庄被誉为“化腐朽为神奇”的代表，获得了国内外赞誉。设计工程80余项，包括武汉东湖为毛主席生前工作和接待用的武汉东湖梅岭工程、北京中华民族园及园内布依寨建筑、河北省遵化市国际饭店、同济大学建筑与城市规划学院院馆等。设计的工程曾获国家和省部级奖15项，曾获中国创造学会与国际管理学会联合授予“中华创意产业大奖终身成就奖”（2006）、“第四届中国建筑学会建筑教育特别奖”（2010）、“中国当代百名建筑师”称号（2012）。曾任第六届（1983—1988）、第七届（1988—1993）、第八届（1993—1998）、第九届（1998—2003）全国政协委员。

唐子来（1957—）

上海市人，无党派人士，同济大学建筑与城市规划学院教授，上海市人民政府参事。1978—1984 就读同济大学建筑系城市规划专业（本科生、硕士研究生），1991—1995 就读英国利物浦大学城市和区域规划系（博士研究生），1984—1991 在同济大学建筑系（1986 年改为建筑与城市规划学院）任教，1995—1996 在新加坡裕廊工业园区管理局（Jurong Town Corporation）任规划师，1996 起在同济大学建筑与城市规划学院任教，曾任同济大学建筑与城市规划学院城市规划系主任，曾兼任世博会城市最佳实践区总策划师。长期从事城市规划与设计教学科研工作，是上海 2035 规划核心专家。曾主持国家自然科学基金重点项目、“十二五”国家科技支撑计划课题、上海市城市规划管理局等科研项目 10 余项，政府咨询项目 10 余项，曾获上海市优秀城市规划设计二等奖、上海市优秀城市规划设计一、二等奖，全国优秀城市规划设计一、二等奖等。曾任中国城市规划学会第四、五届常务理事，第十一、十二届全国政协委员。上海市规划委员会咨询专家、《城市规划学刊》编委会副主任、《城市规划》编委、英国 *Planning Practice and Research* 国际顾问委员会成员。

朱合华（1962—）

安徽巢湖人，无党派人士，隧道与地下空间工程专家，中国工程院院士。1979—1986 就读重庆大学采矿工程系（本科生、硕士研究生），1986—1989 就读同济大学土木工程学院地下建筑与工程系（博士研究生），1989 起在同济大学土木工程学院任教，1993—1995 在日本大阪土质试验所与京都大学做博士后研究，现任土木信息技术教育部工程研究中心主任、同济大学隧道及地下建筑工程学科方向负责人，曾任地下建筑与工程系副系主任、地下建筑与工程系主任、土木工程学院院长。曾获国家科技进步二等奖 2 项、省部级和一级学会的科技成果特等奖 2 项、一等奖 10 项，曾入选教育部长江特聘教授计划、上海市学科带头人计划，国家 973 计划首席科学家、教育部“长江学者”创新团队计划团队带头人，曾获“十一五”国家科技计划执行突出贡献奖、上海市“第六届”教学名师称号、全国优秀科技工作者、中国土木工程学会单位会员“先进工作者”、《岩石力学与工程学报》创刊 30 周年杰出贡献奖、上海市科技精英提名奖。兼任国际岩土联合会（FedIGS）岩土数据标准专业委员会（JTC2）主席、中国岩石力学与工程学会（一级）和中国土木工程学会隧道及地下工程分会（二级）副理事长、日本大阪地域地层环境研究所顾问（2010—）和英国剑桥大学智慧基础设施与施工中心（CSIC）顾问（2011—2020），创办GeoShanghai大型岩土工程国际系列会议（2006）、隧道及地下空间运营安全与节能环保专业委员会（2010，下属中国土木工程学会隧道及地下工程分会）、岩土工程信息技术与应用分会（2015，下属中国岩石力学与工程学会）和国际学术期刊*Underground Space*，兼任多个国内外期刊主编/副主编、执行主编和编委等，创立中国智慧基础设施联盟（iS3）暨全球研究中心，为《中国大百科全书》（第三版）土木工程学科《土木信息工程》分卷的主编。

大事记

2004 年 8 月

同济大学中青年知识分子联谊会正式成立，30 多名中青年知识分子成为第一届会员，顾牡任会长。

2012 年 12 月 22 日

2012 年同济大学中青年知识分子联谊会会员代表大会暨迎新座谈会举行，会长顾牡主持会议，校党委副书记方守恩、校党委统战部部长肖辉出席会议并发表讲话。

2012年11月28日至2013 年 1 月 16 日

校知联会组织会员参加同济大学党的十八大报告学习班，并撰写多份学习体会报告。

2013 年 1 月 17 日

同济大学知联会会长联席会召开，会长顾牡、校党委统战部部长兼副会长肖辉、副会长许惠平、秘书长许维和副会长凌玮出席会议。会议明确，根据 2012 年同济大学党中青年知识分子联谊会会员代表大会会议的精神，完善同济大学知联会工作条例，讨论并通过聘请陈佳、杜艾、黎德福为副秘书长的决定。

2013 年 2 月 2 日

校知联会副秘书长、艺术与传媒学院陈佳组织部分会员观摩在东方艺术中心举行的专场演出。

2013 年 4 月 8 日

校知联会协助组织传达两会精神报告会，邀请全国政协委员、建筑与城市规划学院城市规划系主任唐子来进行政策传达和宣贯。

2013 年 5 月 13 日

校知联会组织会员参加同济大学“亚太论坛”之“当前的国际形势”报告会。会上，国务院侨办副主任、外交部原副部长何亚非作了精彩报告。

2013 年 5 月 23 日

校知联会举行交流活动，秘书长许维主持会议，会长顾牡、校党委统战部部长兼副会长肖辉、副会长凌玮、副会长许惠平、副会长陈启军、会员朱玉华、张永吉、汪世龙、云美萍、陈佳、林嫣、张鹏、刘儿兀、边保军、吴俊、嘉定校区管委会办公室主任柳剑雄等出席会议。会上顾牡介绍了知联会调整后的主要工作，邀请凌玮介绍学校财务情况和政策，邀请朱玉华介绍学校设备管理与申请等方面的情况，邀请肖辉介绍学校无党派人士认定工作方面的信息，最后，由许维带领知友们在在嘉定校区高尔夫球场进行活动交流。

2014 年 4 月 17 日

知联会联合青年教师联谊会、校人事处在四平路校区综合楼，共同举办“教师沙龙”，以同济大学学科发展为主题展开研讨、交流，副校长蒋昌俊以及来自各院系、职能部门的 50 多名教师参加了本次活动。

2014 年 11 月 21 日

同济大学知联会与上海市教卫系统知联会共同在嘉定校区组织“学习实践活动”研讨会。教卫系统部分无党派人士以及知联会理事、会员近 30 人参加。上海市教卫工作党委统战处处长、市教卫系统知联会秘书长金勤明和同济大学党委副书记方守恩出席。研讨会特邀上海市人大代表、无党派人士、同济大学磁浮交通工程技术研究中心主任陈小鸿做题为“上海 2040：城市交通转型发展的路径选择”的报告以及杨浦区人大代表、无党派人士、同济大学建筑与城市规划学院景观系主任韩峰作题为“城市性格与城市文化景观”的报告。市教卫系统知联会的其他知友和领导们还参观了嘉定校区高尔夫球场、磁浮中心和风洞中心，并进行了联谊和交流。

2015 年 3 月 27 日

校知联会副会长凌玮出席市委统战部举办的 2015 年上海市党外知识分子联谊会会长沙龙。

2015 年 4 月 2 日

校知联会组织会员参加学校组织的全国两会精神学习传达会，会上全国政协委员、上海市人民政府侨务办公室副主任、同济大学教授蔡建国介绍了 2015 年全国两会召开的情况，详细解读了大家普遍关心的“经济建设”“政治建设”“文化建设”“社会建设”“生态文明”等主题。

2015 年 4 月 15 日

校知联会召开全国两会精神学习传达会，邀请全国政协委员、无党派人士、同济大学教授唐子来传达全国两会精神，唐子来教授结合自己的感受，以“四个全面”“经济发展新常态”“改革创新”和“协商民主”等 4 个关键词对 2015 年全国两会精神作了全面的解读。

2015 年

围绕“知联会，我的家”主题，校知联会通过咖啡沙龙等形式增进知联会会员间的联系和沟通，探讨知联会的工作和下一步的发展，增强知联会组织的凝聚力，为更好地发挥党外中青年知识分子的作用打好基础。

2016 年 4 月 28 日

校党委统战部和校中青年知识分子联谊会联合主办“同济大学党外青年教师迎五四座谈会”。校知联会副会长陈启军、校党委统战部部长岳继光，以及来自全校各学院的党外青年教师代表参加了此次座谈。

2016 年 5 月 12 日

校知联会组织同济大学党外人士海洋科技中心临港基地参观活动。知联会代表、党外人士专题培训班学员代表、党外青年骨干教师代表、党委统战部人员 40 多人参加了活动。校知联会会长顾牡、校党委统战部部长岳继光出席活动。海洋与地球科学学院教授、全国五一劳动奖章获得者周怀阳在临港基地热情接待了参观团一行，并带领活动代表参观了临港基地。随后代表们参观了目前同济大学临港基地内的实验室建设和大型精密仪器设备情况。

2016 年 9 月 30 日

校知联会组织会员参加“学校科研政策解读”讲座，校科研院院长贺鹏飞主讲，此次讲座同时作为 2016 年统战人士培训班的一次学习内容。

2016 年 11 月 1 日

校知联会邀请校党委统战部部长岳继光为会员作主题为“中共五次统一战线与同济代表人士——讲同济人自己的统战故事”的报告。

2017 年 1 月 5 日

校知联会主办同济大学第三届“同心论坛”暨校知联会建设微论坛。校知联会理事会会长顾牡、副会长凌玮、黄茂松、陈启军，秘书长许维，副秘书长杜艾等参加论坛，校党委统战部部长岳继光出席论坛。论坛由顾牡主持。论坛首先由顾牡回顾了 2016 年校知联会开展的各项活动以及取得的收获和成绩，随后对组织未来的发展展开了讨论。

2017年4月17日

校知联会部分会员参加同济大学召开的青年教师座谈会。校党委书记杨贤金、常务副书记方守恩，校党委统战部部长岳继光、副部长江静，校人事处副处长杨超以及青年教师代表出席会议。会议由方守恩主持。知联会秘书长许维、会员钱挺、林思劼、吴霞等围绕学校管理服务、学生培养、自身科研等情况发言。

2017年5月4日

校知联会举办第三次代表大会暨党外青年教师五四座谈会。校党委常务副书记方守恩、校党委统战部部长岳继光、知联会第二届理事会理事、无党派人士代表、校知联会部分会员、党外青年教师代表出席，知联会秘书长许维主持会议，知联会会长顾牡作工作报告。会议选举产生第三届理事会。第三届理事会第一次会议选举孙方霖任第三届理事会会长，凌玮、黄茂松、朱崇志、许维、江静任副会长，杜艾任秘书长。

2017年8月8日

校知联会召开第三届理事会，讨论整体活动规划和具体分工等事宜，校党委统战部部长岳继光、知联会会长孙方霖、副会长凌玮、黄茂松、江静、秘书长杜艾以及部分理事参加会议。

2017年9月29日

校知联会秘书长杜艾、校欧美同学会秘书长黄雨代表同济大学党外知识分子参加杨浦区统战部召开的“区校联动聚合力 · 汇智引才谋发展”上海杨浦党外知识分子工作座谈会。校党委统战部部长岳继光出席。

2018 年 3 月 23 日

校知联会参加市委统战部党外知识分子工作处调研工作，知联会江静、顾牡、朱崇志、林嫣、杜艾、张亚男、戴奇、张任远、吴霞出席会议。

2018 年 5 月 3 日

校知联会杜艾参加 2018 年上海党外知识分子联谊会工作联席会议暨“会长沙龙”，校党委统战部部长岳继光应邀在会上就同济大学 2017 年特色亮点工作和 2018 年重点工作做了分享交流。“会长沙龙”还安排参观了上海光源、软 X 射线自由电子激光用户装置和国家蛋白质科学研究（上海）设施。

2018 年 5 月 13 日

校知联会组织代表队参加“常回家看看 · 陪伴母亲一小时”公益活动。该活动由上海市妇女联合会，上海中青年知识分子联谊会和上海正好公益基金会举办。知联会秘书长杜艾组织同济大学“同舟共济”代表队一行 10 人参加活动，校党委统战部部长岳继光全程陪同并参加活动。来自各有关单位的 23 支代表队在“海外滩”参加了启动仪式。“同舟共济”代表队的队员们，从海外滩来到五角场，分成 3 个小组，向行人们宣传“母亲节”。队员们手持一束束康乃馨并高举同济大学“同舟共济”队标志牌，向带领儿女或陪伴母亲来五角场购物或观光的人们宣传伟大的母爱精神以及孝敬父母的传统美德。并将一束束康乃馨分发给儿女们，请他们把康乃馨当场转送各母亲。队员们注意到，每个母亲得到了儿女赠送的康乃馨，都十分激动，纷纷感谢同济大学“同舟共济”队员们“赠送”的鲜花；儿女们也纷纷表示一定要尊重孝敬母亲，把中华民族的优秀传统传承下去。

2018年6月7日

校知联会近年来发展的工作新方式——“三微”记录党外知识分子成长足迹，受到上海知联会微信公众号报道。知联会自2016年起，积极探索工作新方法，陆续以“5分钟微视频”“课间微访谈”“午间微沙龙”的“三微”方式，关注党外知识分子特别是青年知识分子的思想与科研；以“短时、随地、碎片化”方式了解并记录他们的成长。

2018年6月16日

校知联会联合学校亲子协会联合举办知联会成员周末学术研讨暨亲子活动，知联会10组家庭参加了活动。在学术研讨会上，特别邀请许维、杨晓伟和任捷做主题报告，杜艾、张增星等会员做了发言。

2018年9月30日

校知联会组织会员参加“光阴的故事——我与改革开放共成长”征文活动。同济大学无党派人士、长江特聘教授朱合华撰写并提交了《走向世界的我国城市地下空间精细化建造》一文，国家教学名师、同济大学中青年知识分子联谊会前会长、无党派人士顾牡提交了《我的大学教师经历——纪念改革开放40周年图片人物故事》一文。

2018年10月31日

校知联会委派秘书长杜艾参加市教卫知联会及各高校知联会负责人学习考察活动。活动组织参观了G60科创走廊和华东政法大学李昌钰博物馆，并通过研讨会的形式学习传达有关会议精神，讨论了2019年知联会工作。

2019 年 1 月 7 日

校知联会与学校侨联、欧美同学会及少数民族联合会联合举办“我们都在努力奔跑我们都是追梦人”为主题的同济大学统战团体迎新联欢会。同济大学党委副书记冯身洪、上海市侨联副主席徐大振、杨浦区侨联副主席杜建忠、复旦大学侨联副主席戴晓芙等应邀出席。

2019 年 5 月 29 日

校知联会工作交流会暨扶贫工作捐赠仪式在四平路校区召开，知联会理事会部分理事和部分会员代表参加会议。会议由知联会秘书长杜艾主持。会上，同济大学副总会计师、知联会副会长凌玮介绍了近期赴云南省大理州云龙县参加定点扶贫调研考察工作的情况。随后，同济大学人事处副处长、知联会副会长许维代表学校知联会接受了凌玮的捐款（10005 元），同济大学知联会向云龙县诺邓镇永安完全小学捐赠一批图书共计 818 册。会上就如何发挥知联会成员优势、激发党外青年教师积极性及下一步的工作计划进行了讨论交流。

2019 年 6 月 13 日

校知联会会员、设计创意学院院长、无党派人士娄永琪当选瑞典皇家工程科学院外籍院士。

2019 年 6 月 25 日

校知联会秘书长杜艾参加上海市党外知识分子联谊会“会长沙龙”活动。杜艾先后参观了人工智能领域的代表企业商汤科技和设在上海交大的海洋工程国家重点实验室，并参加座谈交流。

2019 年 11 月 19 日

校知联会与市教卫工作党委系统知联会联合举办“不忘合作初心，继续携手前进”的学习考察活动。市教委工作党委统战处处长王瑞杰，校党委统战部部长岳继光、副部长江静以及部分知联会成员和来自教卫系统的各高校知联会负责人近40人参加活动。活动参观了位于张江高科技园区的依托同济大学建设的上海自主智能无人系统科学中心，并听取了中心工作人员的介绍。在下午的学习研讨会上，市教卫工作党委统战处处长王瑞杰解读了近期的相关文件和会议精神，并对教卫系统各知联会的工作提出了要求。同济大学无党派人士、设计创意学院院长娄永琪作了“模糊边界，象牙塔里的‘破’与‘立’”主题报告，与各高校知联会负责人分享了如何推动校园、社区、城市的模糊边界发展，并阐述了设计与创新驱动的辨证关系。

2019年12月30日

校知联会成员参加在上音歌剧院举行的“爱国奋斗　建功立业新时代——上海党外知识分子庆祝新中国成立70周年新年音乐会”。音乐会由中共上海市委统战部、上海市知联会主办，邀请了上海市知联会、上海音乐学院和上海师范大学的艺术家参加演出。

2020年1月9日

校知联会与侨联、欧美同学会及少数民族联合会联合举办“只争朝夕不负韶华”为主题的2020年迎新联欢会。上海市侨联副主席徐大振，同济大学党委常委、副校长吕培明，校党委统战部部长岳继光、副部长吕延萍出席，学校各统战团体负责人及团体成员近80余人参加了联欢会。

2020年4月24日

同济大学第三届中青年知识分子联谊会届中调整工作会

议召开。校知联会全体理事参加会议，校党委常务副书记冯身洪应邀出席。会议由校党委统战部副部长江静主持。全体理事一致同意推选娄永琪为知联会会长，杜艾为知联会副会长兼秘书长。校党委常务副书记冯身洪向凌玮多年来为学校发展所作的努力和贡献，以及长期以来对党外知识分子工作和知联会工作的支持和指导表示感谢，并向她颁发了纪念牌。

2021年4月29日

校知联会举办“新青年新作为”五四专题活动暨同济大学中青年知识分子联谊会活动基地揭牌仪式，同济大学副校长、知联会会长娄永琪，校党委统战部常务副部长安娜、副部长江静，以及同济大学中青年知识分子联谊会会员代表20余人参加活动。市教卫工作党委统战处处长傅欣应邀出席活动。活动由同济大学中青年知识分子联谊会副会长杜艾主持。娄永琪与傅欣共同为活动基地揭牌。知联会新会员入会仪式上，娄永琪寄语新会员，希望全体会员在知联会这个大家庭中增进感情交流、加强学习研讨、提高业务水平、提升参政能力，增强知联会的凝聚力和战斗力，为服务国家地方经济社会发展和教育事业发展贡献同济党外知识分子的智慧和力量，展现新时代党外青年知识分子的担当和作为。活动中，副校长娄永琪作了“环同济知识经济圈转型升级策略的思考”的报告，会员们还参观了NICE2035未来生活原型街。

2021年6月3日

校知联会代表参加市教卫知联会理事及各高校知联会负责人考察学习活动，学习专题报告并进行工作研讨，参观上海大学溯源、校史馆和复旦大学陈望道旧居（《共产党宣言》展示馆）。知联会秘书长杜艾做主题发言，介绍同济大学统战与知联会工作经验。

2021年6月18日

校知联会组织“庆祝建党100周年”系列文化活动——“丰碑”专场音乐会。副秘书长/理事陈佳主持音乐会，并登场表演。秘书长、副会长、会员和其他观众约50人参加活动。

2021年6月28日

普陀区中青年知识分子联谊会第八次会员代表大会召开，校知联会杜艾当选为副会长，马吉伟当选为理事。

2021年11月5日

校知联会会员、海洋地质学家、中国科学院院士、同济大学无党派人士汪品先当选全国道德模范（全国敬业奉献模范）。中共中央总书记、国家主席、中央军委主席习近平在人民大会堂亲切会见第八届全国道德模范及提名奖获得者。

2021年11月18日

中共中央统战部发来贺信，祝贺同济大学无党派人士、土木工程学院教授朱合华当选中国工程院院士。校党委统战部常务副部长安娜代表校党委统战部对朱合华表示祝贺。

2021年12月16日

校知联会代表参加了市教卫工作党委2021年第二期高校知联会会长沙龙。知联会进行了代表发言。会议还安排参观了“金色炉台”中国宝武钢铁会博中心、上海南大智慧城规划展示馆和环上大宝山科技园区零号基地。

在知联会联谊活动的促进下，会员之间相互进行了深入的了解，开展了不少合作与交流，提升了会员们的本职工作能力。例如，林思劼（环境科学与工程学院）与杜艾（物理科学与工程学院）合作开展了抗冻甲虫仿生光热 / 储能协同热管理的研究工作，以 *MXene Aerogel-Based Phase Change Film for Synergistic Thermal Management Inspired by Antifreeze Beetles* 为题的论文被 Cell 旗下期刊 *Cell Reports Physical Science* 接收（发表信息：*Cell Reports Physical Science* 2022，3，100815）。

2021 年

后　记

习近平指出，修史立典，存史启智，以文化人，这是中华民族延续几千年的一个传统。为深入贯彻落实习近平总书记关于做好新时代党的统一战线工作的重要思想，纪念中国共产党统一战线政策提出100周年，同济大学党委自2020年启动《同舟共济——同济大学统战工作揽要》一书的编写工作，号召各民主党派、统战团体充分研究和梳理发展史，开阔和加深史料搜寻查找的广度与深度，力求生动反映同济大学统一战线的厚重历史，充分展现各民主党派、统战团体的历史沿革、发展脉络和俊贤风采，深刻揭示统一战线为学校事业、经济社会发展发挥的强大法宝作用，更好发挥以史鉴今、资政育人的作用。

本书编写工作是在同济大学党委领导下进行的，由党委常务副书记冯身洪同志牵头，党委统战部具体组织，各民主党派、统战团体共同参与编写。常务副校长吕培明同志、副校长顾祥林同志、陈义汉同志、娄永琪同志也为本书的编写给予关心和帮助。

编写过程中，安娜、江静、王宁、李啸、沈秋同志参与讨论提纲、组织协调并审阅书稿。陈启军、黄宏伟、汪世龙、蔡永洁、许维胜、李麟学、杨守业、翦知湣、杜建忠、李博峰、杜艾同志负责相关章节的统筹工作。章华明同志负责全书的统稿，并与各部分撰写同志逐一沟通指导写作。邀请李祖望、岳继光、肖辉同志参与审阅。最终报冯身洪同志审定。

本书具体承担各章节编写工作的人员如下：第一章，李祖望、安娜、江静、王宁；第二章，袁希蓓；第三章，张鹏、刘雨婷；第四章，袁卫、余野；第五章，蔡永洁、李薇；第六章，许维胜、吴志根；第七章，李麟学、黄震；第八章，李翠、方凡；第九章，王海鹰；第十章，吴小惠、丁小楹；第十一章，周芷如、马曼・哈山；第十二章，杜艾、许维。

本书编写、出版工作，得到了中共上海市委统战部的指导和帮助，同济大学出版社提供了大力支持，同济大学各民主党派、统战团体基层组织积极参与，很多同志投入了大量时间，付出了辛勤劳动。在此，谨向上述单位和相关同志以及为本书编写作出贡献的同志，表示诚挚的感谢！

本书在史料的搜集引用及行文等方面，一定会有疏漏和不当，敬请读者批评指正！

图书在版编目（CIP）数据

同舟共济：同济大学统战工作揽要 / 同济大学党委统战部编 . -- 上海：同济大学出版社，2022.12
ISBN 978-7-5765-0578-8

Ⅰ. ①同…　Ⅱ. ①同…　Ⅲ. ①同济大学 - 统一战线工作 - 工作概况　Ⅳ. ①D613

中国国家版本馆 CIP 数据核字（2023）第 003429 号

同舟共济——同济大学统战工作揽要
同济大学党委统战部　**编**
出 品 人　金英伟　**责任编辑**　丁国生　**责任校对**　徐春莲　**封面设计**　王　翔

出版发行　同济大学出版社　www.tongjipress.com.cn
（地址：上海市四平路 1239 号　邮编：200092　电话：021-65985622）
经　　销　全国新华书店
印　　刷　上海安枫印务有限公司
开　　本　710mm × 1000mm　1/16
印　　张　25.25
字　　数　505 000
版　　次　2022 年 12 月第 1 版
印　　次　2022 年 12 月第 1 次印刷
书　　号　ISBN 978-7-5765-0578-8

定　　价　168.00 元